司法部国家法治与法学理论研究项目
项目编号:13SFB2032

我国时效立法创新研究

研究成果

LAW / WOGUO SHIXIAO LIFA CHUANGXIN YANJIU

王勤劳◎等著

我国时效立法创新研究

西南师范大学出版社
国家一级出版社 全国百佳图书出版单位

图书在版编目(CIP)数据

我国时效立法创新研究 / 王勤劳等著. — 重庆：西南师范大学出版社，2019.1

ISBN 978-7-5621-5816-5

Ⅰ.①我… Ⅱ.①王… Ⅲ.①立法 - 研究 - 中国 Ⅳ.①D920.0

中国版本图书馆CIP数据核字(2019)第000646号

我国时效立法创新研究

王勤劳　等著

责任编辑：应　娟
责任校对：时曼卿
装帧设计：李　懋
排　　版：重庆大雅数码印刷有限公司·张祥
出版发行：西南师范大学出版社
印　　刷：重庆荟文印务有限公司
幅面尺寸：170mm×240mm
印　　张：13
字　　数：200千字
版　　次：2019年1月　第1版
印　　次：2019年1月　第1次印刷
书　　号：ISBN 978-7-5621-5816-5

定　　价：48.00元

项目组成员

主持人: 王勤劳　博士　西南政法大学　副教授　硕士生导师

成　员: 孙　鹏　博士　西南政法大学　教　授　博士生导师

徐银波　博士　西南政法大学　副教授　硕士生导师

陈龙吟　博士　四川央济华律师事务所　副主任

邓达江　西南政法大学　博士研究生

张　伟　博士　浙江工商大学　讲师

赵自轩　博士　西南政法大学　讲师

前　言

时效是一柄具有双重功能的“剑”，它可在懈怠的权利人追索债务人时刺穿权利的法力外衣，给未及时行使权利者一记闷棍，同时，又可为已诚实履行义务但未长时间保留证据的被追索者卸除莫须有的债务枷锁，给诚信之人应有之安宁，其在民事制度中具有不可替代的功能。时效制度曾一度是我国民事立法和民法学研究的“冷门”，从1986年《中华人民共和国民法通则》制定到2008年《最高人民法院关于审理民事案件适用诉讼时效制度若干问题的规定》发布，二十余年间，时效立法与研究几近停滞。尽管伴随2008年《最高人民法院关于审理民事案件适用诉讼时效制度若干问题的规定》的酝酿与出台，关于时效的研究曾出现了一轮小热潮，但仍不够深入、系统和透彻，其对司法和立法的贡献力仍比较有限。2017年《中华人民共和国民法总则》在吸收域外经验和整合本土资源的基础上对诉讼时效制度进行了大幅修改，如何正确理解与科学适用时效制度的相关规定成为理论上与实务上迫切需要解决的问题。概括而言，当前时效研究主要存在如下问题：(1)对时效正当性的研究缺乏说服力，忽视了时效的反道德性，更未对如何克服时效之反道德性做应有之努力；(2)在时效法律属性上固守陈规，坚持认为时效为强制性规范，未注意到比较法上的缓和动向及突破；(3)孤立地研究消灭时效和取得时效，没有从相关性视角思考两种时效的适用范围尤其是二者在民法上如何契合的问题；(4)不当地将时效限缩为“审判时效”，只注重时效在实体裁判中的意义，忽略了时效在保护由生效裁判确认的权利方面之价值；(5)对时效的具体规则挖掘不够，如对时效障碍的系统性研究才刚刚起步，特别是对起诉、申请强制执行等如何影响时效运行缺乏建设性研究。

有鉴于此，本书系统反思了时效制度的存在理由，精确剖析和解构了消灭时效、取得时效、执行时效的规则体系，力图澄清学说纷争，为正在进行的民法典编撰相关制度的构建提供立法参考，并为有效化解时效纠纷提供切实可行的裁判指引。

王勤劳

2018年12月

CONTENTS 目录

第一章
时效制度存在理由论

梅因指出："凡是热诚讨论法律哲学的任何地方，对于'时效'的理论基础问题，总是热烈地进行争辩的。"[①]而时效制度的理论基础，或者说时效制度的存在理由[②]，包括时效制度的法律构成和使该法律构成正当化的根据两个方面。然而，令人遗憾的是，在我国继受时效制度时期，民法理论保持着高度的坦然，始终没有发生围绕时效制度存在理由的热烈争辩。虽然学者们在具体表述上略有不同，但无论是对时效制度法律构成的界定，还是对该构成的正当化说明，在结论上都高度一致，且数十年来未有任何发展。由于我国的时效制度存在理由论并未经历热烈争辩的洗礼，其合理性与说服力颇值怀疑。特别是，奠基于该理论上的时效制度是否与道德的要求相吻合，如果存在反道德的因素，在法律上又应如何去除呢？

第一节　"权利消减"：反道德的时效制度

近现代民法中的时效，至少从文义上看是一项"权利消减"或者说"权利得丧"之制度，即在时效期间届满后，非权利人取得权利、义务人被免除义务的制度。具体而言，取得时效届满，占有人取得占有物的所有权，原所有权人因此反射性地失去该物所有权；消灭时效届满，债务人取得拒绝履行的抗

① [英]梅因：《古代法》，沈景一译，商务印书馆1959年版，第162页。

② 除"存在理由"外，我国学者还以"功能""目的""作用""立法宗旨""意义"等概念指称时效制度的理论基础，英美学者也多使用function，policy，purpose，reason等概念。

辩权，并反射性地消减债权人的请求权。例如，1804年的《法国民法典》没有区分取得时效与消灭时效，其第2219条将时效解释为“在法律规定的条件下，经过一定的时间，取得财产所有权或免除义务的方法”。《德国民法典》第214条规定“在消灭时效完成后，债务人有权拒绝履行给付”，第937条规定“自主占有动产达十年的人，取得所有权……”。《日本民法典》第162条规定“以所有的意思，二十年间平稳而公然占有他人物的，取得该物所有权……”，第167条规定“债权，因十年内不行使而消灭……”。我国现行法律尚未确立取得时效制度，《中华人民共和国民法通则》（以下简称《民法通则》）第135条将诉讼时效界定为向人民法院请求保护民事权利的期间，在该期间届满后，权利人将丧失“胜诉权”①，显然在时效问题上维持着“权利消减”的法律构成。

对时效采用“权利消减”的法律构成，秉承了“有权不用，过期作废”的立场，代表着“事实胜于权利”的理念。然而，当事人之间明明存在权利义务关系，即便事实清楚，证据确凿，仅仅因为时间的经过，占有人便可以理直气壮地取得他人之物的所有权，债务人便可以堂而皇之地拒绝履行债务并将其不履行义务标榜为法律赋予的权利，美其名曰系权利人不行使权利应受的惩罚！这种薄权利人而厚义务人、允许义务人通过违法行为获利的制度安排明显与人们的一般道德情操和自然正义观念背道而驰②，法律似乎在鼓励掠夺和不诚行为③，以至于掠夺与恶意频频结合④。在普阿索纳德（Boissonade）看来，世间似乎没有比时效更不道德的制度，那些诚实、自尊而高贵的人也绝不会主张时效。⑤梅因据此指出，“在一切的法律制度中，现代人最不愿采用并

① 佟柔主编：《中国民法学·民法总则》，中国人民公安大学出版社1990年版，第317页。

② 周兴武：《时效制度之基本理论》，《法律论丛》第700期。

③ Félix Julien Jean Bigot-Préameneu, Présentation au Corps legislative, etexposé des motifs (Sur la Prescription), in: Fenet, t.15, p.573s. 转引自［日］金山直樹：《時効理論展開の軌跡——民法学における伝統と変革》，信山社1994年版，第337页。

④ Goupil-Préfelin, Discours prononcé par le tribun Goupil-Préfelin (Sur la Prescription), in: Fenet, t.15, p.603s. 转引自［日］金山直樹：《時効理論展開の軌跡——民法学における伝統と変革》，信山社1994年版，第340页。

⑤ Boissonade, op. cit . n 252. 转引自［日］星野英一：《時効に関する覚書——その存在理由を中心として》，载《民法論集(4)》，有斐閣1985年版，第197页。

不愿使它产生合法后果的原则，就是罗马人所知的‘时效取得’和在‘时效’名义下一直传到现代法律学的原则”。中世纪“寺院法”即以鲜明地反对时效而著称，其将时效视为“不道德”的制度并为之适用设置了层层障碍。[①]无独有偶，当时的实在派经院法学家也认为：不论实际立法如何变动，凡是一种权利，纵使经过长期的忽视，在实际上也是不可毁灭的。[②]在宗教法律学和经院法学家的交相影响下，现代法律家对于“时效”的看法，起先是嫌恶，后来则是勉强赞成，时效因此成为现代法律学非常迟缓并且经过了许多困难才获得承认的一条原则。[③]即便如此，现代法律人在开始学习时效时，仍无一不对时效的合道德性心存疑问，法律职业家也无一不对时效怀抱“难以理喻的复杂情感”。在该种情感的影响下，司法实务界对时效一直缺乏应有的热情，不仅在一些临界问题的处理上明显偏向于保护权利人[④]，甚至枉顾义务人的时效抗辩，在法外寻求自然正义，使得实体法中的时效制度在民事审判中被严重扭曲[⑤]。

由于“权利消减”的时效构成在表象上如此不道德，故自时效制度创设以来，人们千方百计地为其寻求正当化的根据，期望消除、缓解或者抵消时效在道德上的不堪。那么，这些正当化的根据究竟何在？其在论理上又能否成立呢？

---

① [日]原田慶吉：《日本民法典の史的素描》，創文社1981年版，第77—81页。

② [英]梅因：《古代法》，沈景一译，商务印书馆1959年版，第162页。

③ [英]梅因：《古代法》，沈景一译，商务印书馆1959年版，第1—162页。

④ 陈明国：《论诉讼时效价值》，《西南民族大学学报（人文社会科学版）》2008年第10期。

⑤ 魏盛礼：《诉讼时效的理论基础：有待破解的法律之谜——诉讼时效基本理论的反思与我国诉讼时效立法的重新选择（一）》，《河北法学》2006年第3期。

第二节 “权利消减”正当化根据之缺失

一、时效为维持“社会秩序”或增进“公益”的制度?

在探寻“权利消减”这一时效构成的正当化根据时,人们首先将其归结于“社会秩序”和“公益”。例如,相当一部分日本学者将时效视为保障“法律生活安固”“社会生活安全”之手段。①英美法系法域称时效为“和平法”(an act of peace),认为其出于社会之便利,旨在增进社会之“公益”。②我国亦有学者明确指出,时效的立法动机在于社会公益。③但这一解释存在明显的缺陷:第一,“社会秩序”“公益”的概念具有多义性,其并非一个概念,而系一张标签,可以适用于不同的对象。例如,梅谦次郎以“公益”指称直接享受时效利益者之交易安全④;富井政章所谓“法律生活之安固”,在于克服享受时效利益者举证之困难⑤;鸠山秀夫则将“维持社会秩序”等同于第三人信赖保护⑥。第二,“社会秩序”“公益”也是法律的普遍性价值。就“社会秩序”而言,无论什么样的法律制度,都担负着维护某种社会秩序的职责。至少在其制定当初,都旨在为某些人创设、维持某种秩序。故仅仅将“社会秩序”作为法律制度的根据缺乏具体的内容,问题的关键在于维持什么样的社会秩序?立足于什么样的价值判断?并具体保护哪些人的利益?就“公益”而言,民法直接保护某些人的某些利益,其最终结果是维护社会的利益,在这一意义上,可认为其规定是

---

① [日]内池慶四郎:《消滅時効法の原理と歴史的課題》,成文堂1993年版,第21页。

② Ruth Redmond-Cooper, Limitation of Actions(Sweet & Maxwell Ltd, 1992), p.2.

③ 葛承书:《民法时效——从实证的角度出发》,法律出版社2007年版,第24页。

④ [日]草野元己:《取得時効の研究》,信山社1996年版,第34页。

⑤ [日]富井政章:《民法原論第一巻総論》,有斐閣1985年復刻版,第623页。

⑥ [日]鳩山秀夫:《法律行為乃至時効》,巌松堂書店1919年版,第588页。

以社会利益为目的的。因此，仅仅以“公益”作为时效的理由，实乃言之乏物，内容空洞，相当于没有作出任何解答。[①]

二、时效为信赖保护之制度?

将抽象的“社会秩序”具体化为信赖保护，并以此支撑“权利消减”的时效构成，在民法学界长期占据支配地位。从相关学者的论述来看，将时效作为信赖保护的制度，首先强调的是对方当事人或称义务人（包括占有人和债务人）信赖之保护。例如，瑞士学者卡尔·斯皮罗（Karl Spiro）指出，消灭时效的作用之一，在于将债务人从“未预期的请求权”中解放出来。即在债务人不知其义务或明知其义务，但以为该债务不必偿还之情形，有必要对其进行保护。债权人沉默的时间越长，债务人越认为其不会再主张债权，而债务人的此种判断乃至确信不应受到非难。出于该判断，债务人不会为清偿债务而准备资金。若在经过很长时间后允许债权人主张权利，无异于对债务人的突然袭击，犹如其对债权全然不知情一样。[②]《日本民法典》起草辅助者松波仁一郎认为，取得时效的首要功能，系保护误信物为自己所有而长期占有、改良他人之物者[③]，该观点与起草者梅谦次郎在《民法证据编时效法》中的认识完全一致。[④]与义务人的信赖密切关联的是所谓的义务人安全保护问题。在卡尔·斯皮罗看来，消灭时效还兼有将债务人从“单纯危惧的请求权”中解放出来的功能，即债务人明知债权请求权并时刻担心被债权人请求（往往还为此准备相应资金），但债权人根本不打算请求时，该债权对债务人构成“单纯危

---

① [日]星野英一:《時効に関する覚書——その存在理由を中心として》，载《民法論集(4)》，有斐閣1985年版，第176—177页。

② Karl Spiro, Die Begrenzung privater Rechte Verjährungs-, Verwirkungs-, und Fatalfristen, Band, 1975, §8,(S.12—15).转引自[日]大木康:《時効理論の再構築》，成文堂2000年版，第28页。

③ [日]松波仁一郎ほか:《帝国民法正解総則編》，日本法律学校1904年版，第806页。

④ [日]内池慶四郎:《消滅時効法の原理と歴史的課題》，成文堂1993年版，第199页。

惧”,有必要将债务人从该危惧状态中拯救出来。[①]日本学者松久三四彦亦表达了与此类似的立场,认为时效的存在理由在于保护义务人,避免其长期处于不知权利人何时会行使权利的不安定状态之中。[②]2002年,德国债法修改后,亦将消灭时效的理由侧重于“保护债务人免受无时间限制的权利请求的困扰”。[③]

笔者认为,在对义务人的关系上,不存在通过时效保护其信赖的问题。第一,无论所有权人在多么漫长的时间内不要求占有人返还,也无论债权人在多么漫长的时间内不要求债务人履行,占有人都明知占有物非己所有,债务人都明知负担着债务,本就没有可供占有人和债务人信赖的外部“虚象”。在权利人长时间不主张权利时,与其说义务人相信权利人不会再主张权利,不如说义务人期待其不再主张权利,这种期待非但不构成合理的信赖,反倒体现了义务人不当的贪欲。第二,取得时效固然可以保护误信物为自己所有而长期占有、改良他人之物者,《德国民法典》第937条甚至明确规定时效取得所有权以占有人持续善意为要件[④],但这不足以说明取得时效为保护善意占有人信赖的制度,因为绝大部分立法中的取得时效特别是长期取得时效[⑤],并不以占有人善意为要件。既然非善意占有人亦可主张取得时效之完成,既无信赖之事实,何来对占有人信赖之保护?第三,权利人长期不行使权利,的确会致义务人头上“老是悬着一个不定期限的请求”[⑥],并陷其于“不知权利人何时会行使权利的不安定状态”中,但此种不安定状态与其说是权利人长期不行

① Karl Spiro, Die Begrenzung privater Rechte Verjährungs-, Verwirkungs-, und Fatalfristen, Band, 1975, §9, (S.15—17). 转引自[日]大木康:《時効理論の再構築》,成文堂2000年版,第30页。

② [日]松久三四彦:《時効制度》,载星野英一編集代表《民法講座Ⅰ民法総論》,有斐閣1984年版,第574页。

③ 邵建东等译:《德国债法现代化法》,中国政法大学出版社2002年版,第4页。

④《德国民法典》中的取得时效主旨为保障占有人信赖和社会交易安全,但在动产善意取得和不动产登记制度的夹击下,其不再适用于因法律行为产生的物权变动,而仅适用于遗失物等情形,一些德国学者因此认为取得时效不过是“历史的残留物”。参见孙宪忠:《德国当代物权法》,法律出版社1997年版,第318—319页。

⑤ 2008年版前的《法国民法典》第2265条、2006年版《日本民法典》第162条规定的短期取得时效,都以占有人善意为要件,本质上都是保护占有人信赖和交易安全的制度。参见[日]北村一郎:《フランス民法典の200年》,有斐閣2006年版,第461页。

⑥ Andree McGee, *Limitation Periods* (Sweet & Maxwell Limited, 2002), p.16.

使权利造成的,毋宁说是义务人长期不履行义务导致的。权利人迅速实现权利可使义务人早日安定,义务人及时履行义务亦可让自身尽早平安。既然义务人有能力从“不安定”中自我拯救,法律缘何还设置时效制度,以豁免义务的方式来“安定”义务人呢?

那么,时效又是否为保护第三人信赖的制度呢?

在论及时效保护善意第三人的功能时,绝大部分学者以取得时效为分析对象。梁慧星教授指出:取得时效的功能是保护交易安全,其理由在于无权占有人以所有或使用的意思公然、和平、继续地占有或使用他人的所有物经过相当长的时间后,人们常信其与真实的权利关系相符,从而在该物上建立各种法律关系,否定取得时效制度势必造成社会经济与法律秩序的混乱,违背法律旨在维持人类共同生活的和平秩序这一目的。[①]然而事实上,取得时效与善意第三人保护制度完全异质:第一,保护善意第三人的制度仅仅保护第三人,不会为保护第三人而将保护延伸到当事人(如在善意取得中,保护善意取得的第三人,而不保护作为当事人的无权处分人),但在取得时效,法律不仅保护了信赖占有人权利外观的第三人,而且也直接保护了占有人。甚至在没有第三人出现的情况下,占有人依然可因时效完成而取得所有权。第二,保护善意第三人的制度要求第三人善意甚至无过失,而且该要件有越来越严格之势。但在取得时效,却全然不要求第三人具备这些要件。虽然,2008年版前的《法国民法典》第2265条和2006年版《日本民法典》第162条的短期取得时效以占有人善意为要件,暗示此种时效旨在保护时效取得者对前手权利外观之信赖,但亦很难由此认为,该时效是保护信赖时效取得者权利外观的并与时效取得者进行交易的第三人的制度。第三,若取得时效为保护善意第三人的制度,则其原则上不应受第三人信赖之外的其他因素的影响。然而在取得时效制度中,与善意第三人毫无关联的事实和行为常将第三人排

① 梁慧星主编:《中国物权法研究(上)》,法律出版社1998年版,第288页。

除在保护范围之外。例如所有人提出请求、占有人承认等可导致时效的中断，该中断亦对占有人的承继人（第三人）发生效力；占有人为他主占有时，善意第三人亦不可援用取得时效制度保护自己的利益。此外，以占有人是否善意无过失（或正权源）为标准区分长期取得时效与短期取得时效，由于占有人善意与否与第三人无关，也说明取得时效并非保护善意第三人的制度。第四，善意第三人无须通过取得时效制度进行保护。若第三人善意无过失地信赖了占有人的权利外观，其可援用善意取得制度及时保护自己的权利，而无须等待占有人时效期间的完成。因此，通过取得时效保护第三人，既不具有合理性、完整性，也欠缺应有的及时性。

消灭时效与善意第三人保护之联系远不如取得时效那样直接。尽管如此，也早有日本学者指出："消灭时效所保护者，系由债权不被请求这样一种状态持续所产生之期待。"①我国学者尹田教授亦认为，消灭时效与信赖保护并非绝缘：由于债权人长期不行使权利，债务人的财产应当减少而未予减少，必然产生第三人对债务人虚假财产状态的信赖。②王轶教授等也将消灭时效的功能归结为工商业文明社会债权信用的维持和不特定第三人信赖利益之保护。③日本学者内池庆四郎指出，连带债务人、保证人、连带保证人、物上保证人、抵押不动产的第三取得人、其他债权人均属此等第三人之列。④笔者认为，对这些情况仍应具体问题具体分析。第一，就罹于消灭时效的债权的保证人和物上保证人而言，他们本是对有效债务提供担保，而非对信赖债权消灭提供担保，故不存在通过时效保护这些第三人的问题，对这些人充其量产

① [日]四宫和夫：《日本民法总则》，唐晖、钱孟珊译，五南图书出版公司1995年版，第301页。

② 尹田：《论物权法规定取得时效的必要性》，《法学》2005年第8期。

③ 王轶：《物权请求权与诉讼时效制度的适用》，《当代法学》2006年第1期；魏盛礼：《诉讼时效在保障工商业文明社会信用体系中的核心价值——诉讼时效基本理论的反思与我国诉讼时效立法的重新选择（二）》，《河北法学》2006年第4期。我国还有学者认为，诉讼时效旨在保全债务人的责任财产，以充分担保后来发生的债权，从而使后来发生的债权事实上具有优先于古老债权的效力，该观点实质上也将消灭时效作为了保护第三人信赖之制度。参见徐晓峰：《诉讼时效的客体与适用范围》，《法学家》2003年第5期。

④ [日]内池慶四郎：《消滅時効法の原理と歴史的課題》，成文堂1993年版，第7页。

生的是能否援用消灭时效完成的问题。第二,就抵押不动产的第三取得人而言,在抵押登记存续的情况下,虽其也可能相信债权消灭(进而抵押权消灭),并基于该信赖取得不动产,但在抵押登记尚存时相信抵押权消灭是有问题的,且即便存在此等信赖,通常的做法是第三人在卖主涂销抵押登记后,以不考虑抵押权的价格买入。故第三人直接取得附有抵押登记的不动产,从这个角度看是不值得保护的,时效在该阶段不成为问题。第三,债务人虽负担其他债务,但第三人相信该债务已因时效完成而消灭,认为债务人具有充分财力,不至于追究到自身责任,而成为以后债务的保证人或物上保证人时,就这些担保人而言,只要对债务人稍做调查就可了解相关情况,结果被债务人欺骗,因此在第三人与债权人的关系上,第三人是否受保护大有疑问。与此同理,相信此前债务消灭而向债务人提供信用的新债权人,由于其提供信用时本应充分调查债务人的资力,而其疏于此种调查,自应蒙受不利后果,通过消灭时效消灭此前的债务以保护后来的债权人,显然缺乏正当性。①

三、时效的价值目标为社会效率?

将模糊的“公益”归结于社会效率,并以此对“权利消减”的时效构成进行理论上的解明,正为越来越多的民法学者所尝试。有学者指出,社会效率是时效的首要价值目标,时效也因此成为实现民法效率价值的最主要制度。其“促使权利人及时行使权利,减少财富积压和浪费,加速经济流转,促进社会财富总量的增长”。“财产的所有人虽然享有权利,但长期放任权利不在自己的控制之下,则不利于物尽其用。督促权利人尽快行使权利,将生产要素积极投入社会经济生活,促进资金快速流转,能够最大限度地利用社会财富,实现社会财富增值功能的最大化。当诉讼时效期间届满,剥夺原权利人的权利

① [日]星野英一:《時効に関する覚書——その存在理由を中心として》,载《民法論集(4)》,有斐閣1985年版,第174—175页。

而给予现实中占有权利的人以相应的权益时，可以避免资产的浪费和闲置，从而充分发挥资产的利用效率。”[①]概括起来，时效通过“避免浪费，物尽其用，加速流转”实现效率。按照该学者的逻辑，权利人及时行使权利可导致“更多的合法交易活动”，时效完成后义务人取得相应的利益亦能“充分发挥资产的利用效率”，唯有长期不行使权利且无时效规制才会导致“资产浪费和闲置”。即时效制度进可以促进交易，退可以强化利用，无时效制度则资源必然闲置和浪费，此等逻辑在法律上真能成立吗？

笔者认为，该学者仅提示了时效制度与效率相互关联的路径，但并未分析该路径是否切实可行。也就是说，其并未深刻地回答“权利人及时行使权利何以导致更多的合法交易活动”“时效完成后义务人取得相应利益何以更充分地发挥资产利用效率”“权利人不受制约地长期不行使权利何以导致资源闲置和浪费”这三个至为根本的问题，其为证明结论而预设结论，而对预设的结论本身却缺乏论证。实际上，权利人及时行使权利未必会创造出更多的合法交易，未必能加速经济运转。如所有权人回复其物而不用，很难说加速了经济运转；债权人回收贷款以赌博，更难谓增加了合法交易。权利人不及时行使权利并不导致资源的闲置和浪费，因为权利人虽未利用自身的资源，但在该权利实现前，义务人一直利用着本属权利人的资源，何况，在该学者看来，相对于权利人利用资源，由义务人利用资源能更“充分发挥资产的利用效率”。也许，该学者的真正寓意在于：权利人能名正言顺地利用资源而不用，义务人虽为利用但因“师出无名”而不能“放开手脚”，终致资源“部分”闲置和浪费。然而，为避免资源如此“部分”的闲置和浪费，本有权利人回复自主利用与义务人取得资源两种选择。而在“权利上的休眠者”醒来并主张权利时，时效制度强使义务人取得资源，显然建立在“由义务人自主利用资源比权利人利用更有效率”这一认识基础上。日本学者的“相关关系说”也似乎对该认

① 陈明国：《论诉讼时效价值》，《西南民族大学学报（人文社会科学版）》2008年第10期。

识提供了理论上的支持。该理论认为，在权利人长期不行使权利的情况下，相对于“权利上的休眠者”，勤勉的义务人对权利客体拥有更为实质的利害关系。在所有物返还的情形，“权利人长期不行使权利，其对权利客体之利害关系已相当稀薄。相反，作为表见权利人的占有人，却在该客体上存在很强的实质利害关系，保护后者显然更为妥当”[①]，这也符合“从所有到利用”的观念[②]。在债权请求之情形，“在即使不行使权利也不会出现生活上的困难，并因此不行使权利的债权人和本来就穷困潦倒，一直靠借款度日，已经不能偿付且为日益增加的损害赔偿金所累的弱小债务人之间的关系上，潜在的社会政策也是保护后者”。[③]亦即权利人对权利客体漠不关心，义务人对权利客体爱恋有加，使权利客体归属于义务人体现了资源的优化配置，能更大程度地实现资源价值。[④]

笔者认为，“相关关系说”并未很好地回答义务人为什么对权利客体具有更强的实质利害关系，该实质利害关系的具体内容是什么[⑤]等问题。以权利人的“休眠”与义务人的“勤勉”、权利人的“冷漠”与义务人的“热情”对比，与客观事实状态未必吻合。因为权利人长期不行使权利可能是出于对义务人

① [日]舟橋淳一:《民法総則(法律講座双書)》，弘文堂1985年版，第168页。

② Carbonnier, op. cit. p.213. 转引自[日]星野英一:《時効に関する覚書——その存在理由を中心として》，载《民法論集(4)》，有斐閣1985年版，第175页。

③ Carbonnier, op. cit. p.781. 转引自[日]星野英一:《時効に関する覚書——その存在理由を中心として》，载《民法論集(4)》，有斐閣1985年版，第175—176页。

④ 柳经纬教授似乎也支持“相关关系说”，其指出:“无论是取得时效还是消灭时效，都存在两种对立的秩序，而两种对立的秩序背后却隐藏着两种相互冲突的利益。就取得时效而言，这两种秩序分别是:基于所有人对物的所有权而已经存在的旧的秩序和基于占有人对物的长时间占有的事实而形成的新的秩序。就消灭时效而言，这两种秩序分别是:基于请求权人对义务人的权利义务关系而存在的旧的秩序和因权利人长时间怠于行使权利而形成的权利处于休眠状态的新的秩序……时效制度之所以偏好于新的社会秩序，其原因在于保护新的社会秩序符合社会发展的要求……符合物尽其用的社会发展要求……加快民事流转，促进交易发展的作用。”参见柳经纬:《关于时效制度的若干理论问题》，《比较法研究》2004年第5期。

⑤ 日本学者安达三季生在分析取得时效时，列举了判断占有人(义务人)实质利益的标准:(1)占有人是否为登记簿上的所有人，是否负担公租公课;(2)是否为因时效取得而失去权利的真正权利人提供了获得补偿的途径;(3)真正权利人是否因占有人取得占有而获取相应的对价;(4)占有人是否因信赖为自己之物而占有;(5)占有期间等。上列第(2)(3)两项标准为原所有人方面之情事，其他方面虽为占有者之情事，但仍不能抽象地认定此等情形下占有人对占有物具有实质上的利益，未揭示出占有人比权利人更值得保护之理由。参见[日]安達三季生:《取得時候と登記》，《法学志林》1968年第六十五卷三号，第15—17页。

的宽容，而义务人长期不履行义务通常表现为对诚实信用原则的违反。即便前述对比能够成立，显然其仍是以对权利人、义务人的道德评价为出发点，即“勤勉而热情的义务人比休眠而冷漠的权利人更值得保护”。然而，将该道德评价与效率联系起来，以保护义务人更有效率为由剥夺权利人的权利，让本已因疏于履行义务获益的义务人获得了更大的利益，甚至构成了对权利人“恩将仇报”的行为。法律以道德评价为出发点，经由效率的解释导致了更为严重的不道德，难道还能将效率作为时效制度的万能的免罪符吗?!

四、时效旨在不保护“权利上的休眠者”以敦促权利人行使权利?

“权利消减”时效构成的另一项正当化根据在于，将时效作为警醒权利上的休眠者，敦促其尽快行使权利的手段。即权利人如果拥有一个充分的诉因，则法律必须对其权利保有合理的谨慎[①]，如果其不及时行使该权利，最终将丧失该权利[②]。该认识在学界具有相当的普遍性，甚至有发展为“公理”的趋势。然而，敦促权利人行使权利的思想与私权的本质和私法自治的性格不相吻合。基于实证功利和逻辑结构的分析，权利是主体实现某种利益的意志自由。既然权利为实现某种利益的自由，这就必然意味着，在不损害社会和他人正当、合法利益的情况下，权利人可以决定行使权利的时间、地点、方式，甚至可以放弃自己的权利。权利人不及时行使权利乃其支配自由的当然内容，怠于行使权利也是权利的正常表现形式。义务人的义务履行期限之届满，仅仅意味着权利人可以开始行使权利，但绝不意味着权利人因此负担及时行使权利的义务。权利人“在权利上休眠”也是其权利固有的权能，是权利人行使权利的方法之一，外界实在没有理由惊扰权利人的“美梦”。事实上，唤醒“权利上的休眠者”并敦促其行使权利不仅违反权利的本质、背叛私法的

① Camille Cameron, Elsa Kelly, *Principles of Civil Procedure in Hong Kong*, (Sweet & Maxwell Asia, 2001), p.91.

② Andrew McGee, *Limitation Periods*, (Sweet & Maxwell Limited, 2002), p.16.

品性，而且也与现代社会对义务人的慈悲立场背道而驰：在权利人怀着宽容、出于对义务人的怜悯而“怠于”行使权利时，敦促其行使权利无异于摧毁了权利人那份高尚的同情心，使法律社会沦为缺乏关爱的荒园。

问题在于，究竟是什么样的原因使该明显有悖法理的归结成为“法谚”甚至“公理”？归纳相关学者的论述，理由主要有：第一，权利人长期不行使权利等于放弃权利。例如，卡尔·斯皮罗认为权利人有中断时效的可能性而不做这方面的努力，无异（至少类似）于放弃权利。[①]面对“权利上的休眠者”时，冈松参太郎“解释”[②]、曾田厚志“推定”或“视为”权利人已放弃权利[③]。第二，权利人长期不行使权利可能构成权利滥用[④]，损害社会公共利益[⑤]。第三，“不保护权利上的休眠者”与“禁反言原则”即英美法之estoppel原则在法理上具有同一性，即无论何人，当其不行使权利的行为引发了对方合理信赖时，日后再突然行使权利将违反诚实信用原则。[⑥]

笔者认为，前述理由完全不能成立。第一，权利放弃的意思应为积极的意思（无论明示或默示），单纯不行使权利很难理解为放弃权利。何况，若将时效完成理解为权利人放弃权利，则义务人当然免除义务，这也与时效效果须由义务人援用的原则不相符合。第二，权利人长期不行使权利未必构成权利滥用。就主观而言，权利人不行使权利有的是因为疏忽，有的是因为漠不关心，有的是因为对义务人的宽容……总之未必具有伦理上的可非难性，未必具有滥用权利的故意。就客观而言，如前所述，权利人不行使权利，对义务人有益无害，义务人可以更多地享用本属权利人的资源，对社会也不一定造成资源的

① Karl Spiro，Die Begrenzung privater Rechte Verjährungs-，Verwirkungs-，und Fatalfristen，Band，1975，§17，(S.25)．转引自［日］大木康：《時効理論の再構築》，成文堂2000年版，第34—35页。

②［日］岡松参太郎：《訂正七版注釈民法理由上巻》，信山社1991年復刻版，第355页。

③［日］曽田厚志：《自由意思と時効》，载加藤一郎先生古稀記念《現代社会と民法学の動向下——民法一般》，有斐閣1992年版，第185页。

④ 张弛、黄鑫：《物上请求权与诉讼时效关系论》，《法学》2006年第9期。

⑤ 郑玉波：《民法总则》，中国政法大学出版社2003年版，第491—492页。

⑥［日］内池慶四郎：《消滅時効法の原理と歴史的課題》，成文堂1993年版，第5页。

闲置和浪费,此种"损己利他"的行为何以构成权利滥用?第三,将"不保护权利上的休眠者"与禁反言原则联系起来,实际上是将时效归结为义务人信赖保护,前文已指出,对义务人本不存在信赖保护问题。第四,在立法实践中,因权利人事实上的障碍如疾病等通常不构成时效中止事由,亦即即便权利人主观上积极行使权利也可能遭遇时效完成之抗辩。而起诉被驳回或不予受理甚至诉讼外的请求均不发生时效中断之效力[①],也充分说明时效并非敦促权利人行使权利的制度。

非常有趣的是,认为时效旨在敦促权利人行使权利,也与时效所谓的信赖保护功能相抵触。即一方面为了惊醒权利上的休眠者而敦促其行使权利,另一方面又期待形成稳定的事实秩序并对其进行保护,二者显然水火不容。难怪为权利消减的法律构成而努力的辩护者也不得不承认,时效制度是为了保护权利上的休眠者免受打扰,而丝毫没有定时叫醒的功能。虽然时效客观上对权利人行使权利有一定的激励作用,但其在性质上为时效的"反射效果",而绝非时效的设立目的。[②]

第三节 "权利推定":时效制度反道德性之去除

从前文不难看出,人们从权利人的"伦理的规则性"和义务人的"保护必要性"两个方面说明时效的"代偿"(因时效而遭遇不利益)和"目的"(因时效而获得利益),以使"权利消减"之时效构成正当化。然而,无论是以"躺在权利上休眠"说明权利人"伦理的规则性",或者以"公益""社会秩序""社会效率""信赖保护"论证义务人的保护必要性,都是不成功的,至少是难以令人信服的。既然"权利消减"的时效构成缺乏正当化的基础,其固有的反道德性不能被克服,那么,对时效究竟应采用怎样的法律构成,才能维持其正当性呢?

① 参见《日本民法典》第149条、我国台湾地区"民法"第131条、《澳门民法典》第315条。

② 葛承书:《民法时效——从实证的角度出发》,法律出版社2007年版,第28—29页。

一、"权利推定"时效构成之缘起

从时效制度诞生的那一刻起，在其存在理由上，除"权利消灭"的法律构成外，就一直伴随有"权利推定"的法律构成。按"权利推定"的法律构成，时效并非使权利人失去权利、义务人免除义务或取得权利之手段，而是在法定时效期间届满后，推定占有人为合法所有权人、推定债务人已经清偿债务，且不允许以通常的证据打破该推定，以充分保护真正的所有权人和已经清偿债务的债务人。在罗马法，无论是发源于《十二铜表法》的 usucapio（短期取得时效）或后来的 praescriptio longissimi temporis（长期取得时效），都发挥着新所有人所有权的保护之机能，是一种便利所有权证明的不可或缺之手段。[①]在欠缺不动产所有权的公簿制度，以及文书的保管甚至作成都很困难的当时，将时效作为解决围绕所有权取得和债务清偿纷争的方法，是极其合理的。正是在这一意义上，卡西多雷（Cassiodore）将时效誉为"人类的保护神（女性）（patrona humani generis）"。[②]《法国民法典》第 2219 条虽在字面上对时效采用了"权利消灭"的法律构成，但从立法参与者的论述来看，其意义并非如此单纯。普雷亚梅纽（Préameneu）认为取得时效的理由在于："持续、平稳、公然占有某物的事实为所有权的外部表象，同时也构成享有所有权的重要证据。在长期自主占有人（但缺乏证明其取得所有权的其他证据）和拥有所有权权源证书但未进行任何实际支配的人之间，法院必须判定谁为所有权人，为此必须判断占有和权源证书各自的证明力。伴随时间的推移，对占有有利推定的可能性不断增大（而对登记权源有利推定的可能性减少），使占有人确定性地取得权利，实际上乃在保护真实的所有权。"[③]普勒菲林（Préfelin）在对立法府

---

① 周枏：《罗马法原论（上）》，商务印书馆 1996 年版，第 319 页。

② Carbonnier, op. cit. p.213. 转引自［日］星野英一：《時効に関する覚書——その存在理由を中心として》，载《民法論集（4）》，有斐閣 1985 年版，第 191 页。

③ Félix Julien Jean Bigot-Préameneu, Présentation au Corps legislative, etexposé des motifs (Sur la Prescription), in: Fenet, t.15, p.574—575s. 转引自［日］金山直樹：《時効理論展開の軌跡——民法学における伝統と変革》，信山社 1994 年版，第 337—338 页。

的提案理由中也指出："将时效作为所有权权源或债务人已经清偿的推定，则其能成为所有权人或债务人的守护神。如果没有时效，整个社会将陷于无秩序的混乱状态，所有权也因欠缺保护手段而沦落。因此，时效是构成社会上每个人安宁基础之有益制度，必须为承认所有权的所有文明民族的立法所确认。"[①]与《法国民法典》略显含混不同，《德国民法典》的"立法理由书"直陈："请求权消灭时效之原因与宗旨，乃使人勿去纠缠于陈年旧帐（账）之请求权。不过有些事实可能已年代久远，一方亦已长期缄口不提；而今一方却以此类事实为据，向对方主张权利，这是民事交往难以容受的。因为时间已使此类事实黯然失色，对方欲举出于己有利之免责事由并获致成功，纵然并非全然不能，亦属难矣。就常规而言，此类要求或自身不成立，或已具结完案。消灭时效之要旨，并非在于侵夺权利人之权利，而是在于给予义务人一保护手段，使其毋需详察事物即得对抗不成立之请求权。消灭时效乃达到目的之手段，而非目的本身……"[②]

根据上文所示，虽然自罗马法以来，立法措辞上多将时效作为"权利消减"之制度，但在立法理由上又基本维持着"权利推定"之构成。在普阿索纳德（Boissonade）的强烈影响下，日本旧民法力图消除立法理由与立法表述的"两层皮"现象。其"证据编"第89条将时效规定为"取得和免责的法律上的推定"，而且是"事关公益的完全的法律上推定"[③]，除当事人承认其并未取得权利或清偿债务（第96条第2项、第161条）外，不允许以其他反对证据推翻（第76条、第90条）。虽然，后来的日本新民法即现行《日本民法典》第162条、第167条在文理上又对时效采取了"权利消减"的法律构成，但不少学者认为此

① Goupil-Préfelin，Discours prononcé par le tribun Goupil-Préfelin（Sur la Prescription），in：Fenet，t.15，P.604s. 转引自[日]金山直樹：《時効理論展開の軌跡——民法学における伝統と変革》，信山社1994年版，第340—341页。

② [德]迪特尔·梅迪库斯：《德国民法总论》，邵建东译，法律出版社2000年版，第91页。

③ 日本旧民法第74条将推定区分为"事实上的推定"和"法律上的推定"，第75条还根据概率的高低，将"法律上的推定"区分为"事关公益的完全的法律上推定""有关私益的完全的法律上推定""轻易的法律上推定"并异其效果。

乃民法起草者之错误，不应依规定的文理解释时效制度[①]，从而在日本民法学界形成了“权利消减”与“权利推定”的理论对立[②]，早期学说甚至将该种对立翻译为实体法说和诉讼法说的对立[③]，认为“权利消减”的时效制度为实体法上的制度，而“权利推定”的时效制度为诉讼法上的制度[④]。

二、“权利推定”去除了时效制度的反道德性

一定的事实状态无争议地持续漫长的时间后，要以确实之证据判断其是否合乎正当的法律关系，是极其困难的。可以说，近代证据制度是“司法为防止不法而使用的所有手段中最为绝望的一个”，而岁月的流逝更是无情地加剧了这一绝望。例如，债权人持续不要求债务人履行（似乎债务人已经清偿了债务）、所有人持续不要求占有人返还（似乎占有人为所有权人），则债务人是否已经清偿了债务、占有人是否已经取得了所有权？依当事人主义之举证规则，若债权人举示出债权文书，所有人举示了其为所有权人的证据，而债务人、占有人却不能举示其已清偿债务或取得占有物所有权的证据，则于前者而言可判定债务尚未清偿，于后者而言可判定无权占有（以反证打破占有的权利推定效力）。这在债权届期或占有形成不久时固为可行。但伴随时间推移，大多证据被毁灭，可能出现以此为奇货期待侥幸胜诉之徒，即“狡猾之徒本已失去其权利，在相对方不能提示（取得权利或免除义务）证据之情况下，将利用古老证据（证明其权利）获得不当利益。若不能有效地避免这一点，则

① [日]吾妻光俊：《私法における時効制度の意義》，《法学協会雑誌》1930年第四十八卷二号，第38页。[日]山中康雄：《時効制度の本質》，《ジュリシト》1952年第八号，第7页。

② 梅谦次郎、富井政章、鸠山秀夫、我妻荣、于保不二雄、松久三四彦等持“权利消减”说；吾妻光俊、山中康雄、川岛武宜、中岛弘道等持“权利推定”说。参见[日]松久三四彦：《時効制度》，载星野英一编集代表《民法講座Ⅰ民法総論》，有斐閣1984年版。

③ [日]於保不二雄：《時効の援用及び時効利益の放棄》，《法曹時報》1953年第五卷七号，第5页。

④ 但也有学者指出，时效目的与时效为实体法制度或诉讼法制度乃属不同之问题，二者角度完全不同。讨论时效为实体法上的制度还是诉讼法上的制度，除在国际私法领域确定准据法时有一定意义外，在民法上并无多大实益。参见[日]松久三四彦：《時効制度》，载星野英一编集代表《民法講座Ⅰ民法総論》，有斐閣1984年版，第542—543页。

每个人都不得不永久地保存各种受取证书或其他证书(尽管这不太可能)”。[①]而法律“认可基于久远之过去的事实的权利主张,将致纷争层出不穷,极大地扰乱社会共同生活秩序”。将时效作为“权利推定”之制度,能在证据已经泯灭的情况下“保护被告免受陈旧请求的打扰”。[②]“罗马人将时效称为人类的保护神(女),并非对过去侵夺的礼貌的借口,也非对债务人语言和署名不忠实的谦逊的托词,而旨在帮助丧失权限证书,或者一开始就怠于要求向自己移转证书者”,此种时效“旨在确保真正正确的所有人和真正被解放的债务人之安全,故其为法的大恩惠。没有它,真正所有权人或已清偿债务的人就会受到因保有已让渡所有权的古老权限证书者以及保持已经消灭的债权证书者所提起的诉讼的无尽的威胁”。[③]也就是说,通过“权利推定”,时效制度一方面不让“狡猾之徒”阴谋得逞,另一方面也克服了已经清偿债务或已经取得所有权者在经过漫长时间后的举证困难,将时效期间完成的事实作为证据之替代,构成债务人已经清偿或占有人已经取得所有权的“法定证据”,并赋予其优先于一般证据的效力。[④]社会生活因此而“安固”、法律世界因此而“安宁”、交易活动因此而“安全”,要说时效为增进“公益”、维持“秩序”和“安全”的制度,所谓的“公益”“秩序”和“安全”也应体现于此。这种“公益”“秩序”和“安全”本就表现为对已经清偿债务的债务人和已经取得所有权的占有人的保护,而非为了虚幻的“公益”“秩序”“安全”使神圣的权利旁落于他人！将时效作为事关此种“公益”的“完全的法律上推定”,极大地维护了时效在法律上的道德性和援用时效者的名誉。[⑤]

---

① [日]梅謙次郎:《改訂增補民法要義巻之一総則編》,有斐閣1984年復刻版,第369页。

② Richard D. James, *Limitation of Actions*(Tolley Publishing Company Ltd., 1993), p.1.

③ Boissonade, op. cit . n 252. 转引自[日]星野英一:《時効に関する覚書——その存在理由を中心として》,载《民法論集(4)》,有斐閣1985年版,第197页。

④ [日]川島武宜:《民法総則(法律学全集17)》,有斐閣1965年版,第546页。

⑤ Boissonade, op. cit . n 253. 转引自[日]星野英一:《時効に関する覚書——その存在理由を中心として》,载《民法論集(4)》,有斐閣1985年版,第198页。

问题在于，通过时效进行的这种"完全的法律上推定"，究竟在多大的程度上与客观事实相吻合？应当说，在一定的事实状态无争议地长期继续（时效期间完成）时，将该事实关系原原本本地视为正当的法律关系，更为适合真实的盖然性。在考察时效的存在理由时，如果不仅着眼于在诉讼中出现的事例，而且一并考察虽未进入诉讼但在全体社会广泛存在的事例，毫无疑问，因时效而获得利益者，多数为真正的权利人和已经清偿债务的债务人。而所有这些人的利益正好汇聚成了时效所事关的"公益"。然而，时效乃至其他更为广泛的法律制度，其法律技术不能完全实现立法的目的，并由此而产生不幸的结果。事实上，因"权利推定"而使非权利人取得权利、义务人免除义务的情形也并不罕见。但这只能归结为"善良法律不可避免之弊"，断不会隐蔽"权利推定"时效制度的光辉。诚如普阿索纳德（Boissonade）所言，"仅为绅士制定的时效的规定，可能被不是绅士的人利用，这是最完善的法律也不能避免的危险。社会的恩惠和神的安排一样，虽系为善而给予，但也可能对恶人有利。虽说恶人滥用自由可陷善人于困境，但若因此认为社会系为恶人而保护个人自由，是中伤。普照、温暖地球的太阳对恶人和善人都是有利的，因这个理由，说太阳是为恶人而生，是诽谤！"①

非常有趣的是，按"权利推定"的时效观念，时效"可能被不是绅士的人所利用"（不法占有人取得权利、债务人免除义务），而依"权利消减"的时效构成，"绅士"也可因时效而受保护（所有权人不能证明其权源、免责的债务人不能证明其已经清偿，直接援用时效拒绝返还或清偿）。如此看来，两种法律构成下的时效制度在效果上似乎没有实质性的差异。但问题在于，两种法律构成的出发点迥然不同："权利推定"是"为绅士而制定的规定"（尽管"可能被不是绅士的人所利用"），与此相反，"权利消减"似直接"鼓励掠夺和不诚行为"（尽管"绅士"也可能因此而受保护）。"权利推定"与私权保护"心心相印"，极

① Boissonade, op.cit.n252. 转引自［日］星野英一：《時効に関する覚書——その存在理由を中心として》，载《民法論集(4)》，有斐閣1985年版，第187页。

力凸显了时效的阳光面；而“权利消减”则与私权保护“离心离德”，集中暴露了时效的暗黑面。再联系受时效保护者多为权利人和已免责义务人之事实，可以说，“权利推定”的解释实事求是、古朴自然；而“权利消减”以例外（不法占有人取得权利、债务人免除义务）代替原则（保护事实上的权利人和已免责的义务人），舍阳光面而就暗黑面，舍本逐末、喧宾夺主，其解释窒碍而牵强。①

也许是考虑到单纯“权利消减”之解释太过勉强，对时效采用“权利消减”法律构成的绝大部分学者也未曾忽略时效克服（权利人和已免责债务人）举证困难的功能。《日本民法典》起草者之一梅谦次郎在《改订增补民法要义卷之一总则编》中，一方面强调时效为维持社会秩序（即保护社会信赖和交易安全）的制度，另一方面亦非常重视时效克服权利人举证困难之功能。②另一起草者富井政章在1893年5月27日贵族院民法商法施行延期法律案一读会议上指出，取得时效为保护信赖长期占有者的第三人之制度，但在《民法原论第一卷总论》一书中，又将时效作为保障“法律生活安固”之手段，而所谓“法律生活安固”，正是指所有权的实际取得者、已清偿债务者从握有古老证据的原权利人的诉追下解放出来，以克服其举证困难。③鸠山秀夫、我妻荣、于保不二雄等均在将维持社会秩序（信赖保护）作为时效主要理由的同时，将克服举证困难和敦促权利人行使权利作为次要的、辅助性理由。④我国学者在探讨诉讼时效的功能时，基本上抱持着与我妻荣等日本学者完全相同的见解。⑤无独有偶，对时效采“权利推定”构成的学者中，在首先强调时效保护真正权利人和已免责的义务人、克服其举证困难这一功能时，不少人也借助了“权利

① 曾世雄：《民法总则之现在与未来》，中国政法大学出版社2001年版，第212—213页。

② ［日］梅謙次郎：《改訂增補民法要義卷之一総則編》，有斐閣1984年復刻版，第374页。

③ ［日］富井政章：《民法原論第一卷総論》，有斐閣1985年復刻版，第623页。

④ ［日］鳩山秀夫：《法律行為乃至時効》，巌松堂書店1919年版，第588页；［日］我妻栄：《新訂民法総則》，岩波書店1971年版，第430页；［日］於保不二雄：《民法総則講義》，有信堂1955年版，第286页。

⑤ 梁慧星：《民法总论》，法律出版社1996年版，第236—237页；龙卫球：《民法总论》，中国法制出版社2001年版，第695—696页。

消减"的解释方法。例如，卡尔·斯皮罗认为，消灭时效的首要作用是将表见债务人（如已经清偿债务的债务人）从本无理由的请求（如已因清偿而消灭的债权）中解放出来，除此之外也有使（真实）债务人免于受未预期或单纯危惧的（真实）请求权压迫的作用，以保护（真实）债务人之信赖并维系其安宁。[①]《德国民法典》关于消灭时效的立法理由虽立足于权利推定的思维，但同时指出："于具体情形，若消灭时效于实体公正有损，即若权利人因消灭时效届满失却其本无瑕疵之请求权，此亦属关系人须向公共利益付出之代价。盖若权利人非于请求权之行使置若罔闻，消灭时效本无发生之由，故权利人于请求权内容之利益，实属微不足道，其因此付出之代价，亦难谓严酷也。"[②]显然也将敦促权利人行使权利作为了第二层次的理由。在笔者看来，在揭示时效的存在理由时，兼顾"权利消减"和"权利推定"两个方面看似周全，但由于"权利消减"和"权利推定"的出发点完全不同，注定兼容二者的解释不合逻辑，甚至可能"精神分裂"。事实上，首先将时效作为"权利消减"的制度，再辅之以"权利推定"之说明，仍不能从根本上去除时效制度的反道德性；而首先将时效界定为"权利推定"的制度，再辅之以"权利消减"之说明也是牵强（前文已充分论证"权利消减"诸解释之失败）而没有必要的，甚至可能使"权利推定"之光辉暗淡。唯一正确的做法是直接将时效作为"权利推定"的制度，以保护真实的权利人和已经清偿的债务人，免除其举证的困难。至于个别真实的权利因此而消减，可直接理解为为实现法律生活之"安固"而蒙受的必要牺牲。

"权利推定"之时效构成也深受多方面的责难：第一，若时效为"权利推定"之制度，当可为反证推翻。而除义务人自白外，时效完成后的"权利推定"不能被反证推翻，此种不能被反证推翻之"推定"是否为真正法律意义上之"推定"？第二，现代诉讼追求"法律真实"而非"客观真实"，在原告举出确证证明其权利，而被告未能举证证明其已取得权利和免除义务的情况下，法律

① [日]大木康：《時効理論の再構築》，成文堂2000年版，第26—29页。

② [德]迪特尔·梅迪库斯：《德国民法总论》，邵建东译，法律出版社2000年版，第91—92页。

上仍进行对被告有利的“推定”，从根本上颠覆了现代诉讼制度特别是现代证据规则。[①]第三，“权利推定”也与近现代民法上普遍确立的时效制度不相吻合，至少在文理上相距甚远，根本不能作为其解释而存在。

诚然，不允许法定情形之外的反对证据推翻之“推定”并非现代民法意义上的“推定”，但这种“推定”在比较法上并不罕见。《法国民法典》第1350条、第1352条所规定的“法律上的推定”，即免除受其利益一方当事人的举证责任。基于“法律上的推定”，撤销某些契约或否定法律上的诉权时，除非法律许可提出反证或者宣誓与裁判上的自认，不得受理任何证明以推翻此种推定。《德意志普通法》上也存在“不可覆推定”[②]或“不可动推定”[③]。日本旧民法将时效作为“权利推定”之制度，在很大程度上体现了与《法国民法典》以及《德意志普通法》之间的传承性。这种“推定”的确与现代证据规则不相吻合，但现代证据规则以“法律真实”替代“客观真实”本就有相当的危险性，该危险性在长期平静无争议后突然提起的诉讼中日益堆积，加之经年累月后证据的证明力也日渐降低，很难称为“确证”。出于对“客观真实”的追求，法律无视这些被漫长岁月冲刷的证明力低下的证据，而将“客观真实”的权利人和免责义务人从举证压迫下解放出来，非但不是对现代证据制度的颠覆，反倒是对此等证据制度弊害的必要修复或排除！时效制度也因此成为“人类权利的保护神（女）”（体现“客观真实”），“权利消减”只是一种外部表现或错觉，即并非“客观真实”的权利发生了消减，而是依通常证据规则尚存的债权或尚属于他人之物（“法律真实”）发生了权利得丧之效果。[④]在这一意义上，“权利推定”的解释与近现代时效制度在文理上未必矛盾。尤为关键的是，即便近现代民法真的将时效定性为“权利消减”的制度，也并不意味着这个定性就先验的正确。我们将时效定性为“权利推定”之制度，具有法律解释和法律构造的双重

① [日]梅謙次郎:《改訂增補民法要義巻之一総則編》，有斐閣1984年復刻版，第368页。

② [日]兼子一:《推定の本質及び効果について》，《法学協会雑誌》1937年第五五巻十二号，第19页。

③ [日]中島弘道:《挙証責任の研究》，有斐閣1953年版，第142、145页。

④ [日]草野元己:《取得時効の研究》，信山社1996年版，第46页。

意义：一方面尽量以“权利推定”的思维审视、解释近现代时效制度；另一方面尝试以“权利推定”的构成改造近现代时效制度的不合理成分，从而最大限度地去除其反道德性，更好地充当“人类权利保护神”。

不过，考虑到“权利推定”是关于时效制度存在理由的非主流观点，“权利消减”之解释在时效领域已成为惯性思维，加之即便依“权利推定”之逻辑，也会呈现出“权利消减”之表象，完全以“权利推定”之视角展开研究，理论难度实在太大。故本书讨论时效具体问题时，仍兼采了“权利推定”和“权利消减”两种解释论。

第二章
消灭时效制度的理念反思与规则建构

第一节　正本清源：我国民法应回归“消灭时效”之称谓

“消灭时效”与“诉讼时效”的术语选择一直是《中华人民共和国民法总则》（以下简称《民法总则》）时效立法的困扰之一，学者们对此有诸多疑义。有学者认为，我国《民法通则》中所谓的诉讼时效承继于苏联，其本身并不是一个科学严谨的概念，不过是意识形态的产物，而大陆法系中的消灭时效是与请求权相对应的存在，属于实体法上的范畴，诉讼时效的称谓显然有混淆实体法与诉讼法的嫌疑，我国立法应当正本清源，抛弃诉讼时效的称谓，改称为“消灭时效”。[①]房绍坤教授认为，我国立法一直采用诉讼时效的概念，从法的延续性角度而言，如无重大理由不宜抛弃，以保护法律的稳定性和民众对法律的一贯理解。[②]尹田教授则认为，从消灭时效与诉讼时效的关系来看，两者并无本质区别，诉讼时效“不过是消灭时效的另一种表达方式”[③]而已。但是，不容忽视的是，法律概念作为法律体系的重要构成要素，法律概念的准确性对于法律的体系化无疑至关重要。再者，一项法律概念，其不仅是对某一特定价值的表达，更承载着为后来者诠释该特定价值的重任。[④]因此，准确且

---

① 张豪仁：《大陆与台湾时效制度比较研究》，《社科纵横（新理论版）》2013年第3期。

② 房绍坤：《我国民法典编纂中时效立法的三个问题》，《法学杂志》2015年第9期。

③ 尹田：《我国诉讼时效之立法模式评价》，《河南省政法管理干部学院学报》2010年第5期。

④ 黄茂荣：《法学方法与现代民法》，中国政法大学出版社2001年版，第52页。

自洽的法律概念，无论是对后来者的理解，还是对法律体系的圆融，均具有不可忽视的作用。在笔者看来，尽管我国《民法总则》已经选择了诉讼时效这一概念，但根据下述三项理由，未来民法典时效立法采用“消灭时效”这一概念无疑更为适恰。

第一，现今我国时效制度的法律性质属于实体法的范畴。从本质上分析，我国时效制度的称谓究竟采用“诉讼时效”抑或是“消灭时效”，其决定性因素应该是时效制度的法律性质，即时效制度属于程序法的范畴还是属于实体法的范畴。[①]而对于时效制度法律性质的判断，则主要立基于时效届满后的法律效果。比较法上，关于时效期间届满的法律后果主要存在四种不同的立法例。[②]实体权消灭主义，即时效一旦届满，则权利人的实体权利将直接消灭。该观点最初由德国学者温德夏特提出，通说认为《日本民法典》第167条[③]采用了实体权消灭主义。诉权消灭主义，即时效一旦届满，仅诉权归于消灭，实体权利并不消灭，只是转化为了自然权利。该观点最初由德国学者萨维尼提出。通说认为2008年前未修订的《法国民法典》第2262条[④]采用了诉权消灭主

① 连光阳：《诉讼时效抑或消灭时效：时效概念的名实之辨》，《学术论坛》2015年第7期。

② 王利明：《民法总论》，中国人民大学出版社2015年版，第359页。梁慧星教授认为，比较法上时效届满的法律后果可分为实体权消灭主义、诉权消灭主义和抗辩权发生主义，我国《民法通则》采用的是诉权消灭主义。梁慧星：《民法总论》，法律出版社2011年版，第248—249页。在孙鹏教授看来，通说关于实体权消灭主义、诉权消灭主义、抗辩权发生主义的几种不同立法例的区分，实际上是不存在的，实为“同谬”，他认为《日本民法典》采用实体权消灭主义、《法国民法典》采用诉权消灭主义均是对这些民法典断章取义的产物。《日本民法典》第167条的确规定债权等权利在时效完成后消灭，但其第145条还规定法院不能依职权援用时效，足以说明只要义务人不援用时效，权利人的权利不受影响，实体权利不会消灭。而《德国民法典》第214条虽规定消灭时效完成后债务人取得拒绝履行的抗辩权，但其第194条也规定请求权因时效而消灭。如果因《日本民法典》第167条的措辞，就断言其为实体权消灭主义，那么同样可因《德国民法典》第194条的用语，得出其亦为实体权消灭主义之结论。实际上，实体权消灭主义和诉权消灭主义的立法根本就不存在，各国法律上消灭时效完成的后果基本上是一致的，那就是债务人取得拒绝履行的抗辩权，一旦债务人援用时效完成的抗辩，则权利人的请求权不能实现（也可以说权利人的权利归于消灭）；相反，若债务人不援用时效完成的抗辩，甚至同意履行或者实际履行债务，则权利人的权利不因时效完成而受到影响。因此，诉讼时效完成的后果为债务人抗辩权的发生。谭启平主编：《中国民法学》，法律出版社2015年版，第233—234页。

③《日本民法典》第167条：“债权，因十年内不行使而消灭。债权或所有权以外的财产权，因二十年内不行使而消灭。”王爱群译：《日本民法典》，法律出版社2014年版，第37页。

④《法国民法典》第2262条（2008年前版）：“一切诉讼，无论是对物还是对人诉讼，时效期间均为三十年，主张此时效的人无需提出证书，他人亦不得提出该人系出于恶意之抗辩。”罗结珍译：《法国民法典》，北京大学出版社2010年版，第712页。

义。抗辩权发生主义，即时效一旦届满，权利人的实体权利和诉权均不消灭，只发生抗辩权产生的效果。该观点最初由德国学者欧特曼提出，拉伦茨亦持此观点[①]，通说认为《德国民法典》第214条[②]采用了抗辩权发生主义。胜诉权消灭主义，[③]即时效一旦届满，仅发生胜诉权消灭的后果。该观点源自苏联法学家顾尔维奇的二元诉权论，该理论将诉权区分为程序意义上的起诉权和实体意义上的胜诉权。苏联立法采用了该观点，即认为时效届满仅导致权利人胜诉权的丧失，并不会引发实体权利的消灭。[④]需要明确的是，无论是实体权消灭主义还是抗辩权发生主义，由于时效届满的法律效果所指向的均是实体权利，故相应的立法例均采用了消灭时效这一称谓。而最为典型的采用胜诉权消灭主义的苏联，由于其时效届满的法律效果所指向的是程序权利，故其采用了诉讼时效这一称谓。无独有偶，由于英国的时效制度所产生的是程序性后果，即时效期间届满后不得向法院提起诉讼，故也采用了诉讼时效这一称谓。[⑤]相应的，我国《民法通则》之所以采纳“诉讼时效”的术语，乃是因为继受了苏联立法的胜诉权消灭主义。1964年《苏俄民法典》在总则第六章中规定了时效制度，该章名为“诉讼时效”。苏联的时效制度主要是跟诉权联系在一起，苏联学者认为诉讼时效所消灭的是实体意义上的诉权，这与大陆法系消灭时效消灭权利人的实体请求权的法律效果不同，其时效制度便被冠以“诉讼时效”之名。我国早期民法学者为了契合诉讼时效的法律效果，还创造了“胜诉权”的概念。2008年最高人民法院发布了《最高人民法院关于审理民事案件适用诉讼时效制度若干问题的规定》（以下简称《诉讼时效司法解

① “请求权的时效完成后，‘义务人有权拒绝给付’。但时效并不是请求权消灭的原因，而只是给义务人提供了‘抗辩权’。”[德]卡尔·拉伦茨：《德国民法通论（上册）》，王晓晔等译，法律出版社1998年版，第345页。

②《德国民法典》第214条：“（1）在消灭时效完成后，债务人有权拒绝履行给付。（2）为满足已完成消灭时效的请求权而给付的一切，即使是在不知道请求权已完成消灭时效的情况下给付的，也不得请求返还。债务人的合于合同的承认以及担保的提供，亦同。”陈卫佐译注：《德国民法典》，法律出版社2015年版，第76页。

③ 在朱晓喆教授看来，诉权消灭主义和胜诉权消灭主义属于同一种观点。朱晓喆：《诉讼时效完成后债权效力的体系重构——以最高人民法院〈诉讼时效若干规定〉第22条为切入点》，《中国法学》2010年第6期。

④ 王利明主编：《中华人民共和国民法总则详解（下册）》，中国法制出版社2017年版，第907页。

⑤ 连光阳：《诉讼时效抑或消灭时效：时效概念的名实之辨》，《学术论坛》2015年第7期。

释》)，该司法解释彻底摒弃了诉讼时效法律效果的胜诉权消灭主义，而采用了抗辩权发生主义的观点[①]，从而使我国诉讼时效的法律效果愈发接近于大陆法系的消灭时效，而且该解释也把诉讼时效的客体范围限定为债权请求权[②]，这也与大陆法系把请求权作为消灭时效的客体之做法一致。因此，虽然我国的时效制度名为“诉讼时效”，但究其实质，已是消灭时效无疑。

第二，时效制度并不一定与诉讼程序发生直接的关联。换句话说，在诉讼开启前与诉讼终结后，时效制度仍然在发挥着调节当事人之间权利义务的作用，故援用诉讼时效来指称时效制度，难免会令人产生时效制度只有在诉讼中才能发挥作用的错觉。例如，甲欠乙100万元，乙因疏忽大意，导致自己请求甲还款的时效期间已经届满，但是乙不甘心就此白白丧失该100万元的债权，故乙于某日找甲面谈，要求甲即日清偿债务，做为一位言而有信、有借有还之人，甲对于还款时效期间届满早已了然于胸，于是义正词严地以时效期间届满为由拒绝了乙的请求，并郑重告知乙，法律并不保护躺在权利上睡大觉的人，他可以援用时效期间届满来抗辩乙的还款请求。乙深知自己无法要回钱款，遂放弃了该笔欠款。显而易见，该例子中并未发生诉讼程序，但是甲仍旧援用时效届满所产生的法律后果，成功抗辩了乙的还款请求。再例如，即使权利人在诉讼过程中获得了胜诉判决，但是由该胜诉判决所确认的请求权，仍将受到时效的约束，该时效将作用于执行领域。关于执行领域的时效问题，将会在第四章予以详细分析。此处之所以提及执行领域的时效问题，乃是因为用诉讼时效这一称谓来涵盖执行领域的时效问题显然也是不恰当的，因为只有在诉讼程序终结之后，才会进入执行环节。此外，按照目前的通

① 《最高人民法院关于审理民事案件适用诉讼时效制度若干问题的规定》第3条规定：“当事人未提出诉讼时效抗辩，人民法院不应对诉讼时效问题进行释明及主动适用诉讼时效的规定进行裁判。”

② 《最高人民法院关于审理民事案件适用诉讼时效制度若干问题的规定》第1条规定：“当事人可以对债权请求权提出诉讼时效抗辩，但对下列债权请求权提出诉讼时效抗辩的，人民法院不予支持：(一)支付存款本金及利息请求权；(二)兑付国债、金融债券以及向不特定对象发行的企业债券本息请求权；(三)基于投资关系产生的缴付出资请求权；(四)其他依法不适用诉讼时效规定的债权请求权。”

说，在执行阶段，如果时效期间届满，人民法院并无权利拒绝执行，仅是令被执行人获得了一项抗辩权，来抗辩执行人的执行请求，从而达到拒绝履行义务的效果。与之相对应的是，消灭时效这一称谓，实际上亦能较为妥当地囊括执行阶段时效届满的意涵。

第三，我国的时效制度主要继受于德国而非苏联。大陆法系的消灭时效制度发轫于罗马法，近代大陆法系国家和地区的民事立法对此制度予以继受。但是，在《德国民法典》出台之前，消灭时效的性质实则在实体法与程序法之间摇摆不定。温德沙伊德通过对《学说汇纂》的解释，把诉的程序性元素与实体性元素相互剥离，从而提炼出了纯粹实体法意义上的"请求权"概念。随着《德国民法典》对该概念的确认，并以其来限制消灭时效的适用范围，才正式完成了消灭时效从程序性性质向实体性性质的转变。《德国民法典》将消灭时效作为一种实体法制度的做法，基本得到了之后制定民法典国家的追随。①我国的民法理论总体继受于德国和日本，但是诉讼时效概念却取之于苏联，这就造成了内部逻辑上的割裂，模糊了时效制度的实体法性质，这无疑将有害于法律的统一性与适用性。《民法通则》之所以继受苏联之诉讼时效这一概念，并采用胜诉权消灭主义，乃是基于特定的历史原因。20世纪50年代，我国曾大规模移植过苏联的民法制度，其中就包含了诉讼时效理论。而苏联诉讼时效理论之胜诉权消灭主义之所以能一直得以保留，当时很大一部分原因是抗辩权发生主义被戴上了"资本主义剥削"的帽子②，而胜诉权消灭主义符合社会主义民法为人民服务的理念③。此外，在我国《民法通则》颁布

① 连光阳：《诉讼时效抑或消灭时效：时效概念的名实之辨》，《学术论坛》2015年第7期。

② "当时的社会主义民法诉讼时效理论还要在意识形态上战胜资本主义民法。因为根据抗辩权发生说，作为剥削阶级的债权人会利用广大劳动人民不知诉讼时效来为自己的利益服务。"朱晓喆：《诉讼时效完成后债权效力的体系重构——以最高人民法院〈诉讼时效若干规定〉第22条为切入点》，《中国法学》2010年第6期。

③ "人民法院应该向当事人交代政策法律的规定，实事求是地解决问题，不能因为债务人不了解时效的规定，法院即满足债权人的请求，强制债务人履行义务。"中央政法干部学校民法教研室编著：《中华人民共和国民法基本问题》，法律出版社1958年版，第105页。

前后，无论是学术著述[①]还是著名的民法学者[②]，均对胜诉权消灭主义采取了肯定态度，从而也使诉讼时效这一称谓得以延续。但是，随着我国民法理论研究的进一步深入，胜诉权消灭主义理论日渐遭受强烈质疑：第一，胜诉权消灭主义与私法自治的精神相违背，是对当事人权利行使自由的干预，带有浓重的计划经济与国家干预的色彩。第二，胜诉权消灭主义的理论支撑“二元诉权论”存在逻辑上难以自洽的矛盾，将诉权强行界定为程序性诉权与实体性诉权的统一，不仅会掩盖诉权的程序性本质，而且实体性诉权这个概念本身也没有独立存在的必要性。[③]基于上述理由，在我国司法实务中也开始从胜诉权消灭主义转向了抗辩权发生主义。早在1992年《最高人民法院关于适用〈中华人民共和国民事诉讼法〉若干问题的意见》第153条[④]颁行后，就有实务专家据此提出了偏向于抗辩权发生主义的观点，即“只有当事人提出时效抗辩，法院才能予以审查时效情况，而不得主动援用诉讼时效进行裁判”[⑤]。此后，正如上文所言，2008年颁布的《诉讼时效司法解释》第3条的规定，则直接表明其采纳了抗辩权发生主义。此时，“诉讼时效”这个称谓已明显不能契合抗辩权发生主义的实践，改用消灭时效无疑是最佳选择。法律概念作为大陆法系的核心因素，也是法律条文得以推演与适用的基石，其重要性自然不言而喻。在我国制订民法典的背景之下，有必要重新厘清法律概念的体系，增强法律体系的科学性与严谨性，提高民法典的质量。因此，笔者赞成抛弃“诉讼时效”而采用“消灭时效”的术语，鉴于概念的准确性和内容逻辑的一致

---

① “诉讼时效是指权利人在诉讼时效成就，即丧失请求法院依诉讼程序强制义务人履行义务的权利。但是，因诉讼时效期间届满而消灭的，只是实体意义上的诉权，即胜诉权。”佟柔、赵中孚、郑立主编：《民法概论》，中国人民大学出版社1982年版，第78页。

② 江平、张佩霖编著：《民法教程》，中国政法大学出版社1986年版，第114页。

③ 朱晓喆：《诉讼时效完成后债权效力的体系重构——以最高人民法院〈诉讼时效若干规定〉第22条为切入点》，《中国法学》2010年第6期。

④《最高人民法院关于适用〈中华人民共和国民事诉讼法〉若干问题的意见》(1992)第153条：“当事人超过诉讼时效期间起诉的，人民法院应予受理。受理后查明无中止、中断、延长事由的，判决驳回其诉讼请求。”

⑤ 杨永清：《人民法院能否主动援用诉讼时效进行裁判》，载最高人民法院民事审判第一庭编：《中国民事审判前沿(第1集)》，法律出版社2005年版，第226—234页。

性，笔者也采用“消灭时效”这一称谓。但从《民法总则》的表述来看，其第九章依旧采用的是“诉讼时效”，显然立法者主要是考虑了法的稳定性与延续性因素，但此种做法显然不符合民法典的高质量要求，与大陆法系国家和地区民法典的做法背道而驰，不利于概念的对接和理论的交流。

第二节　物权请求权罹于消灭时效?

一、肯定说、否定说与折中说的论理分歧

物权请求权，是指当物权的完满状态受到妨碍或者有妨碍之虞时，物权人为保护自己的物权提出的请求权。物权请求权乃一系列权利组合而成的权利束，当代世界各国法律所规定的具体的物权请求权，是根据对物权构成的妨害事实的类型来划分的，即法律认定存在着某一种妨害物权的事实，便规定一种相应的物权请求权，《中华人民共和国物权法》(以下简称《物权法》)中关于物权请求权的规定也是使用的这样的体例。根据《物权法》的规定，物权请求权一般指物权确认请求权、返还原物请求权、停止侵害请求权、排除妨碍请求权和消除危险请求权。物权请求权是物权保护的有效法律手段，可由物权人直接向物权侵害人行使，也可由物权人向国家公共权力机关提起，经公共权力机关向侵害人追究责任。[①]毋庸置疑，物权请求权是一种请求权，但物权请求权究竟是属于防护性请求权还是独立请求权、其与债权请求权有何区别抑或有何关联、进而其究竟是否适用消灭时效等问题乃理论上与实务上的争议焦点。就物权请求权是否适用消灭时效的问题而论，大陆法系国家和地区的立法与学说就存有不同的做法和见解。我国的民法学者对此亦存在激

① 孙宪忠:《中国物权法总论》，法律出版社2014年版，第430、432页。

烈争论，大致可分为三种学说，即肯定说、否定说与折中说。

持肯定说的学者主张物权请求权应当罹于消灭时效，主要理由如下：第一，根据民法一般理论，消灭时效的客体为请求权，物权请求权属于请求权的一种，自然应当适用消灭时效，将债权请求权与物权请求权区分开来适用消灭时效无理论依据。第二，物权请求权虽然脱胎于物权，但内容与物权相差巨大，实质上已经构成以特定人之给付为标的的独立请求权，物权不适用于消灭时效的论据显然也难以构成物权请求权也不适用消灭时效的理由。第三，有学者甚至认为，物权请求权就是债权请求权的一种类型，应借鉴部分日本学者的做法将物权请求权纳入债权请求权体系，既然债权请求权适用消灭时效，那么物权请求权当然也适用消灭时效①，此乃不言自明之理。

持否定说的学者主张物权请求权不应罹于消灭时效，主要理由如下：第一，物权请求权特别是返还原物请求权罹于消灭时效可能会使物的所有权与占有发生分离。一方面，物权人无法请求占有人返还占有物；另一方面，占有人也无法取得占有物的所有权，若无取得时效制度的对接，则占有人几乎没有取得所有权的机会。就算立法同时承认取得时效与消灭时效制度，那么受益的也只是恶意占有人，因为从德国的民事立法来看，取得时效制度的适用需要善意和自主占有两个要件，恶意占有人不在此范围之内，而消灭时效不问善意与否，对占有人一体保护，实质上是保护了恶意占有人的利益，削弱了所有权的绝对性，不利于双方的利益平衡。第二，物权请求权与物权同呼吸、共命运，不可分离，既然物权不适用消灭时效，那么物权请求权也应当不适用消灭时效。物权作为无可争议的支配权，其效力就是依托诸多的物权请求权，如物权请求权罹于消灭时效，则物权将失去支配权的实质，沦为“裸体权利”，无存在之价值。第三，物权请求权一般适用于持续性的侵害行为，其消灭时效的起算时间难以认定，无适用之必要。第四，如立法同时承认取得时

① 梁慧星主编：《中国物权法研究（上）》，法律出版社1998年版，第96页。

效与消灭时效制度，物权请求权虽然不适用消灭时效，但取得时效可以适用于所有权，依然可以发挥消灭时效的制度功能[①]。第五，物权请求权只是在物权的圆满状态受到妨害或可能受到妨害时，以恢复物权的圆满为目的提出的请求权，它是一种典型的附属性权利，它是从物权的排他性、绝对性衍生而来的防护性请求权，是一种不可脱离所附属的物权的权利。权利人享有物权时，自然就享有了以自己的行为维护自己物权的权利。[②]

持折中说的学者主张物权请求权原则上适用消灭时效，但登记的物权、停止侵害请求权、排除妨碍请求权和消除危险请求权应当排除在外。具体而言：登记的物权权利状态自始明确，不存在举证困难与秩序混乱的问题，只要权利一经登记，则可推定权利人一直在行使权利，也就不存在不作为一说，因此自无适用消灭时效的空间。关于停止侵害请求权，在发生持续侵害行为时，消灭时效的起算点应当是侵害行为终止之时，只要侵害人对物权的侵害行为还在继续，则消灭时效期间就一直无法起算，既然消灭时效期间一直没有起算，便不会出现停止侵害请求权罹于消灭时效的问题，而侵害行为一旦终止，也就没有请求停止侵害之必要，此时若有损害涉及的便是请求侵害人承担相应赔偿责任的问题。关于排除妨碍请求权和消除危险请求权，消灭时效的起算点亦应是对物权构成的妨碍状态或危险状态消除之时，只要该妨碍状态或危险状态一直持续存在，则消灭时效期间永远无法起算，也就谈不上超过了消灭时效期间，而若对物之妨碍或危险状态已经消除，物权人自无请求排除妨碍或消除危险之必要，若对物之妨碍和危险给物权人造成了损害，则物权人自可向责任主体请求损害赔偿。由此看来，物权请求权中只有返还原物请求权和恢复原状请求权才有适用消灭时效之可能。[③]从消灭时效的制度功能和物权请求权的权利性质等角度观之，我们亦赞同物权请求权原则上

① 程啸、陈林：《论诉讼时效客体》，《法律科学》2000年第1期。

② 孙宪忠：《中国物权法总论》，法律出版社2014年版，第432页。

③ 柳经纬：《关于时效制度的若干理论问题》，《比较法研究》2004年第5期。

应当适用消灭时效的观点，但登记物权权利人的返还财产请求权、停止侵害请求权、排除妨碍请求权和消除危险请求权不应适用消灭时效，理由在于：第一，通常而言，登记乃实现权利公示的有效手段，无论不动产抑或是动产，物权一经登记便产生强烈的权利公示公信效力，物权权利状态自始明确，不会让第三人产生错误的权利信赖外观，相关交易行为和由此而衍生的一系列社会经济关系亦将以登记为原点有序进行，一般不会发生错乱，此时没有因权利公示状态不明而发展出根深蒂固的交易秩序，更没有需要消灭时效特殊保护的信赖利益。第二，无论是停止侵害请求权抑或是排除妨碍请求权、消除危险请求权，消灭时效的起算点均应在对物权构成的侵害、妨碍或危险状态消除之时，而只要侵害人对物之侵害、妨碍和危险状态一直持续存在，则消灭时效期间便永远无法起算，此时一方面物权人可行使对应请求权确保其对物之圆满支配状态，另一方面，既然消灭时效期间永远无法起算，就谈不上此三种请求权将会罹于消灭时效的问题。

我国民事立法对物权请求权是否适用消灭时效的态度曾经一度模棱两可。如我国《民法通则》《物权法》对物权请求权是否适用消灭时效均未具明文。2008年的《诉讼时效司法解释》也仅规定“当事人可以对债权请求权提出诉讼时效抗辩”，对此，当时最高人民法院的解释是，这只是明确了债权请求权“可以”成为消灭时效的客体，至于物权请求权，则未作定论。[①]2009年的《中华人民共和国侵权责任法》（以下简称《侵权责任法》）第15条将“返还财产”作为承担侵权责任的方式，对此，有学者一针见血地指出：“2009年，《侵权责任法》颁布。《民法通则》第134条所规定的民事责任方式十去其二，成为《侵权责任法》第15条。其中，停止侵害、排除妨碍、消除危险与返还财产诸责任方式与《物权法》第34、35条在适用范围上未作区别。看起来，德国法上物权请求权之救济，似乎被我国《侵权责任法》纳入侵权责任轨道，与损害赔偿等

① 宋晓明、刘竹梅、张雪梅：《〈最高人民法院关于审理民事案件适用诉讼时效制度若干问题的规定〉的理解与适用》，《法律适用》2008年第11期。

债法上的救济等量齐观……实证法下，经由《侵权责任法》第15条的搭引，物权请求权不仅受消灭时效规制，而且在期间长度及起算时点方面，与损害赔偿请求权等债权请求权并无二致。”①《侵权责任法》的前述规定无疑让返还原物请求权是否适用消灭时效及如何适用消灭时效的问题再度陷入争论且愈发扑朔迷离。然而，2017年3月15日通过并于2017年10月1日起施行的《民法总则》的第196条第1项和第2项却一反常态，首次旗帜鲜明地系统回应了物权请求权究竟是否适用消灭时效的问题。具体而言，《民法总则》第196条第1项吸收了学界通说，明确指出停止侵害请求权、排除妨碍请求权和消除危险请求权等物权请求权不适用消灭时效；第2项紧接着阐述了不动产物权和已登记动产物权的权利人请求返还财产的权利不适用消灭时效，至于未登记动产物权权利人请求返还财产的权利是否适用消灭时效的问题立法则未予规定，至少存在两种解释之可能，尚需进一步明确。

如此一来，我国民事立法、民法理论与司法实务长期以来争论不休的物权请求权是否适用消灭时效的问题便从本质上演变为返还原物请求权是否适用消灭时效的问题。现实的情况是，《民法总则》第196条第2项虽从表面上回应了返还原物请求权是否适用消灭时效的问题，但其并未也不可能解决实质性问题。《民法总则》第196条第2项虽可得出返还原物请求权适用消灭时效的可能解释结论，但实际上它存在先天性规则缺陷：一是根据反对解释和体系解释的方法，未登记的动产物权权利人请求返还财产的权利亦适用三年消灭时效期间，明显对权利人保护不周，有违公平；二是未登记的不动产物权权利人请求返还财产的权利不适用消灭时效的规定亦与消灭时效的制度功能或者说消灭时效制度存在的核心正当性理由格格不入。最终的结果是，《民法总则》第196条第2项有关返还原物请求权是否适用消灭时效的规定非但未能妥善平息长久以来的汹汹争议，反而引发学界有关此问题的新一轮激

①朱庆育：《民法总论》，北京大学出版社2013年版，第524—525页。

烈争论。有鉴于此，笔者将在后文依次从域外制度考察、域内制度反思并结合既有学说理论等角度，对返还原物请求权是否适用消灭时效以及如何适用消灭时效等问题予以全面论证，矫正既有法律规定的不当之处，澄清有关此问题的各种争论，以期对理论与实务有所裨益。

二、返还原物请求权适用消灭时效的争议澄清

（一）域外典型国家的相关立法例与分析评述

1.德国的相关立法例与分析评述

《德国民法典》规定取得时效，最重要的目的乃保护交易安全，即法律必须将当事人的实际权利和在不动产登记簿上登记的权利加以统一。[①]而规定消灭时效的目的则是避免义务人在对抗有瑕疵的请求权时因举证困难而处于不利地位；权利人不行使权利，说明该权利对其不重要，法律令其作出牺牲，对其损害不大，且为保护公共利益所必需。[②]

2001年以后的《德国民法典》亦坚持和贯彻了这一立法思路，其第900条规定了登记的取得时效，即"作为土地所有人被登记于土地登记簿而未取得土地所有权的人，如登记已存在三十年，且其在此期间自主占有土地，则取得所有权"。第937条规定了动产的取得时效，即"自主占有动产达十年的人，取得所有权（取得时效）；取得人在取得自主占有时非为善意，或后来知悉所有权并不属于自己的，取得时效被排除"。[③]由此可见，德国民法对登记的取得时效和动产的取得时效之要件进行了区分，除均要求占有人为自主占有外，前者的取得时效期间为三十年，未明确要求自主占有期间占有人需为善意

---

① 孙宪忠：《德国当代物权法》，法律出版社1997年版，第202页。

②尹田：《民法典总则之理论与立法研究》，法律出版社2010年版，第760页。

③陈卫佐译注：《德国民法典》，法律出版社2015年版，第337、349页。

（知道情形），而后者的取得时效期间为十年，且要求自主占有期间占有人应为善意。

就消灭时效的相关规定而言，根据《德国民法典》第194条（消灭时效的对象）第1款之规定，受消灭时效限制者乃有向他人请求作为或不作为的权利（即请求权）。有学者指出，此条文在明确消灭时效之适用对象的同时，还以很不显眼的方式给出了一个对整部《德国民法典》来说都十分重要的法定定义，即请求权是指向他人请求作为或不作为的权利。按照请求权在民法上所属的具体领域，其可细分为债法上的请求权、物权法上的请求权、亲属法上的请求权和继承法上的请求权。[①]然而，除债法上的请求权外，其他几种请求权并不当然地受消灭时效的限制。即根据《德国民法典》第194条第2款"因亲属法上的关系而发生的请求权，其旨在向着将来设立与该关系相应的状态者，或旨在要求允许进行基因检验以澄清嫡亲出身者，不受消灭时效的限制"之规定，其明确了不受消灭时效限制的亲属法上的请求权类型。同时，在德国法上，仅有一部分物权法上的请求权（如基于所有权和其他物权而生之返还请求权）受消灭时效的限制，而像排除妨碍请求权和消除危险请求权之类的除去请求权（Beseitigungsansprueche）或不作为请求权（Unterlassungsansprueche）不受消灭时效的限制，其理由在于：此种请求权每当有违反行为时均重新计算，不需要规定较长的期间；再者，若不是这样，则将产生同侵权行为的不作为请求权及除去请求权的界定困难。[②]

2002年，《德国债法现代化法》将普通消灭时效期间由之前的三十年改为三年。对此，最新的《德国民法典》第195条已具明文，即"普通消灭时效期间为三年"。三年的普通消灭时效期间适用于大部分合同上的请求权，也适用于因法定债务关系而发生的请求权、因无因管理而发生的请求权和因不当得

---

①陈卫佐译注：《德国民法典》，法律出版社2015年版，第66页。

② 杜景林、卢谌：《德国债法改革——〈德国民法典〉最新进展》，法律出版社2003年版，第147页。

利而发生的请求权。[①]除此之外，仍有一部分请求权适用三十年的消灭时效期间，例如《德国民法典》第197条第1款规定："（1）以不另有规定为限，下列请求权经过三十年而完成消灭时效：……2.因所有权、其他物权、第2018条、第2130条和第2362条而发生的返还请求权以及用来主张这些返还请求权的请求权……"[②]《德国民法典》在第三编第四节（即第985条至第1007条，其第985条规定:"所有人可以向占有人请求返还物"）对与此相关的问题进行了专门的、详细的规定。因此，在德国法上，返还原物请求权不仅受消灭时效的限制，还适用三十年的消灭时效期间，但基于已登记的权利而发生之返还请求权，不受消灭时效的限制（第902条）。

《德国民法典》为何坚持规定返还原物请求权适用消灭时效且适用三十年的消灭时效期间？对此，有学者认为，《德国民法典》规定返还原物请求权适用三十年的消灭时效期间，而这一期间要远远长于取得时效期间（该法第937条规定动产取得时效期间为十年），如此一来就大大降低了消灭时效适用于返还原物请求权的可能性，即取得时效在先，消灭时效就仅仅适用于未经取得时效取得的物之返还请求权，因此，即便在逻辑上存在障碍，但经过三十年所有权人仍不行使返还原物请求权，用消灭时效阻隔其请求也有充分的价值判断方面的理由。[③]然而，问题在于：即便《德国民法典》规定动产取得时效期间为十年而返还原物请求权适用的消灭时效期间为三十年，但这是否必然意味着十年的取得时效期间一定会先于三十年的消灭时效期间而届满？笔者认为，事实上，基于二者在中断事由、构成要件等诸方面的不同，取得时效期

① 陈卫佐译注:《德国民法典》，法律出版社2015年版，第68页。

②《德国民法典》第2018条（遗产占有人的交出义务）规定:"继承人可以向任何已基于其实际上并不享有的继承权而从遗产中取得某标的的人（遗产占有人）请求交出所取得的标的。"第2130条第1款（后位继承开始后的交出义务）规定:"（1）前位继承人在后位继承开始后，有义务以到交出时为止所延续的适当管理所得出的状态，向后位继承人交出遗产。第596a条的规定准用于农业用地的交出，第596a条、第596b条的规定准用于农场的交出。"第2362条第1款（真正的继承人的返还请求权）规定:"（1）真正的继承人可以向不正确的继承证书的占有人请求将证书返还给遗产法院。"参见陈卫佐译注:《德国民法典》，法律出版社2015年版，第68、586、607、653页。

③ 江平主编:《民法学》，中国政法大学出版社2011年版，第194页。

间比消灭时效期间后届满的情况、甚至取得时效期间被排除而仅适用消灭时效期间的情况屡见不鲜。以动产为例，根据《德国民法典》第937条之规定，无权占有人自主占有动产达十年，且其取得自主占有时为善意的，方能取得动产的所有权。相应地，在取得自主占有时，若该无权占有人为恶意（知情），或即便其开始为善意但后来知悉自己为无权占有的，取得时效便被排除。然而一旦消灭时效期间届满，权利人未及时行使返还请求权时，无论无权占有人在主观上为善意抑或是恶意，其均有权提出消灭时效期间届满的抗辩。对于同一无权占有人而言，既然取得时效已经被排除，那么其继续适用便不再可能，但此时的返还原物请求权却仍然适用消灭时效期间。

2.法国的相关立法例与分析评述

法国民法规定消灭时效的根本目的是使一定的事实状态得以稳定，以满足法律安全的需要。而规定取得时效的目的则是为保护公共秩序，它通过在一定期间后"合并"权利与事实的方法，禁止占有与所有权之间无休止的分离。在多数情况下，财产占有人即为所有权人，取得时效只不过是加强了其权利，而非剥夺所有权人的权利。[①]诚然，即便存在占有人为掠夺者而非所有权人的情况，适用取得时效将导致不公平，但取得时效并非秘密完成且其完成亦非一蹴而就，所有权人有充分的时间能行使返还请求权而不行使的，只能说明所有权人对自己的财产漠不关心。[②]法律为了保护公共利益而牺牲个别所有权人之利益无可厚非。

与早期的《法国民法典》文本对时效[③]不作区分而一体规定的形式不同，2009年11月20日公布的《法国民法典》文本在"取得财产的各种方法"部分明确将时效细分为消灭时效（第2219条至第2254条）与取得时效（第2258条至

① Philippe Malaurie et Laurent Aynès, Les biens, 15e éd, (PUF.Paris, 1992), p.249. 转引自尹田：《民法典总则之理论与立法研究》，法律出版社2010年版，第759页。

② 尹田：《法国物权法》，法律出版社1998年版，第233页。

③ 法国法的时效是指按照法律确定的条件，经一定的期间，取得财产所有权或自行免除义务的一种方法。

第2277条)。根据该法第2219条“消灭时效是指因权利人在一定时间内不行为而引起某种权利消灭的一种方法”,第2224条“对人诉讼(债权诉讼)或者动产诉讼,时效期间为五年,自权利(持有)人知道或应当知道其可以行使权利的事实之日起计算”及第2227条“所有权不受时效限制。除此保留之外,不动产物权诉讼,时效期间为三十年,自权利(持有)人知道或应当知道其可以行使权利的事实之日开始计算”①之规定,可得出这样的结论:第一,在法国民法上,消灭时效期间届满的法律后果是引起某种权利消灭,至于此处的某种权利究指债权、物权等原权利,请求权等救济性权利,还是指诉权,立法未予明确。笔者认为,综合法国民法有关消灭时效的条文来看,此处的权利应指诉权而非其他权利,进而消灭时效的适用对象为诉权,此点与《德国民法典》、我国台湾地区“民法”和我国大陆现行《民法通则》《诉讼时效司法解释》及《民法总则》以请求权为适用对象构建消灭时效制度的模式存在实质性差别。第二,所有权不因时效而消灭,除此之外,不动产物权诉讼和动产物权诉讼均适用消灭时效期间,只不过前者适用的消灭时效期间为三十年,后者为五年。第三,不动产物权诉讼及动产物权诉讼自权利(持有)人知道或应当知道其可以行使权利的事实之日起计算。

“所有权不因消灭时效而消灭”究竟应如何理解?法国学术界存在着争议。有学者认为,不动产追还之诉没有时效限制,不动产所有权不因其未使用而丧失,即不管已经过去的时间多么久远,只要属于所有权人的不动产仍在他人之手,所有权人均可追回;同时,追还动产的诉讼远远低于追还不动产的诉讼,因为《法国民法典》第2276条所确立的“占有即等于所有权证书”规则使所有权人在追还动产时往往都会遇到占有人所处的这种不可攻击之地位的巨大障碍。②与此不同,有学者则认为,所有权并非具有恒久性,因此,追还财产之诉经三十年(不动产物权诉讼)或五年(动产物权诉讼)时效而消灭,并

① 罗结珍译:《法国民法典》,北京大学出版社2010年版,第491—492页。

② [法]弗朗索瓦·泰雷、菲利普·森勒尔:《法国财产法(上)》,罗结珍译,中国法制出版社2008年版,第588—589页。

且法国民法上消灭时效期间届满所生之法律后果为诉权消灭而非所有权消灭,权利人之所有权依然存在,因此,追还财产之诉受消灭时效期间限制,非但不与“所有权不因消灭时效而消灭”之规定相冲突,反而在一定程度上正确地诠释了蕴含于其法条背后的立法真意。笔者认为,单就法条表述和相关规定来看,第二种见解似乎更契合立法者的立法意图,解释起来亦更名正言顺。

然而,法国法院判例却一贯坚持“不动产追还诉讼不受时效约束”的立场,其理由在于:财产所有权不因财产的不使用而消灭,财产由他人占有且所有权人未及时追回之情形仍可纳入所有权人不使用财产之范围,其与所有权人自己占有财产但不使用该财产的情形并无二致。诚然,在财产由他人占有之情形,若所有权人在一定期限内不使用财产,则占有人有可能因取得时效期间届满而取得财产的所有权。对此,法国法院认为,在此种情形下,是“取得财产的过程”剥夺了原所有权人对其物享有的权利,而不是所有权人对其财产的不使用(non-usage)。①总之,法国主流的民法理论与司法实践均不承认返还原物请求权适用消灭时效。

仍需探讨的问题是,既然法国主流的民法理论与相关的司法实践均不承认返还原物请求权适用消灭时效,那么不动产物权诉讼适用三十年的消灭时效期间、动产物权诉讼适用五年的消灭时效期间究竟所指为何?事实上,法国民法上的对物诉讼是适用于返还原物请求权以外的、排除他人对财产造成侵害或有可能造成侵害之情形的诉讼,有点类似我国物权法上的排除妨碍请求权、消除危险请求权等。例如,当某甲安装的设备侵占了某乙的建筑物区分所有权之私有部分时,则某乙旨在请求某甲拆除该设备之诉讼乃一种对物诉讼。

3. 日本的相关立法例与分析评述

《日本民法典》的总则部分对取得时效(第162条至第165条)和消灭时效

① [法]弗朗索瓦·泰雷、菲利普·森勒尔:《法国财产法(上)》,罗结珍译,中国法制出版社2008年版,第222页。

（第166条至第174条）统一作了规定，使之遵从同一原理①，与法国民法是同一主义。②与此不同，《德国民法典》只将消灭时效规定在总则编，而将取得时效作为物权取得的原因规定在物权编，其理由是，前者不发生权利本身消灭的结果，只是使债务人抗辩权发生，而后者发生权利本身的取得，法律性质不同。③对此，我妻荣先生曾认为，取得时效与消灭时效，在根本上是共同的制度，这毫无疑问④，但在援用、放弃、中断等具体规定上，处理方法有很多差异也是不能否定的，将两者看作是分别的处理方法是适当的。⑤《日本民法典》中消灭时效期间届满的法律后果为实体权利消灭，即如果权利人不及时行使权利，消灭时效期间届满后，该权利便随之消灭。在消灭时效期间届满后，若权利人接受义务人履行，则构成不当得利，应予返还。⑥

与德国民法不同，日本民法并未明确规定返还原物请求权是否罹于消灭时效。《日本民法典》第167条规定："债权，因十年内不行使而消灭。债权或所有权以外的财产权，因二十年内不行使而消灭。"而返还原物请求权是否为消灭时效之客体？日本民法学界的通说认为，包括返还原物请求权在内的物上请求权被作为从所有权独立出来的一种请求权，而众所周知，所有权以对标的物的圆满支配为内容，本质上，其所有权是不适用消灭时效的。而能够起到回复标的物圆满支配状态作用的返还原物请求权，就解释为只要所有权存

---

①［日］我妻荣：《新订民法总则》，于敏译，中国法制出版社2008年版，第401页。

②《法国民法典》第2219条至第2279条是对诉讼时效与取得时效的规定，只不过《法国民法典》将占有也规定在时效制度中，第2255条至第2257条是对占有的一般规定，第2278条、第2279条是对占有保护的规定。参见罗结珍译：《法国民法典》，北京大学出版社2010年版，第491—499页。需注意的是，此处所谓的"与法国民法是同一个主义""对取得时效和消灭时效统一作了规定"是指在立法例上日本民法与法国民法将取得时效与消灭时效均规定在同一个部分，但在具体条文上存在差别。

③Oertmann, Vorb.F 1, 2 zu § 194 f. 转引自［日］我妻荣：《新订民法总则》，于敏译，中国法制出版社2008年版，第401页。

④在我妻荣先生看来，日本民法上的时效制度（无论是取得时效还是消灭时效）之存在理由包括两点：第一，一定事实状态永续时，社会将此作为正当的予以信赖，以其为基础建筑起种种法律关系，若日后推翻它，返回到正当的权利关系，其上所建筑的社会法律关系必将悉归覆灭；第二，永续的事实关系到底是否与正当的法律关系相符合，依确实的证据进行判断是极为困难的，将永续的事实关系原封不动地视为正当的，恐怕相反地，还是适合真实的盖然性为多。参见［日］我妻荣：《新订民法总则》，于敏译，中国法制出版社2008年版，第400页。

⑤［日］我妻荣：《新订民法总则》，于敏译，中国法制出版社2008年版，第402页。

⑥赵秀梅主编：《民法学》，法律出版社2012年版，第99—100页。

在,作为不断从那里流出的权利,不罹于消灭时效就是妥当的。日本判例支持此种通说。[①]然而,我妻荣先生尖锐地指出,前述通说理论的根底是建立在所有权包含不行使的自由这样一种无视所有权的社会性思潮之上的,此种理论诚有反思之余地。[②]

毋庸置疑,就返还原物请求权是否适用消灭时效之问题,日本民法采取了与法国民法相同的处理方法,即"所有权不因所有权人不使用而消灭",进而否定了返还原物请求权适用消灭时效之可能,此点应无疑义。然而,需重点注意的是,尽管法国民法和日本民法均坚持"所有权不因所有权人不使用而消灭"的立场,但二者在具体制度建构及相应的法律效果等方面,实际存在巨大差别。具体而言,法国民法之所以不承认返还原物请求权适用消灭时效根源于其独特的社会背景,且加上法国民法中有"占有即等于所有权证书"等极具法国本土特色的配套规则,基本上就没有了返还原物请求权适用消灭时效的空间,并且法国民法上的消灭时效期间届满的法律后果为诉权消灭。而日本民法则与之不同,如前所述,一方面,日本并没有法国那样的社会背景且其民法规范中亦无"占有即等于所有权证书"这样的规则,另一方面,在日本民法上消灭时效期间届满之法律后果为实体权利消灭,若日本民法规定"返还原物请求权适用消灭时效",那么一旦消灭时效期间届满而所有权人却未及时行使返还原物请求权时,则必将导致所有权人丧失对客体物之所有权,此点与《德国民法典》《法国民法典》及我国台湾地区"民法"的相关规定有着天壤之别。因为在后三者中,消灭时效期间届满的后果分别为请求权效力减损、诉权消灭和请求权消灭。进而在德国、法国及我国台湾地区,即便消灭时效期间届满,其法律后果绝不可能会对所有权本身产生致命性的影响。就此而言,与《法国民法典》相比,《日本民法典》才是真正地将"所有权不因所有权人不使用而消灭"之规则贯彻到底的立法例。

---

① 大判大正11.8.21民493页判民73事件平野义太郎评释等。转引自[日]我妻荣:《新订民法总则》,于敏译,中国法制出版社2008年版,第459页。

② [日]我妻荣:《新订民法总则》,于敏译,中国法制出版社2008年版,第459页。

（二）我国的相关立法例与分析评述

1. 大陆地区现行的相关法律规定、学说理论与司法实践

返还原物请求权是否适用消灭时效？一方面，如前所述，我国大陆地区《民法通则》《物权法》《诉讼时效司法解释》等法律、司法解释的相关条文并未明确表达立场；另一方面，根据《侵权责任法》第2条第2款和第15条第1款第4项，侵害所有权的侵权人应承担侵权责任，承担侵权责任的方式有返还财产等，而《民法总则》第196条第2项规定不动产物权和登记的动产物权的权利人请求返还财产的权利不适用消灭时效。由此产生的问题是，当标的物被无权占有人占有而所有权人请求无权占有人返还财产时，其请求权基础究竟为《侵权责任法》第2条第2款、第15条第1款第4项及《民法总则》第188条第1款，还是《物权法》第34条及《民法总则》第196条第2项？若为前者，相应的请求权名称应为返还财产请求权，本质上实乃债权请求权，当然应受三年普通消灭时效期间限制；而若为后者，其对应的名称即为返还原物请求权，根据《民法总则》第196条第2项之规定，可能只有未登记的动产物权权利人请求返还财产的权利才适用消灭时效。颇值得玩味的是，同样是无权占有人的一个行为，经由《侵权责任法》《物权法》和《民法总则》的评价所生之法律效果却并不一定是一致的。个中原因除了我国既有的民事实体法规范在体系上的错乱外，当然包括如何解释《物权法》和《民法总则》中返还原物请求权是否适用消灭时效及如何适用消灭时效的问题。

就民法学说理论而言，学者们大都以对返还原物请求权的性质之甄别作为立论之基点，其要么认为返还原物请求权在性质上偏向于物权或与物权密切关联，既然物权不适用消灭时效，返还原物请求权当然不应适用消灭时效；要么认为返还原物请求权在性质上实乃债权请求权，既然债权请求权当然适用消灭时效，那么返还原物请求权亦应适用消灭时效，最终形成否定说与肯

定说之二分格局。更进一步地讲，持否定说的学者认为，只要客体物存在，在其受到他人侵害或可能被侵害时，物权请求权就会自动产生[①]，物权请求权是基于物权被侵害而产生的、与物权存在密切关联的一种独立请求权，物权请求权原则上不适用消灭时效[②]。由于物权不会因消灭时效而消灭，所以即便把各种物权请求权拆分来看亦是如此，在物权受到侵害后，物权请求权便会像潮水那样涌现出来，进而不可能出现权利人不行使物权请求权的情况。[③]同时，返还原物请求权以救济物权为目的，随物权存在而存在，只要物权不因取得时效的适用而消灭，则返还原物请求权即不应该因消灭时效而丧失其强制力[④]，否则就会使所有权变成一种空虚的所有权[⑤]。此外，若我国未来设立取得时效制度，为避免重叠适用两种时效可能导致的“权利真空”，返还原物请求权应不适用消灭时效。[⑥]而持肯定说的学者则认为，物权请求权是相对权，其义务主体是特定人。本质上，物权请求权的内容实为一方当事人请求他方当事人为或不为一定行为，因而物权请求权根本就不具有物权的特征，其实为一种债权（或者请求权），故返还原物请求权应该受到消灭时效的规制。[⑦]并且，基于消灭时效制度的核心正当性理由，返还原物请求权也应该适用消灭时效，以保护与占有人交易的不特定第三人的信赖，降低交易成本。[⑧]此外，返还原物请求权适用消灭时效的除外情形为：采登记生效要件主义的不动产物权，权利人所享有的返还原物请求权不适用消灭时效；采登记对抗要件主义的不动产物权和动产物权，若登记簿未显示权利的变动，则权利人所享有的返还原物请求权不适用消灭时效。[⑨]

① 申卫星：《物权法原理》，中国人民大学出版社2008年版，第127页。

② 王利明：《民法总论》，中国人民大学出版社2009年版，第336页。

③ [日]田山辉明：《物权法》，陆庆胜译，法律出版社2001年版，第19页。

④ 尹田：《物权法》，北京大学出版社2013年版，第246页。

⑤ 方昀、陈文：《“物权请求权”问题之解析》，《武汉大学学报（哲学社会科学版）》2012年第2期。

⑥ 张玉敏主编，孙鹏、王洪副主编：《民法》，高等教育出版社2011年版，第137页。

⑦ 傅鼎生：《物上请求权的时效性》，《法学》2007年第6期。

⑧ 朱虎：《返还原物请求权适用诉讼时效问题研究》，《法商研究》2012年第6期。

⑨ 王轶：《诉讼时效制度三论》，《法律适用》2008年第11期。

就我国相关司法实践而言，涉及返还原物请求权是否适用消灭时效期间的案件层出不穷。然而，由于长期以来物权请求权不适用消灭时效的惯常观念在司法实务中根深蒂固，所以法官在裁判相关案件时，判决结果虽略有差异，但大都坚持返还原物请求权不适用消灭时效的观点，进而驳回了相关当事人的时效抗辩。在早期农村宅基地上房屋买卖合同纠纷中，由于登记制度不完善、买房人主动登记的法律意识不强、农村熟人社会持续稳定占有房屋可起到公示权利变动与权利归属的现实效果等原因，有购买宅基地资格的买受人在买卖宅基地时未及时进行登记，导致至今房屋产权证上的所有人依然是二十年前、三十年前的房主甚至从来就没有登记过房屋产权。目前，在城市化进程中，城郊宅基地上房屋涉及拆迁安置，随之带来巨大的经济补偿利益，于是原宅基地上的房主便利用当初未变更登记或未登记的漏洞，以其是房屋产权证上的权利人或该宅基地上房屋乃其祖业为由要求“无权占有人”（买受人）停止侵害、排除妨碍、返还财产。由于年代久远，合同文件、付款凭证（一般都是现金）早已灭失，买受人很难证明直观的房屋买卖关系，买受人唯一能证明的是其自二十年前甚至三十年前就一直持续、稳定、长期占有宅基地上的房屋，周围的人亦能证明此宅基地上存在过房屋买卖关系和占有人长期稳定占有房屋的事实。于此情形，在买受人无法证明其对房屋之占有乃基于正当权源的前提下，若允许返还原物请求权适用消灭时效，则一旦消灭时效期间届满，占有人便享有拒绝返还房屋的时效抗辩权。因此，返还原物请求权适用消灭时效并不完完全全是限制了原所有权人物权，很多时候它是对长时间形成的稳定占有状态的保护。从价值考量上看，在这种情况下，也许占有状态本身比所谓的物权更值得保护。

2. 我国台湾地区的相关立法例与分析评述

我国台湾地区“民法”亦同时规定了取得时效和消灭时效，其立法理由略谓“消灭时效者,消灭其权利之时效也。关于消灭时效之结果……本法从德国制,规定请求权经若干年不行使而消灭,盖期确保交易之安全,维护社会之秩序耳”,而规定取得时效“盖本法为注重社会公益起见,使财产所有权之状态,不至于就不确定也”。[①]由此可见,在我国台湾地区的时效制度中,消灭时效之目的在于保护交易安全,而取得时效之目的则在于维护社会公益,确定财产权之状态。

返还原物请求权是否为消灭时效之客体?我国台湾地区的学者也存有肯定说与否定说两种见解。与此不同,在早期的法院判例中,“最高法院”便承认物上请求权得因消灭时效期间届满而消灭,且不区别其为不动产或动产,亦不论不动产是否登记而同其适用。[②]但这种将物上请求权全部作为消灭时效之客体的做法存在明显的疏漏,于是后来大法官会议分别以“释字第107号”解释及“释字第164号”解释确认已登记不动产所有人之回复请求权(所有物返还请求权)及其除去妨害请求权,无“民法”第125条(即消灭时效)适用之余地,关于未登记不动产及动产所产生的物上请求权,仍应适用第125条之规定。[③]由此可见,我国台湾地区司法实务上认为第125条所规定之请求权包括返还原物请求权在内。总而言之,在我国台湾地区,动产与未登记不动产之返还原物请求权仍为消灭时效之客体。只不过,若所有权依法免于登记之不动产被他人占有者,为保护所有人之权益免受侵夺,其返还原物请求权无消灭时效规定之适用。[④]

(三)小结

通过前述对比分析可知,《德国民法典》和我国台湾地区“民法”均规定返还原物请求权原则上适用消灭时效,二者仅在消灭时效期间之长度及具体的

① 陈忠五:《民法》,新学林出版股份有限公司2015年版,第A-163页。

② 参见1953年台上字第786号判决。转引自王泽鉴:《民法总则》,北京大学出版社2009年版,第414页。

③ 王泽鉴:《民法总则》,北京大学出版社2009年版,第415页。

④ 谢在全:《民法物权论(上册)》,中国政法大学出版社2011年版,第137页。

制度建构上存在些许差别，此为其一；由于《德国民法典》、我国大陆现行民事立法及我国台湾地区“民法”均以请求权为对象来建构消灭时效制度，故在返还原物请求权是否适用消灭时效及如何适用消灭时效的问题上，《德国民法典》及我国台湾地区“民法”对我国民事立法无疑具有直接的参考价值，此为其二。相应地，《法国民法典》和《日本民法典》的借鉴意义则十分有限。《法国民法典》之所以不承认返还原物请求权适用消灭时效实际源于其对私权的绝对尊崇和对国家公权的过度警惕等原因，并由此发展出了“财产所有权不因财产的不使用而消灭”和“占有即等于所有权证书”等极具法国本土特色的民法规范，基本上清除了权利与事实不一致的情形，没有返还原物请求权适用消灭时效的存在空间。而《日本民法典》之所以亦坚持返还原物请求权不适用消灭时效的立场，除了深受《法国民法典》之影响外，实际源于日本民法上以实体权利而非以请求权为对象建构消灭时效制度，消灭时效期间届满实体权利消灭，如此一来，返还原物请求权当然不能适用消灭时效；若承认返还原物请求权适用消灭时效，一旦消灭时效期间届满而所有权人未及时行使请求权则必然会导致所有权的消灭，这对所有权人太不公平，《日本民法典》规定返还原物请求权不适用消灭时效有其特殊原因。

(四)返还原物请求权适用消灭时效的正当性证成

诚如前述，为澄清返还原物请求权是否适用消灭时效这一问题，我国民法学界对返还原物请求权之性质争论不休。笔者认为，虽然所有权具有支配性、绝对性，所有权人可按照自己意志实现所有权的利益(即物权意思独断性)，除所有权人外的任何人均有义务消极保障所有权人行使权利，自无疑义，但当客体物被他人无权占有时，潜在的返还原物请求权瞬间产生并被激活，进而，所有权人所处的地位和所享有的权利便截然不同。所有权人再也不能依其独断意思绝对地支配客体物，所有权支配性与绝对性所具有的威力被暂时或永久阻隔，义务人不再是不特定的多数人而是客体物的无权占有人。此时，所有权人若欲回复其对客体物之圆满支配状态，只能请求无权占有人返还原物，而不能通过强制无权占有人人身、财产及行为等方式，逼迫无权占有人向其返还原物。显而易见的是，此时所有权人所享有的返还原物请求权不具有绝对性、支配性和对抗性，其在实质上已经构成所有权人以特定人之给付为标的的独立请求权。更进一步地讲，物权的绝对权性质使除物权人之外的所有人都负有不作为的义务；而债权为相对权，其请求的对象只是特定的相对方。但是，除物权人之外的所有不作为义务人只是物权请求权的潜在对象，在具体的案件中，权利人主张物权请求权的对象却是特定的，比如物权人向无权占有人主张返还标的物，无权占有人是具体特定的。因此，从行使权利的微观层面上来看，返还原物请求权与债权请求权是一样的，将它们同时纳入消灭时效的范围，其司法适用效果具有一致性。[①]

据此，笔者认为，前文部分学者将返还原物请求权排除在消灭时效射程之外的论据似乎并不充分，理由在于：第一，消灭时效期间届满，无权占有人仅取得拒绝履行返还义务的抗辩权，而返还原物请求权本身并未消灭，所有权人之权利更是依然存在且其并非空虚的权利，因此即便消灭时效期间届满，占有人仍有可能返还原物，而所有权人接受无权占有人所返还之客体物并不构成不当得利；消灭时效期间届满后，即便无权占有人拒绝返还原物，其对客体物的长期持续稳定占有状态已使其取得“准权利人”地位，物权并不空虚，“物有新主”，即无权占有人长时间占有、使用客体物之行为，犹如生长在岩石裂缝中的一棵树，随着时间的推移，该树逐渐使自己的根茎适应周围的环境，当这些根茎长到一定大小的时候，如果再固执地转移，将会造成它丧失生

---

① 郝丽燕：《比较法视野下我国消灭时效制度构建的几个问题》，《河北法学》2015年第9期。

命。[①]因此，主张返还原物请求权罹于消灭时效会使物权成为“裸体权利”的观点太过于绝对。尤其在某些情况下权利人的物权依然具有意义，如占有物落入第三人之手，则权利人将可能会获得新的返还原物请求权；如占有人主动归还占有物，权利人的物权也可以对抗占有人请求归还的权利等。[②]第二，有学者抨击返还原物请求权适用消灭时效会保护恶意占有人，助长恶意行为，损害真正权利人的利益。笔者认为此种观点并没有全面地看清问题的本质，债权请求权适用消灭时效也会存在相同的问题，现实生活中不乏债务人故意拖延债务以利用消灭时效来规避自己义务的情形，但是消灭时效制度还是为他们提供了保护，这种分别评价的方法本身会割裂消灭时效的制度逻辑，造成规则适用上的内在矛盾。诚然，法律应当对心怀恶意的人进行否定性评价，但这种功能的实现是否一定要施加于消灭时效之上呢？这恐怕是消灭时效制度不能承受之重。事实上，返还原物请求权适用消灭时效从表面上看是保护了恶意的无权占有人，但从实质上看其保护的实乃长期稳定持续的占有状态及以此为基础衍生出来的各种社会关系。第三，虽然物权请求权与物权同呼吸、共命运，但两者毕竟是两回事，不能将权利与权利保护、目的与手段混为一谈。物权受到侵害后，返还原物请求权并非会如潮水般涌现，即使发生这样的情况，也只能证明返还原物请求权之消灭时效期间很难完成，而并不能将之作为否定返还原物请求权适用消灭时效的正当理由。“物权为支配权，其权利不因时效而消灭，但对于物权之侵害，或有侵害之虞时，却产生一定的请求权，此种请求权以特定人一定的作为或不作为为内容，因此有消灭时效之适用。”[③]第四，即便返还原物请求权适用消灭时效会对所有权造

① 霍姆斯（Holmes）大法官语，此处对之略有改动。参见［美］约翰·E.克里贝特等：《财产法：案例与材料》，齐东祥、陈刚译，中国政法大学出版社2003年版，第1142页。原文为：“经过长期使用取得产权的真正解释对我来说是这样的，其就像在岩石裂缝中的一棵树一样，人类逐渐地使自己的根基适应周围环境，当这些根茎长到一定大小的时候，如果移转，将会造成它生命的丧失，法律在过去是不‘喜欢’诉讼时效的，但是我习惯说，这是我们最神圣和确实的原则之一。”

② 朱虎：《返还原物请求权适用诉讼时效问题研究》，《法商研究》2012年第6期。

③ 王利明：《中国民法典学者建议稿及立法理由·物权编》，法律出版社2005年版，第80页。

成难以名状的限制且会让人在道德与情愫上为所有权人打抱不平，但让返还原物请求权与日月同在，进而将无权占有人或某些事实上的有权占有人置于永久被追诉的泥淖里，真的就那么公平吗？更何况，所有权人在如此长的消灭时效期间内（后文将述及）竟不去请求无权占有人返还客体物，其行为不仅是在赤裸裸地拷问他人的道德底线并单方面为他人设定了一个标准极高的道德义务，更是对本就集善恶于一身之人性的野蛮挑唆，其结果无疑会人为地诱发无权占有人产生所谓的"非分之想"，进而让无权占有人基于所有权人不会让自己返还原物的合理信赖更加自主地对客体物占有、使用和获得收益。一言以蔽之，所有权人在较长的消灭时效期间内的不作为又怎可能说是完全道德的呢？实际上，我国众多民法学者之所以主张将返还原物请求权排除在消灭时效之外，其中部分原因是《民法通则》和《民法总则》中的普通消灭时效期间过于短暂，前者仅有二年而后者只有三年。然而，我国台湾地区"民法"规定返还原物请求权适用的消灭时效期间为十五年，《德国民法典》中规定返还原物请求权适用的消灭时效期间更是长达三十年，期间长度相差巨大。鉴于返还原物请求权对于物权人的极端重要性，消灭时效期间过于短暂将助长占有人的恶意，对所有权人的利益保护严重不周，但在我国民法典的制订背景下，消灭时效制度面临重构，此项观点也难以将返还原物请求权阻挡在消灭时效的射程之外。

此外，有学者还从消灭时效的功能方面来论证返还原物请求权应当罹于消灭时效。传统民法认为消灭时效的功能主要在于督促权利人行使权利、避免义务人举证困难、减轻法院审判负担以及维护社会公共利益，但依法的一般理论，权利被限制之正当理由只能是公共利益之需要，除此之外的其他理由都有对权利不当侵犯的嫌疑，而消灭时效中的公共利益就在于法律推定无权占有人对客体物长期稳定持续的占有状态会给第三人产生信赖，法律应保障当事人基于信赖建立交易关系时的交易安全，法律同时保障长期持续稳定的占有状态本身。权利人长期不行使权利会呈现出其对客体物享有的权利不存在的状态，此种状态长时间持续会让第三人与社会承认且信赖“谁占有谁有权”，第三人基于此种信赖作出民事法律行为，如无消灭时效制度的适用，则该行为的基础将被动摇或推翻，交易安全、社会秩序与第三人的合理信赖将难以得到保障。在返还原物请求权中，所有权人长期不行使权利，也会和债权请求权一样呈现出一种其享有的权利十分模糊的状态，这时也会产生第三人的信赖问题，消灭时效制度自然就有适用的必要性。[①]综上，笔者赞同返还原物请求权原则上适用消灭时效这个观点。

三、返还原物请求权适用消灭时效的规则建构

（一）返还原物请求权适用消灭时效不会产生“裸体权利”

返还原物请求权适用消灭时效是否会出现学者们所普遍担忧的“裸体权利”或“权利真空”（后文取得时效部分亦会述及）？所谓的“裸体权利”或“权利真空”，是指当消灭时效期间届满而取得时效期间尚未届满时，一方面，所有权人虽毫无争议地享有所有权，但在所有权人向无权占有人行使返还原物请求权时无权占有人一旦援引消灭时效期间届满之抗辩，所有权人便无法依其独断意志回复对客体物的圆满支配状态，所有权将丧失实质内容而名不副实；另一方面，无权占有人虽取得消灭时效抗辩权，但其仅有拒绝履行返还原物的义务，尚不能取得客体物之所有权，其占有、使用、收益乃至处分客体物仍属无权，由此便产生一种人为的尴尬局面。

笔者认为，首先不会出现“裸体权利”的情形，理由在于：第一，从比较法的角度看，《德国民法典》和我国台湾地区“民法”均在规定返还原物请求权适用消灭时效的同时，建立了取得时效制度，根据前文分析，消灭时效期间比取

① 王轶：《物权请求权与诉讼时效制度的适用》，《当代法学》2006年第1期。

得时效期间先届满或取得时效期间被永久排除而仅有消灭时效期间适用的情形比比皆是，但却未闻出现所谓的“裸体权利”之情形。同时，在此问题上，德国和我国台湾地区的民法学说与司法实务的步调同立法规定始终保持一致。因此，笔者大胆揣测，所谓的“裸体权利”可能仅是学者们的“理论假设”。第二，有学者指出，债权请求权作为债权的主要内容，其因消灭时效期间届满而效力折损时，债权亦会成为所谓的“变态”权利，而学者均未对此表示疑义，因此，即便返还原物请求权适用消灭时效会使所有权成为所谓的“变态”权利，学者们也不应横加指责。①

其次，消灭时效期间之届满即具有赋予无权占有人占有、使用、收益客体物之正当化权源的功能。因为尤其在未登记的不动产和动产上，占有人十五年、二十年甚至更长时间形成的稳定占有状态更值得法律保护。具体而言，第一，规定返还原物请求权适用消灭时效的根本出发点便在于保护无权占有人长期以来对客体物的占有、使用，甚至是收益状态，维护既已形成的财产占有、使用、收益之秩序，实现物尽其用与经济效率的最大化。毕竟曾经的无权占有之“小树”经久远时日且历经风雨已巨冠参天、根深蒂固，此时若再允许所有权人无限制地行使返还原物请求权，必定会伤及其根基、危害其性命，明智之举实乃尊重并保护既已稳固之现状。第二，消灭时效期间届满后，无权占有人虽未现实地取得客体物之所有权，但其地位已类似于“准所有权人”，事实上，返还原物请求权因消灭时效期间届满而效力减损后，无权占有人对客体物之继续占有、使用、收益及以此为中心构建起来的社会关系已变相获得法律的承认，无权占有人只是不能如所有权人那般自由处分客体物而已，其所有权人之地位尚须取得时效期间届满才能获得。

① 程啸、陈林：《论诉讼时效客体》，《法律科学》2000年第1期。

(二)返还原物请求权适用消灭时效的实现路径

1.不分畛域:无权占有人善意与恶意应同等对待

民法上的善意多指当事人不知情,而恶意则多指当事人知情。在无权占有人占有客体物时,占有人对其无权占有自始均为善意之情形虽不鲜见,但占有人自始知悉或嗣后知悉其占有无正当权源之情形才是常态。基于返还原物请求权适用消灭时效之核心正当性理由在于保护既已形成并逐步稳固的占有状态和以此为基础衍生出的稳定的社会经济秩序,占有人善意抑或是恶意等主观心理状态根本就无关紧要(无权占有人或第三人通过暴力等非法手段占有客体物的除外),法律对其进行规制时应一视同仁,唯有如此,消灭时效适用于返还原物请求权的制度价值才能得到淋漓尽致的彰显。因此,一旦消灭时效期间届满,不论占有人是否善意均有权援引时效抗辩,法院应予以尊重。

2.期间继受:第三人继受无权占有人之占有期间

在无权占有人单独占有客体物之时间已过消灭时效期间或无权占有人与第三人先后占有客体物之时间相加已过消灭时效期间且不存在消灭时效期间中断事由等情形下[①],当无权占有人通过交易将客体物移交第三人占有且第三人不符合善意取得之要件时,原物的所有权人能否对第三人主张新的返还原物请求权?笔者认为,为使理论完满与逻辑周延,应仿《德国民法典》第198条"就某物而言存在物权请求权,而该物因权利继受而被第三人占有的,在前权利人占有期间所经过的消灭时效时间,有利于权利继受人"之规定,由第三人继受无权占有人占有期间所经过的消灭时效期间,其结果或为第三人

① 若无权占有人占有客体物的期间加上第三人占有客体物的时间未过诉讼时效,则即便基于权利继受,客体物之所有权人当然能请求返还原物请求权,但第三人符合善意取得的构成要件除外。当然,若第三人单独占有客体物的时间亦过诉讼时效,则第三人直接取得履行抗辩权。

依据无权占有人之占有时间已过消灭时效而取得抗辩权，或为依据无权占有人与第三人先后占有客体物之时间总和已过消灭时效进而取得抗辩权，只不过，第三人需承担这方面的举证责任。

3.合理区分：适用比普通消灭时效更长的时效期间

债权以消灭为目的，债务履行期到来后，自有充分的理由期待债权人积极行使其权利，因而相应的消灭时效期间即使较短亦无大碍。然而，返还原物请求权对所有权人的意义实比一般债权请求权对债权人的意义更为重大，若返还原物请求权所适用的消灭时效期间与普通债权请求权所适用的消灭时效期间在长度上相同或无多大差别，则所有权人欲回复对客体物之圆满支配状态必将十分容易地遭到无权占有人的抗辩，即若返还原物请求权亦适用二年或三年的普通消灭时效期间，一旦消灭时效期间届满则所有权人对物之圆满支配状态便不能回复，相反，无权占有人则可以轻易取得时效抗辩权，如此，所有权人所付出的代价不可谓不大。更为重要的是，无权占有人在较短的普通消灭时效期间内占有客体物根本无法形成稳固且让人信赖的占有状态，进而，这种短期占有状态不值得消灭时效制度保护。因此，基于返还原物请求权适用消灭时效的核心正当理由，立法应规定返还原物请求权适用较长的消灭时效期间。然而，无论是中国人大网2016年6月公布的《中华人民共和国民法总则（草案）》（一审稿）第九章（第167条至176条）及2016年12月19日公布的《中华人民共和国民法总则（草案）》（三审稿）第九章（第191条至203条），还是2017年10月1日施行的《民法总则》，都并未就返还原物请求权适用怎样的消灭时效期间进行特别规定，而通过反对解释及体系解释，只可得出返还原物请求权统一适用三年普通消灭时效期间的结论，这对所有权人明显不公。为了平衡所有权人和无权占有人之间的利益，凸显消灭时效的制度正当性，同时结合《德国民法典》和我国台湾地区“民法”的类似规定，笔者认为返还原物请求权所适用的消灭时效期间应为二十年左右，此外，不动产物权因登记始终具有公示公信力和对抗力，若无权占有人所占有之不动产未登记，合理的信赖与日渐稳定的财产占有、使用秩序便有形成之可能，长时间的占有状态本身亦会产生权利外观，进而基于未登记的不动产而产生的返还原物请求权应当适用消灭时效。

4.除外情形：既无信赖之外观便无救济之必要

关于返还原物请求权适用消灭时效的除外情形，《德国民法典》及我国台湾地区"民法"及相关判例已作明确规定，其在我国相关民法学者的著述中亦得到重申。对此，2016年6月《中华人民共和国民法总则（草案）》（一审稿）第175条及2016年12月19日《中华人民共和国民法总则（草案）》（三审稿）第200条已有涉及。《民法总则》第196条第2项规定不动产物权和登记的动产物权的权利人请求返还财产的权利不适用消灭时效。基于前文之分析，笔者认为前述除外规定存在一定缺陷，应变更为"登记的不动产物权和动产物权的权利人请求返还财产"的权利不适用消灭时效，因为不动产本身并不能产生公示公信权利归属的现实效果，相反，在不动产未登记时，无权占有人对不动产的长期占有状态却能实实在在地产生并形成强烈的权利外观，第三人会误认为无权占有人就是权利人并以此为基点形成日渐稳固的财产秩序；即便在第三人知悉占有人属于无权占有之情形，若无权占有人对客体物之持续稳定占有状态经历的期间很长甚至超过了消灭时效期间，第三人亦会习惯性地将无权占有人视为"权利人"，进而未登记的不动产物权的权利人请求返还财产的权利就有必要适用消灭时效。因此，只有登记的不动产权利人才是法律推定的当然权利人，即便该不动产被无权占有人占有，其亦不能仅仅通过占有事实及占有期间之经过获得法律的保护，因为不动产登记消解了第三人之信赖，不动产登记让权利归属自始至终都是明确的，登记的动产亦然。

(三)返还原物请求权的行使条件

通说认为,返还原物请求权的行使条件一般包括:第一,需客体物被无权占有人占有;第二,需客体物仍现实存在;第三,需无权占有人现实地占有着客体物;第四,有行使请求权的主体。其中,对前三个要件在理解与适用上均无疑义,现需探讨的问题是行使返还原物请求权的主体范围。根据《物权法》第34条之规定,能够行使返还原物请求权的主体远不止所有权人甚至他物权人,其尚还包括其他权利人,如租赁和借用关系中的承租人和借用人。概言之,返还原物请求权可由丧失客体物之占有的所有权人、其他享有占有权利的人行使。至于无权占有人在其占有被他人侵夺时,其是否亦享有返还原物请求权的问题,笔者认为,为求逻辑严密与体系科学,此种情形中的无权占有人不应享有我们论述意义上的返还原物请求权,理由在于:第一,如前所述,只有权利人才能行使返还原物请求权,而占有仅有一种事实状态而非权利,进而无权占有人对客体物之占有既然欠缺正当权源,便无权行使返还原物请求权。不仅如此,无权占有人还须应权利人之请求向其返还原物。第二,根据《物权法》第245条第1款之规定,此种情形中的无权占有人所享有的权利应为占有回复请求权(或曰占有保护请求权),其与返还原物请求权存在实质差别,故不应将二者混为一谈。第三,根据《物权法》第245条第2款之规定,若占有人在其占有被侵夺之日起一年内仍没有行使占有回复请求权的,则该请求权便归于消灭。显而易见,占有回复请求权所适用的是除斥期间而非消灭时效期间。进而,若认为无权占有人亦享有返还原物请求权必将导致体系的错乱。此外,有学者指出,在一些特殊情况下,法律也允许代位权人、破产管理人、遗产管理人等行使返还原物请求权[①],对此,笔者表示赞同。需指出的是,在对客体物存在直接占有与间接占有之场合,当客体物被他人无权占有时,究竟是由身为所有人的间接占有人行使返还请求权,还是由身为有权占

① 高富平:《物权法原论》,法律出版社2014年版,第363页。

有的直接占有人行使返还请求权？笔者认为，此种情形下，所有权人与直接占有人均有权利请求无权占有人返还原物。只不过，需特别注意的是，原则上直接占有人是可以请求无权占有人直接向自己返还原物的，而所有权人一般则只能请求无权占有人向直接占有人返还原物，而不能径直请求无权占有人向自己返还原物，否则就会出现本来是无权占有人侵夺原直接占有人之占有，现在却变成所有权人侵夺原直接占有人之占有的怪象。当然，若直接占有人无法或不愿行使返还原物请求权，为所有权人之利益着想，在所有权人提交直接占有人放弃行使权利的证据后，应允许所有权人直接请求无权占有人向自己返还原物，并不再负有将返还的客体物再交给原直接占有人的义务。

第三节　体系化构造多元时效期间与主客观起算标准

一、构建多元时效期间——基于立法趋势的考察

我国《民法通则》所确立的一年特殊时效期间、二年普通时效期间和二十年最长时效期间体系长期以来备受学者诟病，此次民法典编纂必然会对这部分内容进行一定程度的修改与重构。然而期间的长短设计是一个技术性的问题，因而有必要首先对采用大陆法系的国家和地区的时效期间进行考察与分析，其时效期间长短统计如表1所示。

表1　采用大陆法系的国家和地区的时效期间长短统计

国家或地区	消灭时效期间
法国	①普通消灭时效，期间为五年 ②特别消灭时效，期间为五年、十年、二十年、三十年

续表

国家或地区	消灭时效期间
德国	①普通消灭时效,期间为三年 ②长期消灭时效,期间为十年 ③最长消灭时效,期间为三十年
意大利	①普通消灭时效,期间为十年 ②短期消灭时效,期间从一年至五年不等 ③推定消灭时效,期间从六个月至三年不等
日本	①普通消灭时效,期间为十年和二十年 ②短期消灭时效,期间为一年、二年、三年、五年
俄罗斯	普通诉讼时效,期间为三年
我国台湾地区	①普通消灭时效,期间为十五年 ②短期消灭时效,期间为二年、五年
我国大陆地区	①普通诉讼时效,期间为二年 ②特殊诉讼时效,期间为一年 ③最长诉讼时效,期间为二十年(《民法通则》)
	①普通诉讼时效,期间为三年 ②最长诉讼时效,期间为二十年(《民法总则》)

分析以上数据,并结合各国新近民事立法的修改,消灭时效期间的设置基本呈现出以下几种趋势:第一,普通消灭时效期间短期化。自罗马法以来,在相当长的时间里,消灭时效期间一直是传统的三十年,但在现代频繁的经济交往和日新月异的技术进步背景下,太长的期间已经阻碍了社会的进步,不符合人们生活的实际情况,因此普通消灭时效期间应当予以缩短。此外,在时效期间起算采用主观标准的情况下,较短的时效期间在很多情况下会得以延长,因此较短的普通消灭时效期间并不会产生权利义务的不当倾斜,反而更符合高节奏和高效率的现代经济生活。第二,消灭时效期间统一化。特殊消灭时效期间逐步减少。过多的特殊消灭时效会侵蚀普通消灭时效,使其丧失普遍适用的功能,沦为实质意义上的"特殊"消灭时效期间。第三,在普通消灭时效期间较长的立法中才会需要短期消灭时效期间的补充和配合,比如《日本民法典》规定了十年和二十年的普通消灭时效期间,同时又规定了一至

五年的短期消灭时效期间。这种做法也可以证明，在普通消灭时效期间短期化的背景之下，短期消灭时效期间的存在意义正在减弱。

此前，对我国民法典应当采取何种消灭时效期间类型的问题，学者们的观点并不统一。不过，关于普通消灭时效期间的问题，观点则较为统一，均认为《民法通则》所规定的二年普通消灭时效期间过于短暂，对于权利人一方过于苛刻，应当予以延长，且普遍认为可以追随《德国民法典》，将期间确定为三年。对于是否应当规定短期消灭时效期间、长期消灭时效期间、最长消灭时效期间、特殊消灭时效期间的问题，学者们分歧较大。有学者认为应当规定二十年的最长保护期间，不需要规定特殊消灭时效期间①；梁慧星教授则认为，应当规定十年的长期消灭时效期间，不需要规定短期消灭时效期间和最长消灭时效期间②；高圣平教授则认为，应当规定二十年的最长消灭时效期间，不需要规定短期消灭时效期间和长期消灭时效期间③。

笔者认为，我国民法典应当构建总则的普通消灭时效期间、最长消灭时效期间及分则中特殊消灭时效期间相结合的"多元消灭时效期间"体系。关于普通消灭时效期间的长短问题，此前《民法通则》第135条将之规定为二年。④《民法通则》之所以将普通消灭时效规定为二年，实则有一定的历史原因。在《民法通则》颁行之前，学者们普遍认为"资本主义国家以私有制为基础，时效制度旨在维护剥削者的利益，因而期间较长，社会主义国家则以维护人民群众与社会整体利益为己任，加之计划经济要求迅速了解债权债务关系，以维护国民经济的稳定，因而期间应较资本主义国家为短"⑤。因此，《民法通则》在大致采纳苏联时效立法思想的情况下，将普通消灭时效规定为二年。该规

① 中国法学会民法典编纂项目领导小组：《中华人民共和国民法典·民法总则专家建议稿（征求意见稿）》第184—185条。

② 梁慧星主编：《中国民法典草案建议稿》，法律出版社2013年版，第40—41页。

③ 高圣平：《诉讼时效立法中的几个问题》，《法学论坛》2015年第2期。

④《民法通则》第135条："向人民法院请求保护民事权利的诉讼时效期间为二年，法律另有规定的除外。"

⑤ 佟柔主编：《民法原理》，法律出版社1986年版，第126—127页；杨振山、王遂起：《中华人民共和国民法讲义（函授教材）》，中国政法大学函授部印行1984年版，第151页。

定在出台之初，契合了当时社会经济交往增多，商品生产和商品交换加快，特别是在当时计划商品经济制度下，有助于满足加强经济核算、尽快了结财产上的权利义务关系、稳定社会关系的需要。[①]然而，时效期间长短与交易速度及通讯便捷程度有关，亦与期间的起算方式有关。[②]在世界各国较长的消灭时效期间总体上呈缩短趋势的情况下，《民法通则》第135条所规定的二年消灭时效期间却日渐暴露出了过短的弊端。随着我国社会主义市场经济的发展，社会生活发生着新的变化，各类经济主体，特别是非公有制经济主体的交易方式与类型不断创新，权利义务关系更趋复杂，二年的消灭时效期间已经不能很好地与现实状况相匹配。司法实务亦普遍反映，二年的消灭时效期间对于民事主体的要求较为严苛，不利于保护债权人的合法权益，不能较好地平衡当事人之间的利益关系。[③]此外，梁慧星教授进一步指出，仅仅二年的消灭时效期间经过后，债务人就可以"理直气壮"地拒绝履行债务，这与中国传统理念中"欠债还钱、天经地义"的正义观相背离，亦是我国金融机构反复形成巨额不良资产的主要原因之一。再者，在梁慧星教授看来，过短的消灭时效期间不利于中国企业与国际市场接轨，会使中方企业在国际经贸关系中处于不利地位，尤其当双方约定以中国法律为准据法时，二年消灭时效期间的不足将被凸显。[④]因此，在当今中国社会的语境下，二年普通消灭时效期间过短，对权利人保护不足的判断已然是共识。[⑤]因此，《民法总则》第188条将普通消灭时效期间从二年延长至三年，这是对我国民法理论界和实务界多年来的普遍呼声[⑥]之最好回应。当然，尽管延长是共识，但是在《民法总则》的立法过程中，关于到底延长至几年为最佳选择的分歧亦是客观存在的。例如，梁

① 沈德咏：《〈中华人民共和国民法总则〉条文理解与适用（下）》，人民法院出版社2017年版，第1243—1244页。

② 朱庆育：《民法总论》，北京大学出版社2016年版，第549页。

③ 沈德咏：《〈中华人民共和国民法总则〉条文理解与适用（下）》，人民法院出版社2017年版，第1244页。

④ 梁慧星：《〈中华人民共和国民法总则（草案）〉：解读、评论和修改建议》，《华东政法大学学报》2016年第5期。

⑤ 王利明：《民法总则研究》，中国人民大学出版社2012年版，第739页。

⑥ 石宏主编：《〈中华人民共和国民法总则〉条文说明、立法理由及相关规定》，北京大学出版社2017年版，第449页。

慧星教授就一贯坚持应当将普通消灭时效期间延长至五年为宜[①]，而高圣平教授、房绍坤教授则明确提出将普通消灭时效期间延长至三年为最适当的选择[②]。之所以存在上述类似三年或五年的争议，比较法上的不一致应当是最为重要的影响因素。例如，《法国民法典》在时效制度改革之后，就将原先由第2262条规定的三十年普通消灭时效期间缩短为五年（第2224条[③]），此外时效制度改革后的比利时民法、斯洛文尼亚民法和匈牙利民法等也均采用了五年的消灭时效期间。[④]不过，《德国民法典》在债法现代化之后，将普通消灭时效期间从三十年缩短至三年的做法亦颇具代表性，斯洛伐克民法、捷克民法、爱沙尼亚民法和俄罗斯民法等均予以跟随。[⑤]从国际立法的认同度上而言，应当说三年的普通消灭时效期间占有更大的优势。例如，《欧盟产品责任指令》第374条、《欧洲合同法原则》第14:201条、《欧洲示范民法典草案》第3-7:201条，均将普通消灭时效期间设置为三年。对于我国的普通消灭时效期间，到底是采三年为宜还是五年最妥的总结性观点颇值参考。"选择三年还是五年取决于政治决断，毕竟政治决断的合理性是一个幅度，而非一个点，在一定幅度内的政治决断都可被认为合理。"[⑥]笔者亦认为，将我国的普通消灭时效期间设置为三年的做法基本合理，其符合普通消灭时效的立法趋势，而且我国的民事立法总体追随德国，参照德国的时效制度也符合立法传统，不会产生水土不服的现象。

关于短期消灭时效期间，正如前文所述，在普通消灭时效期间短期化的趋势之下，短期消灭时效期间存在的意义正在减弱，太短的期间不仅不利于双

---

① 梁慧星：《民法总论》，法律出版社2011年版，第254页；梁慧星：《〈中华人民共和国民法总则（草案）〉：解读、评论和修改建议》，《华东政法大学学报》2016年第5期。

② 高圣平：《诉讼时效立法中的几个问题》，《法学论坛》2015年第2期；房绍坤：《我国民法典编纂中时效立法的三个问题》，《法学杂志》2015年第9期。

③《法国民法典》第2224条："对人诉讼（债权诉讼）或者动产诉讼，时效期间为5年，自权利（持有）人知道或应当知道其可以行使权利的事实之日起计算。"罗结珍译：《法国民法典》，北京大学出版社2010年版，第492页。

④ 高圣平：《诉讼时效立法中的几个问题》，《法学论坛》2015年第2期。

⑤ 王利明主编：《中华人民共和国民法总则详解（下册）》，中国法制出版社2017年版，第881页。

⑥ 朱虎：《诉讼时效制度的现代更新——政治决断与规范技术》，《中国高校社会科学》2017年第5期。

方当事人之间的利益平衡，将导致过度保护义务人的畸形后果，也违背时效期间统一化的趋势，造成适用上的困难与混乱，应当予以抛弃。关于长期消灭时效期间，在普通消灭时效期间的起算采用主观标准的情况之下，已足以保护权利人的利益，另外设置长期消灭时效期间的必要性也在减弱，长期消灭时效期间事实上也违背时效期间统一化的趋势，应当予以抛弃。关于最长消灭时效期间，因为在普通消灭时效期间采用主观标准的情况之下，权利人请求权的时效期间可能多年都未曾起算，这将导致当事人之间的权利义务关系长期处于不稳定的状态，违背时效制度设立的初衷，因此应当设置最长消灭时效期间来结束这种不稳定状态。我国《民法通则》中就设置了二十年最长消灭时效期间。笔者认为，二十年已足够保护权利人的利益，符合世界立法趋势，民法典应当予以继承。《民法总则》中的三年普通消灭时效期间与二十年的最长消灭时效期间相互搭配，再辅以主观和客观的时效期间起算标准，已足够平衡双方当事人的权利义务关系，且适用简洁明确，完全符合立法趋势。至于特殊时效期间，则应当由民法典分则中的各编予以特别规定，不用体现在总则之中，而且根据立法趋势，特殊消灭时效期间呈现出逐渐减少的趋势，因此分则中也应当尽量减少规定这种“例外”，避免时效制度适用的复杂化。此外，纵观各国和地区民事立法对消灭时效期间的规定，物权请求权的时效期间都比债权请求权的时效期间要长一些。[①]这是由物权请求权与债权请求权的立法价值不同而导致的。物权具有绝对性，其保护的侧重点是物权人，而债权具有期限性，与日常生活和交易息息相关，讲究效率，侧重保护交易安全和善意第三人。因此，物权请求权一般都适用较长的消灭时效期间，债权请求权适用较短的消灭时效期间。在物权请求权纳入消灭时效适用

① 法国民法典将物权请求权归入普通消灭时效的范围，时效期间为三十年；而有关损害赔偿请求权、工资报酬请求权、租金请求权等债权请求权，其时效期间则为十年、五年、二年、一年甚至仅为六个月。德国民法修改后的规定更为明确，有关返还原物请求权的时效期间为三十年，与土地有关的请求权的时效期间为十年；而关于一般债权尤其是合同债权的请求权的时效期间为三年，期间区别非常明显。在日本，债权的消灭时效最长为十年，而关于他物权的时效期间为二十年，二者区别亦很明显。柳经纬：《关于时效制度的若干理论问题》，《比较法研究》2004年第5期。

范围的情况下，我国的民事立法也应当遵循这种规律，我们认为可以将普通消灭时效期间的适用范围限于债权请求权，而物权请求权则可以直接适用最长消灭时效期间。

值得一提的是，对《民法通则》第136条所规定的4项消灭时效为一年的短期消灭时效类型，《民法总则》并未予以规定。由于《民法通则》并未被废止，且新法优于旧法的适用规则一般调整的是两法不一致的情形。因此，对于《民法通则》第136条中的一年短期消灭时效是否仍旧予以适用的问题，难免会引发争议。①但是，无论是从法解释的角度，制度优劣选择的角度，还是比较法的角度而言，《民法通则》第136条所规定的一年短期消灭时效均应停止适用。从立法解释的角度分析，《民法总则》是涵盖民事基本制度和一般性规定的总则性规定，而之所以未废止《民法通则》，乃是因为《民法通则》具有"小民法典"的性质，其中不仅有民事基本制度和一般性规定的内容，也在一定程度上涉及未来应当由民法典各分编规制的内容，其在民法典各分编未出台前仍须予以适用，以防出现立法上的"真空期"，而这也是立法机构暂时不废止《民法通则》的原因。②由此可以明晰的是，因为诉讼时效这一章显然属于总则部分，并非对分编各部分的规定。因此，既然《民法总则》未吸收《民法通则》诉讼时效章节中有关一年短期消灭时效的内容，也就意味着《民法总则》无意再对之予以保留。是故，《民法通则》第136条实则已经被废止。有学者就明确指出，《民法总则》此种不予以规定的"沉默"通常意味着对《民法通则》原有条文持否定立场。③实际上，这也并非特例，比如《民法通则》第4条中的

---

① "例如，本法是否废止《民法通则》第136条关于适用一年短期诉讼时效的四种情形之规定即存争议，原因在于本法未规定短期诉讼时效。"李宇：《〈民法总则〉与其他民事法的适用关系》，《法学》2017年第10期。

② "民法通则既规定了民法的一些基本制度和一般性规则，也规定了合同、所有权及其他财产权、知识产权、民事责任、涉外民事关系法律适用等具体内容，被称为一部'小民法典'。草案基本吸收了民法通则规定的民事基本制度和一般性规则，同时作了补充、完善和发展。民法通则规定的合同、所有权及其他财产权、民事责任等具体内容还需要在编纂民法典各分编时作进一步统筹，系统整合。据此，民法总则草案通过后暂不废止民法通则。民法总则与民法通则的规定不一致的，根据新法优于旧法的原则，适用民法总则的规定。"《关于〈中华人民共和国民法总则（草案）〉的说明》（2017年3月8日在第十二届全国人民代表大会第五次会议上的说明）。

③ 王文胜：《〈民法总则〉与原有法律司法解释之间的规范竞合及其处理》，《学术月刊》2017年第12期。

"等价有偿原则"和第58条第1款第6项"以合法形式掩盖非法目的的"亦未被《民法总则》吸收，相当于被废止。[①]从制度优劣选择的角度而言，《民法通则》第136条关于一年短期消灭时效的规定，自其出台之日起，就遭受着强烈的质疑。尽管此前《民法通则》设计第136条也具有一定的合理性，"之所以适用短期时效，乃是因为此类纠纷或者较为简单清楚，或者基于举证考虑不宜久拖不决，或者兼而有之"[②]，但是，学者们的质疑之声并未因此而停歇。朱岩教授指出："我国民法通则第136条所规定的一年特殊时效存在严重错误。"[③]有学者甚至认为，我国短期消灭时效的立法仅仅只是基于"民事请求权的消灭时效期间应当短于商事请求权"，其"设置的不合理性几乎不可理解"。[④]具体而言，最受诟病，也与法治精神明显背道而驰的规定，非《民法通则》第136条第1项莫属，"身体受到伤害要求赔偿的诉讼时效期间为一年"。首先，从权利价值顺位的角度而言，现代法律对人之生命权和健康权的保障必然要优先于财产权，这不仅是保证"人之为人"的基础，也是我国所倡导的"以人为本"的法治理念的必然要求。然而，《民法通则》第136条第1项的规定却与上述共识明显抵牾，把身体受到伤害要求赔偿的消灭时效设定为一年，将之放置在短于二年普通消灭时效的不利地位，实乃极不合理。[⑤]其次，基于"身体受到伤害要求赔偿"这一特定类型请求权的固有特点，将消灭时效期间限缩至一年，这显然是根本未虑及该特定类型请求权之固有特点的草率的、不负责任的立法设计。身体伤害有其特殊性，很多伤害具有隐蔽性和潜伏性，伤害结果可能需要经过相当长的期间之后才会显现。因此，此种基于生命权、健康权受到损害而产生的损害赔偿请求权，理论上应该被赋予比普通消灭时效更长的

① 李宇：《〈民法总则〉与其他民事法的适用关系》，《法学》2017年第10期。

② 王利明：《民法总论》，中国人民大学出版社2015年版，第345—346页。

③ 朱岩：《消灭时效制度中的基本问题：比较法上的分析——兼评我国时效立法》，《中外法学》2005年第2期。

④ 魏盛礼：《我国诉讼时效期间设置的根本性缺陷与制度重构——诉讼时效基本理论的反思与我国诉讼时效立法的重新选择（之五）》，《河北法学》2006年第12期。

⑤ 朱虎：《诉讼时效制度的现代更新——政治决断与规范技术》，《中国高校社会科学》2017年第5期。

期间，以使受害人获得更为宽松的制度救济环境，从而彰显我国民法的人本主义关怀。在此点上，《德国民法典》的规定就颇值赞赏与借鉴，其在2002年债法现代化之后，尽管将普通消灭时效期间从三十年大幅缩减为三年，但是其第199条第2项[①]仍旧保留了人身损害赔偿请求权之消灭时效期间为三十年的规定。对此，德国官方的立法理由就充分彰显了《德国民法典》对人之生命价值的尊重，当侵害具有特殊价值的法律利益而造成相关请求权时，过短的消灭时效期间可能会给债权人带来不利[②]。其实，前述反对的声音并不仅仅局限于学术研究，审判实务层面尽管受制于《民法通则》第136条第1项的明确规定，但并未僵化地固守这一在价值判断上存在显著偏差的立法，有法院就运用目的性限缩解释的漏洞填补方法，将该条的适用范围局限在了健康权受到侵害的情形，使之不包括生命权受到侵害的情形，从而使身体受到伤害导致死亡的情形仍旧得以适用二年普通消灭时效期间，以保障受害人的正当权益。[③]与《民法通则》第136条第1项相类似，第2项“出售质量不合格的商品未声明的”，也常常存在着引发人身侵害的情形，根据上述论证即可笃定，将之特定化为一年的消灭时效期间是极不合理的。当然，经过《中华人民共和国产品质量法》（以下简称《产品质量法》）第45条第1款[④]的修正[⑤]，《民法通则》第136条第2项的适用余地已然较小。但是，正如朱虎教授所言，尽管剩余的适用范围已然甚为狭小，但是基于时效期间力求统一化的考量，并无充

① 《德国民法典》第199条第2项：“以对生命、身体、健康或自由的侵害为基础的损害赔偿请求权，不论它们以何种方式发生和债权人是否知道或因重大过失而不知道，自行为实施时、义务违反时或引起损害的其他时间发生时起，经过三十年而完成消灭时效。”陈卫佐译注：《德国民法典》，法律出版社2015年，第69页。

② 朱岩编译：《德国新债法——条文及官方解释》，法律出版社2003年版，第25页。

③ 广东省佛山市中级人民法院(2004)佛中民法一终字第600号民事判决书。

④ 《产品质量法》第45条第1款：“因产品存在缺陷造成损害要求赔偿的诉讼时效期间为二年，自当事人知道或者应当知道其权益受到损害时起计算。”

⑤ 值得一提的是，朱岩教授基于对人的生命价值的强调和尊重，认为即使《产品质量法》已经作出了修正，但是在保护力度上仍然有待加强。“由于产品质量瑕疵也常常引发侵害人身，所以就此也应适用普通时效，并在不考虑当事人主观状态下适用三十年的客观最长时效期间。我国产品质量法第33条所规定二年普通时效和十年的最长时效期间太短，必须作出修订。”朱岩：《消灭时效制度中的基本问题：比较法上的分析——兼评我国时效立法》，《中外法学》2005年第2期。

分且正当的理由进行此等一年的短期化处理，理当适用普通消灭时效。[①]相较而言，《民法通则》第136条第3项和第4项，“延付或者拒付租金的”“寄存财物被丢失或者损毁的”，这两项遭受的批判就没有上述两项那般激烈。但是，由于这两项事由所产生的请求权与一般意义上适用二年消灭时效期间的请求权并无二致，故基于“同等情况同等对待”的形式正义的要求，学者们一般均认为上述两种情形也应当适用普通的消灭时效期间。倘若追本溯源的话，《民法通则》第136条之所以作出在现在看来甚至有违民法基本价值理念的规定，其中确实存在着一定的历史原因。“《民法通则》时期，我国实行有计划的商品经济体制，商品销售的基本渠道在国营商店。买受人的请求权既未如《合同法》般细分，国营商店又被视为‘国家利益’之代表，为了维护‘国家利益’，诉讼时效极短，有其历史语境。”[②]另外，苏联民法对《民法通则》第136条的影响亦不容忽视，因为无论是从指导思想还是规则设计上，既有的消灭时效制度基本就是苏联民法的翻版。[③]在苏联的社会背景下，《民法通则》第136条规定的各类事项所产生的请求权，矛盾将极可能聚焦于个人与社会主义组织之间。立法上基于对公有财产的保护，个人所享有的民事权利自然会被置于劣后顺位之上，故规定短期消灭时效也就变得自然而然。[④]从比较法的角度而言，消灭时效制度的简单化和统一化乃是立法趋势。[⑤]因为消灭时效的多样性将引发不同时效期间之间的价值冲突，这与消灭时效必须简单、明了，以防止诉讼耗费金钱过巨乃至久拖不决，从而快速、高效解决矛盾纠纷的价值取向相背离。[⑥]是故，在《民法通则》第136条这一规定本身就不合理的情况

① 朱虎：《诉讼时效制度的现代更新——政治决断与规范技术》，《中国高校社会科学》2017年第5期。

② 朱庆育：《民法总论》，北京大学出版社2013年版，第536页。

③ 魏盛礼：《我国诉讼时效期间设置的根本性缺陷与制度重构——诉讼时效基本理论的反思与我国诉讼时效立法的重新选择(之五)》，《河北法学》2006年第12期。

④ [苏联]И.В.诺维茨基：《法律行为·诉讼时效》，康宝田译，中国人民大学出版社1956年版，第183页。

⑤ 高圣平：《诉讼时效立法中的几个问题》，《法学论坛》2015年第2期。

⑥ [德]克里斯蒂安·冯·巴尔、[英]埃里克·克莱夫：《欧洲私法的原则、定义与示范规则：欧洲示范民法典草案(全译本1-3卷)》，高圣平等译，法律出版社2014年版，第1002页。

下，其就更没有存在的必要与价值。例如，德国债法现代化之后，把普通消灭时效期间缩短为三年，并把短期消灭时效期间予以废除，《欧洲合同法原则》和《欧洲示范民法典草案》也均采取了此种做法（除一种特殊情形外），仅仅只规定了三年的普通消灭时效期间。

然而，需要注意的是，对于《民法通则》第136条所规定的不具有合理性的短期消灭时效期间类型的废止，并不代表着所有的特别消灭时效期间类型都应当被摒弃。对此，《民法总则》第188条中"法律另有规定的，依照其规定"的立法设计已然对其予以了确认。最高人民法院就明确指出，《民法总则》第188条第1款"法律另有规定的"消灭时效期间即属于特别消灭时效期间，这些规定优于本条所规定的三年消灭时效期间而使用。[①]根据学者们的分析，法律之所以会允许特别消灭时效期间类型在一定范围内的适用，大致有以下几点理由：第一，朱虎教授指出，形式正义不仅要求"同等情况同等对待"，还须满足"不同情况不同对待"的需求。因此，伴随着社会利益状态的多样化与复杂化，就应当有特定的特别消灭时效期间对之进行针对性的调整。相应的，在《民法通则》时代，其他法律所规定的一年乃至六十天的特别消灭时效期间类型，均具有加快纠纷处理的立法目的；而所规定的三年、四年乃至五年的特别消灭时效期间类型，则皆是出于对此类纠纷举证不易、损害认定困难等因素的特别考量。[②]第二，朱晓喆教授指出，不同的消灭时效期间类型的设置，其内蕴含着对各类请求权的不同价值判断[③]，故应当由特别法予以调整，《民法总则》不予以统一规定是适恰的。而在《民法通则》时代，其他法律所规定的一年乃至六十天的特别消灭时效期间类型，其之所以要刻意缩短权利人主张请求权的期限，尽管有出于此类法律关系较为清晰简单，经过较长期间拖延反而会使事实模糊化的因素使然，但其主要因素仍是为了倾斜保护被请

① 沈德咏主编：《〈中华人民共和国民法总则〉条文理解与适用（下）》，人民法院出版社2017年版，第1244页。

② 朱虎：《诉讼时效制度的现代更新——政治决断与规范技术》，《中国高校社会科学》2017年第5期。

③ 朱晓喆：《〈民法总则（草案）〉诉讼时效制度的修改建议》，《北航法律评论》2016年第1辑。

求人的利益，故该法律呈现出了强烈的规范目的。[①]具体而言，《中华人民共和国海商法》（以下简称《海商法》）中多处一年消灭时效期间类型的规定，就明显透露出对承运人利益的倾向性保护。而法律所规定的三年、四年乃至五年特别消灭时效期间类型，在朱晓喆教授看来，也是出于对某些特殊法律关系中当事人权利的倾向性保护。对此，比较法上亦同。《德国民法典》第196条[②]将土地交易所生之请求权设计为十年，其规范理由就在于，“由于土地交易涉及登记，登记机关的工作可能存在手续拖延，故而基于保护债权人的思想，以转移土地权利为内容的请求权及对待给付请求权适用十年消灭时效期间”[③]。第三，王利明教授指出，法律设置特殊消灭时效期间类型的目的，倘若从诉讼角度分析，起主导作用的乃是证据举证的难易程度。法律设定特别消灭时效的目的，主要是根据不同纠纷的法律特点来适用不同的消灭时效：如果证据比较清楚，法律关系比较单一，则一般要求当事人尽快地行使权利，但是对于纠纷比较复杂，且在相当长的一段时间内，证据不会丢失的，就可以适用更长一些的消灭时效。[④]综上可知，无论是出于形式正义的要求，还是因为对主体的倾向性保护，抑或是基于对证据因素的综合考量，通过特别法在一定范围内规定特别消灭时效期间类型是合理且必要的。具体而言，以此前《民法通则》第135条所规定的二年普通消灭时效期间为标准，特别法对于特别消灭时效期间的规定可以划分为三种类型。第一种类型，即短于二年普通消灭时效期间的特别消灭时效期间。其中有《海商法》第257条第1款[⑤]、第

① 朱晓喆：《诉讼时效制度的价值基础与规范表达——〈民法总则〉第九章评释》，《中外法学》2017年第3期。

②《德国民法典》第196条：“土地所有权的转让请求权以及要求设立、转让或废止土地上权利的请求权，或要求变更此种权利的内容的请求权以及对待给付请求权，经过十年而完成消灭时效。”陈卫佐译注：《德国民法典》，法律出版社2015年版，第68页。

③ 朱晓喆：《诉讼时效制度的价值基础与规范表达——〈民法总则〉第九章评释》，《中外法学》2017年第3期。

④ 王利明：《民法总则研究》，中国人民大学出版社2012年版，第741页。

⑤《中华人民共和国海商法》第257条第1款：“就海上货物运输向承运人要求赔偿的请求权，时效期间为一年，自承运人交付或者应当交付货物之日起计算……”

260条[①]和第263条[②]关于一年消灭时效的规定,《拍卖法》第61条第3款[③]关于一年消灭时效的规定,还有《水路货物运输合同实施细则》第30条第1款[④]和《铁路货物运输合同实施细则》第22条第1款[⑤]关于180日和60日消灭时效期间的规定等等。第二种类型,即等于二年普通消灭时效期间的特别消灭时效期间。其中有《海商法》第257条第2款[⑥]、第258条[⑦]、第259条[⑧]、第261条[⑨]、第262条[⑩]和第264条[⑪],《民用航空法》第135条[⑫],《国家赔偿法》第39条[⑬],《专利

①《中华人民共和国海商法》第260条:"有关海上拖航合同的请求权,时效期间为一年,自知道或者应当知道权利被侵害之日起计算。"

②《中华人民共和国海商法》第263条:"有关共同海损分摊的请求权,时效期间为一年,自理算结束之日起计算。"

③《中华人民共和国拍卖法》第61条第3款:"因拍卖标的存在瑕疵未声明的,请求赔偿的诉讼时效期间为一年,自当事人知道或者应当知道权利受到损害之日起计算。"

④《水路货物运输合同实施细则》第30条第1款:"承运人与托运人或收货人彼此之间要求赔偿的时效,从货运记录交给托运人或收货人的次日起算不超过180日。赔偿要求应以书面形式提出,对方应在收到书面赔偿要求的次日起60日内处理。"

⑤《铁路货物运输合同实施细则》第22条第1款:"承运人同托运人或收货人相互间要求赔偿或退补费用的时效期限为180日(要求铁路支付运到期限违约金为60日)。"

⑥《中华人民共和国海商法》第257条第2款:"有关航次租船合同的请求权,时效期间为二年,自知道或者应当知道权利被侵害之日起计算。"

⑦《中华人民共和国海商法》第258条:"就海上旅客运输向承运人要求赔偿的请求权,时效期间为二年,分别依照下列规定计算:(一)有关旅客人身伤害的请求权,自旅客离船或者应当离船之日起计算;(二)有关旅客死亡的请求权,发生在运送期间的,自旅客应当离船之日起计算;因运送期间内的伤害而导致旅客离船后死亡的,自旅客死亡之日起计算,但是此期限自离船之日起不得超过三年;(三)有关行李灭失或者损坏的请求权,自旅客离船或者应当离船之日起计算。"

⑧《中华人民共和国海商法》第259条:"有关船舶租用合同的请求权,时效期间为二年,自知道或者应当知道权利被侵害之日起计算。"

⑨《中华人民共和国海商法》第261条:"有关船舶碰撞的请求权,时效期间为二年,自碰撞事故发生之日起计算;本法第一百六十九条第三款规定的追偿请求权,时效期间为一年,自当事人连带支付损害赔偿之日起计算。"

⑩《中华人民共和国海商法》第262条:"有关海难救助的请求权,时效期间为二年,自救助作业终止之日起计算。"

⑪《中华人民共和国海商法》第264条:"根据海上保险合同向保险人要求保险赔偿的请求权,时效期间为二年,自保险事故发生之日起计算。"

⑫《中华人民共和国民用航空法》第135条:"航空运输的诉讼时效期间为二年,自民用航空器到达目的地点、应当到达目的地点或者运输终止之日起计算。"

⑬《中华人民共和国国家赔偿法》第39条:"赔偿请求人请求国家赔偿的时效为两年,自其知道或者应当知道国家机关及其工作人员行使职权时的行为侵犯其人身权、财产权之日起计算,但被羁押等限制人身自由期间不计算在内。在申请行政复议或者提起行政诉讼时一并提出赔偿请求的,适用行政复议法、行政诉讼法有关时效的规定。"

法》第68条[①],《继承法》第8条[②]和《产品质量法》第45条[③]等等关于二年消灭时效期间的规定。第三种类型,即长于二年普通消灭时效期间的特别消灭时效期间。其中有《环境保护法》第66条[④]和《海商法》第265条[⑤]关于三年消灭时效期间的规定,《合同法》第129条[⑥]关于四年消灭时效期间的规定,以及《保险法》第26条第2款[⑦]关于五年消灭时效期间的规定。此处之所以对特别法中的特别消灭时效予以详细罗列,并以《民法通则》第135条二年普通消灭时效期间为标准进行分类,不仅是为了直观地呈现特别法中的特别消灭时效的具体样态,最主要的目的是为了揭示在《民法总则》第188条将普通消灭时效期间修改为三年的大背景下,此前以原二年普通消灭时效期间为参照系所设计的特别消灭时效期间在适用上所存在的问题。有学者就指出,此时如果严格适用《民法总则》第11条"其他法律对民事关系有特别规定的,依照其规定"和第188条"法律另有规定的,依照其规定",即恪守特别法优先原则,则将产生不利于当事人的后果。必须承认的是,《民法总则》基于其后发优势,对旧法所作的改进与创新,对于当事人权利的保障与调和无疑更符合时代的需求,

①《中华人民共和国专利法》第68条:"侵犯专利权的诉讼时效为二年,自专利权人或者利害关系人得知或者应当得知侵权行为之日起计算。发明专利申请公布后至专利权授予前使用该发明未支付适当使用费的,专利权人要求支付使用费的诉讼时效为二年,自专利权人得知或者应当得知他人使用其发明之日起计算,但是,专利权人于专利权授予之日前即已得知或者应当得知的,自专利权授予之日起计算。"

②《中华人民共和国继承法》第8条:"继承权纠纷提起诉讼的期限为二年,自继承人知道或者应当知道其权利被侵犯之日起计算。但是,自继承开始之日起超过二十年的,不得再提起诉讼。"

③《中华人民共和国产品质量法》第45条:"因产品存在缺陷造成损害要求赔偿的诉讼时效期间为二年,自当事人知道或者应当知道其权益受到损害时起计算。因产品存在缺陷造成损害要求赔偿的请求权,在造成损害的缺陷产品交付最初消费者满十年丧失;但是,尚未超过明示的安全使用期的除外。"

④《中华人民共和国环境保护法》第66条:"提起环境损害赔偿诉讼的时效期间为三年,从当事人知道或者应当知道其受到损害时起计算。"

⑤《中华人民共和国海商法》第265条:"有关船舶发生油污损害的请求权,时效期间为三年,自损害发生之日起计算;但是,在任何情况下时效期间不得超过从造成损害的事故发生之日起六年。"

⑥《中华人民共和国合同法》第129条:"因国际货物买卖合同和技术进出口合同争议提起诉讼或者申请仲裁的期限为四年,自当事人知道或者应当知道其权利受到侵害之日起计算。因其他合同争议提起诉讼或者申请仲裁的期限,依照有关法律的规定。"

⑦《中华人民共和国保险法》第26条第2款:"人寿保险的被保险人或者受益人向保险人请求给付保险金的诉讼时效期间为五年,自其知道或者应当知道保险事故发生之日起计算。"

从而更能彰显法律对公平正义的维护。如果特别法中的相关规定明显与《民法总则》相脱节，倘若仍旧僵化地奉行特别法优先原则，不仅将有违立法本意，而且将极大浪费《民法总则》所可能带来的良好立法效果。具体而言，此处所述之普通消灭时效期间的修改就是明证。对于《民法总则》第188条将《民法通则》第135条所明定之二年普通消灭时效期间修改为三年的合理性，前文已经详细予以了阐释。但是，由于数量颇多的特别法所规定的特别消灭时效期间是以《民法通则》第135条中的二年普通消灭时效为参照系制定的，相对《民法总则》的与时俱进，特别法中的特别消灭时效期间在立法上的滞后性所带来的法律适用上的弊端也就暴露无遗。当然，特别法由于对《民法通则》的沿袭，在期间上暴露出的缺陷并不止时效期间的长短问题。例如，《民法总则》第188条对时效的起算标准是"权利人知道或者应当知道权利受到损害以及义务人之日起计算"，而《民法通则》第137条和特别法中的规定，一般均没有明确规定"知道或者应当知道义务人"，这对于请求权人的权利保护而言显然是不利的。[①]是故，特别法中之特别消灭时效是否仍应当予以适用，也就成为当前司法实务必须要面对的一项难题。尽管特别法因立法滞后所显现的弊病已近乎是共识，但是对于这一弊病的应对措施，学者们之间却存在较大的分歧。朱晓喆教授略显遗憾地坚持认为，在消灭时效期间这一问题上，仍应当坚持适用特别法优先原则。"权利行使的期间，是一种法定的权利限制，原则上须以法律明定才具有正当性，因此，长期时效期间不可通过法律解释或续造予以解决，这一缺憾暂时无法通过司法进行弥补。"[②]相比于朱晓喆教授对立法文义严格遵守的保守风格，高圣平教授的观点则显得相对能动。在高圣平教授看来，长于或者短于原二年普通消灭时效期间的特别消灭时效因其特殊性，目前仍应当遵循特别法优先原则，即暂时仍旧予以适用。但是，等于原二年普通消灭时效期间的特别消灭时效，由于它们本就是参酌

① 李宇：《〈民法总则〉与其他民事法的适用关系》，《法学》2017年第10期。

② 朱晓喆：《诉讼时效制度的价值基础与规范表达——〈民法总则〉第九章评释》，《中外法学》2017年第3期。

《民法通则》第135条二年普通消灭时效期间进行的立法，故应当与《民法总则》第188条规定的三年普通消灭时效期间保持一致。[①]高圣平教授的这一观点有其合理性，既然特别法上的二年消灭时效期间系对《民法通则》第135条之二年普通消灭时效期间的重复，那么在《民法总则》第188条将二年普通消灭时效期间修改为三年后，回溯特别法设置二年消灭时效期间的立法轨迹，根据法意解释与立法目的解释，适用《民法总则》第188条所规定的三年普通消灭时效期间也就有了其合理性基础。[②]有学者进一步指出，倘若特别法的规定是对《民法通则》的重复或者说沿袭，在《民法通则》的旧法规定已经被《民法总则》的新法规定所取代的情况下，应当按照新法优于旧法的法律适用原则，而不是按照特别法优先的原则进行法律适用。理由就在于"立法机关在制定特别法时沿用或照抄《民法通则》规定的，表明有意遵从《民法通则》，则立法机关既已制定本法以取代《民法通则》，沿用《民法通则》规定的特别法规定应由本法相应规定取而代之"。[③]笔者认为，此种解释路径具有其合理性，如此能避免因机械适用特别法优先原则而导致的利益失衡，从而最大限度地发挥《民法总则》的正面效应，使民事主体免于因特别法的滞后而陷入不利的境地。不过，应当明确的是，尽管《最高人民法院关于适用〈中华人民共和国担保法〉若干问题的解释》（以下简称《担保法司法解释》）第32条第2款[④]关于二年保证期间的规定，以及《中华人民共和国民事诉讼法》（以下简称《民事诉讼法》）第239条[⑤]关于二年执行时效的规定，它们均是以《民法通则》

① 王利明主编：《中华人民共和国民法总则详解（下册）》，中国法制出版社2017年版，第886页。

② "原有特别法中两年的规定应系对《民法通则》第135条所定期间长度的重复，因此，对于原规定为两年的那些特殊情形，不应再适用原有特别法的规定，而应适用《民法总则》所规定的普通诉讼时效期间（即三年）。"王文胜：《〈民法总则〉与原有法律司法解释之间的规范竞合及其处理》，《学术月刊》2017年第12期。

③ 李宇：《〈民法总则〉与其他民事法的适用关系》，《法学》2017年第10期。

④《最高人民法院关于适用〈中华人民共和国担保法〉若干问题的解释》第32条第2款："保证合同约定保证人承担保证责任直至主债务本息还清时为止等类似内容的，视为约定不明，保证期间为主债务履行期届满之日起二年。"

⑤《中华人民共和国民事诉讼法》第239条："申请执行的期间为二年。申请执行时效的中止、中断，适用法律有关诉讼时效中止、中断的规定。前款规定的期间，从法律文书规定履行期间的最后一日起计算；法律文书规定分期履行的，从规定的每次履行期间的最后一日起计算；法律文书未规定履行期间的，从法律文书生效之日起计算。"

第135条之二年普通消灭时效期间为参考系设置的，但是由于保证期间和执行时效[①]在性质上并不等同于消灭时效，故目前并不能援用新法优于旧法的原则来对之予以规避适用，仍需要未来立法对其进行明确的修改，以使其与《民法总则》的三年普通消灭时效相匹配。此外，关于特别法上短于或者长于《民法通则》二年普通消灭时效期间的特别消灭时效类型，由于特别法有作出如此安排之立法目的的复杂性，故当前仍旧遵循特别法优先原则予以适用应当是适恰的。例如，《中华人民共和国合同法》（以下简称《合同法》）第129条之所以规定四年消灭时效期间，乃是由于国际货物买卖合同和技术进出口合同发生的争议一般都比较复杂、涉及的标的金额也较大，为了更有效地保护当事人的合法权益，合同法对此类合同发生争议提起诉讼或者仲裁的期限规定为四年。[②]因此，即使是在《民法总则》将普通消灭时效期间修改为三年的大背景下，在没有对国际货物买卖合同和技术进出口合同的适用现状进行充分的考察与论证之前，并不能得出现今《合同法》第129条之四年特别消灭时效期间不再适宜的结论。在此种情况下，基于对法律适用规则的遵守，仍旧坚持适用《合同法》第129条之四年消灭时效期间自无疑义。就目前而言，如此既能最大限度地尊重现行立法，又能避免因过度解释造成法律适用上的混乱。但是，不可不察的是，在《民法总则》颁布之后，有学者就明确提出，有必要适时启动某些特别法的修订，以使特别法上的消灭时效期间向《民法总则》延长消灭时效的理念进行适度的回归。[③]其中，《海商法》第257条第1款关于一年消灭时效的规定，尽管在设计之初也是汇集了经由实践经验与理论探究

---

① 关于执行时效的性质，有学者认为应当将之解释为消灭时效。申请执行如超过执行时效期间，应由被执行人提出异议，法院不得主动审查适用。由此可见，执行时效期间与诉讼时效'抗辩权'的法律效果高度一致。基于此，民事诉讼法学者提出应彻底废除程序法上规定强制执行的期限限制，但在立法改变之前，应将《民事诉讼法》第239条的执行时效理解为诉讼时效。刘学在：《论执行时效制度之理解误区及其矫正》，《北方法学》2014年第4期；乔宇：《论申请执行时效的适用程序——兼谈权力分工语境下的审执分立》，《法律适用》2013年第4期；杨巍：《民法时效制度的理论反思与案例研究》，北京大学出版社2015年版，第79页。

② 胡康生主编：《中华人民共和国合同法释义》，法律出版社2013年版，第221页。

③ 梁开斌、何丹：《海上货运时效对〈民法总则〉时效的分离与回归》，《中国海洋大学学报（社会科学版）》，2018年第2期。

相结合的慎重选择，但是基于海上货运的发展以及司法实践的多年检验，一年消灭时效对请求权时限的严格限制所引发的矛盾也异常激烈。例如，有学者基于对362例涉及海上货物运输之消灭时效争议案件的实证研究，针对性地指出，该一年消灭时效是苛刻乃至不合理的，应当参照《民法总则》的三年普通消灭时效期间予以适当延长，因为其"忽视了收货人客观上的收货时间需求、忽视了确认损失数额的时间需求、忽视了保险人发起二次诉讼的时间需求、忽视了无单放货之诉中正本提单持有人对时间起算点的佐证不利状态"。①

二、兼采期间起算的主客观标准——基于制度体系化的考察

消灭时效制度是一个体系性的构造，其适用不仅仅在于期间长短的设置，更依赖于时效起算方法的制度选择。消灭时效期间的起算一般有两种计算方法：一是主观标准，即时效从权利人知道或应当知道其权利可以行使或权利受侵害时开始起算；二是客观标准，即时效从请求权可得行使之时开始计算。采用客观标准的计算方式能够令起算时间恒定，不至于出现因权利人知悉时间不同而起算点各异、导致实际期间长度相去甚远的局面。采用主观标准的计算方式则可能因为权利人不知情而导致诉讼时效迟迟不起算，从而须借助最长时效期间以作控制。②在债法现代化之前，《德国民法典》对于消灭时效的起算奉行以客观标准为原则，其旧法第198条规定："消灭时效自请求

① 梁开斌、何丹：《海上货运时效对〈民法总则〉时效的分离与回归》，《中国海洋大学学报（社会科学版）》，2018年第2期。

② 朱庆育：《民法总论》，北京大学出版社2016年版，第552页。

权成立之时起算”。《日本民法典》第166条[①]和我国台湾地区“民法”第128条[②]亦采客观标准的起算规则。在债法现代化之后,《德国民法典》第199条第1项[③]对于消灭时效的起算改采以主观标准为主。此外,2008年《法国民法典》对诉讼时效制度进行大幅改革之后,其第2224条亦明确采纳了主观标准的起算规则。从世界范围来看,对主观标准的日益认可已经成为时效制度发展的国际趋势。[④]不过,在齐尔曼教授看来,无论是主观时效起算制度还是客观时效起算制度,两种模式各有一定的优点和缺陷。“客观时效起算制度可以针对每一种请求权选择最为恰当的期间。然而,这样一个完全不统一的制度也必然会存在各种界分问题,并造成理论的支离破碎、概念的歪曲和无谓诉讼的增加。完全不统一的时效制度也必然会引发各种争论,这在德国旧时效立法的历史上曾非常明显。只有根据主观时效起算制度,才能建立起统一的时效制度,而这也符合时效期间明显趋于统一的发展趋势。”[⑤]在高圣平教授看来,对主观标准或者客观标准的采纳,实质上涉及立法对于安全性和伦理性的协调问题。主观标准对请求权人而言更为有利,充分虑及了其权利行使有无障碍,这也使得被请求人的地位受制于请求权人的主观状态,从而削弱了时效制度的安定性。客观标准对被请求人而言更为有利,其使得时效的始期与终期均自始确定,有利于维护时效制度的安定性,但是倘若请求权人在不知道

---

①《日本民法典》第166条:“消灭时效自权利得以行使时起进行。前款的规定,不妨碍为了占有附始期或附停止条件权利标的物的第三人使取得时效自其占有之时起进行。但是,权利人为中断该时效,可以随时请求占有人承认。”王爱群译:《日本民法典》,法律出版社2014年版,第37页。

② 我国台湾地区“民法”第128条:“消灭时效,自请求权可行使时起算。以不行为为目的之请求权,自为行为时起算。”保成法学苑编:《攻略民商法》,新保成出版社2014年版,第伍-34页。所谓“请求权可行使之日”,通说判例解释是,指权利行使于法律上无障碍的状态,与权利人事实上是否知悉请求权之存在无关,因而,原则上,权利成立并生效之时,即是请求权可行使之日。王泽鉴:《民法总则》,北京大学出版社2014年版,第504—505页。

③《德国民法典》第199条第1项规定:“(1)以其他消灭时效起算点未被规定为限,普通消灭时效期间自有下列情形之年的年末起算:1.请求权系在该年以内发生的;且2.债权人在该年以内知悉或在无重大过失的情况下本应知悉使请求权成立的情事和债务人本人的。”陈卫佐译注:《德国民法典》,法律出版社2015年版,第69页。

④ [德]克里斯蒂安·冯·巴尔、[英]埃里克·克莱夫:《欧洲私法的原则、定义与示范规则:欧洲示范民法典草案(全译本1-3卷)》,高圣平等译,法律出版社2014年版,第1013页。

⑤ [德]莱因哈德·齐默曼:《德国新债法:历史与比较的视角》,韩光明译,法律出版社2012年版,第188页、第190页。

或者不应当知道其权利已经受损的情况下时效已经届满，在请求权人无可归责的情况下，这难免有违“欠债还钱、天经地义”的道德观念，对于时效制度的伦理性无疑是一项挑战。[①]然而，立法对安全性和伦理性的追求亦不会出现过度的偏废，这也导致时效的起算制度与时效的长短期间往往紧密结合在一起。例如，采客观标准的德国旧民法就几乎没有最长时效期间的概念，因为立法为了弥补客观标准在伦理性上的不足，已经将普通消灭时效的期间拉长到了三十年，故根本不需要再引入最长时效期间予以缓冲。值得注意的是，当德国债法现代化将普通消灭时效大幅缩短为三年之后，与之相匹配的最长时效期间也就被《德国民法典》第199条第2—4款[②]予以了明确规定，以此来增强时效制度的安定性。因为时效期间不能被无限推延，当事人须在某个阶段确定无疑地结束争议案件，故主观标准必须辅以客观上的最长时效期间，从而平衡当事人之间的权利义务。[③]因此，在比较法上短期普通消灭时效已渐成趋势的当下，采用主观起算标准与之相结合也就成为必然的选择。当然，辅以最长时效期间来限制主观起算标准所可能引起的利益失衡，将使相关规则形成一个有机的整体。具体而言，在普通消灭时效短期化的背景之下，如果权利人不知道请求权可行使或向何人行使，时效期间就开始起算，就算是十年期间对权利人来说也很难称得上公平，因此普通消灭时效期间必然要辅以起算的主观标准，如此才能很好地平衡双方的利益。但是在采取主观

① 高圣平：《诉讼时效立法中的几个问题》，《法学论坛》2015年第2期。

② 《德国民法典》第199条第2—4款：“……（2）以对生命、身体、健康或自由的侵害为基础的损害赔偿请求权，不论它们以何种方式发生和债权人是否知道或因重大过失而不知道，自行为实施时、义务违反时或引起损害的其他事件发生时起，经过三十年而完成消灭时效。（3）其他损害赔偿请求权：1.不论是否知道或因重大过失而不知道，自它们发生时起，经过十年而完成消灭时效；且2.不论它们以何种方式发生和债权人是否知道或因重大过失而不知道，自行为实施时、义务违反时或引起损害的其他事件发生时起，经过三十年而完成消灭时效。较早终了的期间是决定性的。（3a）以继承开始为基础或其主张系以知悉某一死因处分为前提的请求权，自请求权发生时起，经过三十年而完成消灭时效，而不论债权人是否知道或因重大过失而不知道。（4）第2款至第3a款所规定的请求权以外的请求权，不论债权人是否知道或因重大过失而不知道，自它们发生时起，经过十年而完成消灭时效。”陈卫佐译注：《德国民法典》，法律出版社2015年版，第69—70页。

③ “立法者确定诉讼时效期间的长短，应紧密联系时效的其他制度一并考虑，才能获致权利人与义务人之间的利益平衡。”朱晓喆：《诉讼时效制度的价值基础与规范表达——〈民法总则〉第九章评释》，《中外法学》2017年第3期。

标准的情形下，有可能出现权利人数十年都不知道请求权可以行使的情况，那么普通的消灭时效期间就还未能起算，这时权利状态就会在相当长的时间之内处于不稳定的状态，违背了时效制度设置的目的，因此很多国家的民法典又采用起算的客观标准，设置了最长的消灭时效期间以限制这种不稳定的权利状态，即自请求权可行使之日起一段时间内，如权利人不行使自己的权利，则对方当事人取得相应的抗辩权。相应的，既然我国《民法总则》第188条第1款选择了三年短期普通消灭时效期间，那么《民法总则》第188条第2款在采用主观起算标准的同时，再辅以客观上二十年最长时效期间的限制，也就成了情理之中的选择，如此亦与国际趋势保持了一致。①

值得一提的是，关于如何解释《民法总则》第188条第2款中的“应当知道”，大家存在一定的分歧。在最高人民法院看来，“应当知道”是一种法律推定，应指基于客观之情事及根据权利人智识经验应尽的合理注意义务，权利人应当知悉其权利被侵害的事实，但因其自身过失而未知情，在该情形下，法律推定权利人知道其权利受到损害。所谓“合理注意”，是指以普通人的标准衡量权利人的认知和行为能力，同时还应考虑权利人的主观心态、智识能力等主观因素。②王利明教授和崔建远教授亦持类似观点，即“应当知道”是指权利人尽到合理注意即可知道但权利人因过失而不知道。③对此，朱庆育教授认为，应当知道的认定须采取重大过失标准，即权利人因重大过失而不知其权利受到侵害的事实才能起算消灭时效，倘若权利人因轻过失而不知其权利受到侵害的事实，则消灭时效不起算。④高圣平教授评价指出，对于“应当知道”的认定标准确实存在分歧，为了避免司法实践在适用上出现不一致，未来需要最高人民法院出台司法解释来予以明确。⑤此外，相比于《民法通则》

① 朱虎：《诉讼时效制度的现代更新——政治决断与规范技术》，《中国高校社会科学》2017年第5期。
② 沈德咏主编：《〈中华人民共和国民法总则〉条文理解与适用（下）》，人民法院出版社2017年版，第1246页。
③ 王利明等：《民法学》，法律出版社2005版，第139页。崔建远等：《民法总论》，清华大学出版社2010年版，第201页。
④ 朱庆育：《民法总论》，北京大学出版社2016年版，第555页。
⑤ 王利明主编：《中华人民共和国民法总则详解（下册）》，中国法制出版社2017年版，第879页。

第137条,《民法总则》第188条第2款还有以下几点不同之处应当予以注意。第一,《民法总则》第188条第2款明确增加了“知道或者应当知道义务人”这一内容。实际上,在《民法通则》第137条出台之后,关于要包含“知道或者应当知道义务人”这一内容已经基本形成共识。例如,早在2001年,就有学者撰文指出,消灭时效的起算应当以请求权人可以行使权利为标准,故不应当局限于《民法通则》第137条的文义,而须对之进行扩张解释,以请求权人知道或者应当知道被请求权人时开始起算消灭时效为宜。[①]此后,2008年颁布的《诉讼时效司法解释》第8条[②]和第9条[③]均明确了“知道或者应当知道义务人”这一内容。王利明教授亦强调:“如果权利人知道权利被侵害,但不知明确的侵害人,则权利人不能提出请求,时效也不能开始计算。如果知道侵害人,但不知道侵害人的下落,则可以通过向法院提起诉讼的方式而导致时效的中断。”[④]因此,此次《民法总则》第188条第2款对于“知道或者应当知道义务人”的确立,尽管是意料之中的顺理成章,但是立法对之进行明确无疑也是值得肯定的。需要明晰的是,《民法总则》第188条第2款将“知道或者应当知道义务人”的主体规定为权利人,准确意义上而言,该权利人应当是指救济权的权利人,尽管在一般情况下原权利人与救济权的权利人具有同一性。再者,该权利人并非特指权利受害人。倘若无民事行为能力人或者限制民事能力人的权利受到损害,则“权利人知道或者应当知道”之权利人当为被侵害之无民事行为能力人或者限制民事行为能力人之监护人。因为如果消灭时效的起算不以意识能力为前提,那么其对于受害人的保护无疑将被极度削弱。[⑤]第

① 刘晓霞、何平:《浅谈诉讼时效适用的误区》,《人民司法》2001年第6期。

②《诉讼时效司法解释》第8条:“返还不当得利请求权的诉讼时效期间,从当事人一方知道或者应当知道不当得利事实及对方当事人之日起计算。”

③《诉讼时效司法解释》第9条:“管理人因无因管理行为产生的给付必要管理费用、赔偿损失请求权的诉讼时效期间,从无因管理行为结束并且管理人知道或者应当知道本人之日起计算。本人因不当无因管理行为产生的赔偿损失请求权的诉讼时效期间,从其知道或者应当知道管理人及损害事实之日起计算。”

④ 王利明:《民法总则研究》,中国人民大学出版社2012年版,第746页。

⑤ 房绍坤:《论诉讼时效期间的起算》,《法学论坛》2017年第4期。

二,《民法总则》第188条第2款将《民法总则》第137条中的“有特殊情况的,人民法院可以延长诉讼时效期间”修改为“有特殊情况的,人民法院可以根据权利人的申请决定延长”。这代表着,消灭时效期间的延长,将不再全权由人民法院掌控,人民法院关于延长消灭时效期间的决定必须得以权利人的申请为前提。也就是说,倘若权利人未申请延长消灭时效期间,人民法院无权决定延长消灭时效期间。最高人民法院对此给出的理由是“消灭时效期间的延长主要是为了保护权利人的利益,以更好地实现权利人和义务人之间权利义务的衡量。如果权利人自己都不申请人民法院延长消灭时效期间,则人民法院亦没必要也不能依职权主动延长”[①]。不过,对于延长的对象,在解释上存在着一定的争论。最高人民法院认为,延长的对象“适用于普通消灭时效期间和特别消灭时效期间,也适用于最长消灭时效期间”[②],最高人民法院的这一观点,实质上是对《最高人民法院印发〈关于贯彻执行〈中华人民共和国民法通则〉若干问题的意见(试行)〉的通知》(以下简称《民通意见》)第175条[③]的延续。不过,有学者认为,《民法总则》第188条第2款的延长对象应当仅指向二十年最长消灭时效,与三年普通消灭时效和特殊消灭时效无涉。理由在于,从体系解释的角度分析,关于延长的“但书”部分并未独立成句,其与立法关于二十年最长消灭时效的规定相衔接,应当解释为该“但书”仅指向二十年最长消灭时效。再者,从立法目的而言,基于主观解释标准的确立以及中止、中断规则的进一步完善,普通消灭时效和特殊消灭时效不应再被赋予延长的可能,因为无论出于何种理由最终引发了时效期间的届满,权利人都将具有可归责性。故法律亦没有要通过延长时效来予以过度保护的必要。[④]高圣平

---

① 沈德咏主编:《〈中华人民共和国民法总则〉条文理解与适用(下)》,人民法院出版社2017年版,第1246页。

② 沈德咏主编:《〈中华人民共和国民法总则〉条文理解与适用(下)》,人民法院出版社2017年版,第1246页。

③《民通意见》第175条:“民法通则第一百三十五条、第一百三十六条规定的诉讼时效期间,可以适用民法通则有关中止、中断和延长的规定。民法通则第一百三十七条规定的‘二十年’诉讼时效期间,可以适用民法通则有关延长的规定,不适用中止、中断的规定。”

④ 房绍坤:《论诉讼时效期间的起算》,《法学论坛》2017年第4期。

教授亦持相似观点：从《民法总则》第188条第2款后句所使用的文句来看，消灭时效期间的延长仅适用于二十年最长消灭时效期间的情形。就普通消灭时效期间而言，起算点和中止、中断的规定本身就可以矫正较短的消灭时效期间所造成的对权利人保护不足的问题。[①]对此，笔者亦认为，将延长的适用对象限定为二十年最长消灭时效既符合立法文义亦契合立法目的。需要一并明晰的是关于二十年最长消灭时效的性质。在《民法通则》时代，关于二十年最长保护期间的性质存在着一定的争议，而性质的争议也势必将导致对其法律效果认识的分歧。例如，对二十年最长保护期间的性质，民法理论上就存在以下几种界定：除斥期间说[②]、最长权利保护期间说[③]、起算的最长期间限制说[④]、最长消灭时效期间说[⑤]。不过总的来说，最长消灭时效期间说应当是处于统治地位的通说。[⑥]在《民法总则》第188条第2款再次对二十年期间予以明确规定的当下，关于该二十年期间属于消灭时效期间的判定仍为大多数学者所坚持。高圣平教授就明确指出，尽管立法对该二十年期间采取了客观起算规则，有别于三年普通消灭时效的主观起算规则，但是这并不影响其作为消灭时效期间的性质。[⑦]朱晓喆教授亦强调，对于该二十年期间应当采消灭时效期间说，即其与普通消灭时效的性质无异。[⑧]在明确了二十年期间为消灭时效期间之后，那么对于该二十年消灭时效期间经过之后的法律效果，仅能赋予义务人以抗辩权也就变得顺理成章了。

在实践中，消灭时效期间起算的各种情形非常复杂，法律很难做出一般性的规定。[⑨]因此，尽管消灭时效期间的一般起算规则已被确立，但是当其适用

① 王利明主编：《中华人民共和国民法总则详解（下册）》，中国法制出版社2017年版，第881页。
② 佟柔主编：《民法总则》，中国人民公安大学出版社1990年版，第321页。
③ 彭万林主编：《民法学》，中国政法大学出版社2007年版，第134页。
④ 龙卫球：《民法总论》，中国法制出版社2002年版，第622页。
⑤ 梁慧星：《民法总论》，法律出版社2011年版，第255页。
⑥ 霍海红：《"20年期间"定性之争鸣与选择——以〈民法通则〉第137条为中心》，《华东政法大学学报》2010年第3期。
⑦ 高圣平：《诉讼时效立法中的几个问题》，《法学论坛》2015年第2期。
⑧ 朱晓喆：《诉讼时效制度的价值基础与规范表达——〈民法总则〉第九章评释》，《中外法学》2017年第3期。
⑨ 王利明：《民法总则研究》，中国人民大学出版社2012年版，第746页。

于各种特殊情形时,《民法总则》第188条第2款所规定的一般起算规则仍会显得捉襟见肘,需要对各种特殊情形中的起算问题予以明确。例如,《诉讼时效司法解释》第5条[①]、第6条[②]、第8条[③]、第9条[④]就分别对同一债务分期履行之债、未约定清偿期之债、不当得利返还之债、无因管理之债的消灭时效起算进行了更为详细的规定。值得注意的是,《民法总则》第189条[⑤]全盘吸收了《诉讼时效司法解释》第5条的规定,明确了同一债务分期履行的消灭时效起算规则。此前,关于同一债务分期履行的消灭时效起算规则,学界一直存在两种观点。第一种观点认为,尽管债务处于分期履行的状态中,但是分期履行的状态并不能遮盖乃至否定债务是一个整体的核心事实,债权人所享受的权利亦是以该债务整体为基础,因此消灭时效期间的起算自该分期履行债务最后一期履行期限届满之日起算方为合理。第二种观点认为,虽然同一债务分期履行确实是由一个整体债务所统摄,但是这并不妨碍各个债务的分别履行,因此债务人在任何一次分期履行中的违约均可以导致消灭时效期间的起算。[⑥]比较法上,针对持续性债务,《欧洲民法典示范草案》第14:203条[⑦]就采取了第二种观点中的起算规则。由此可知,理论上就同一债务分期履行所给出的消灭时效起算规则均有其合理性。当然,既然《民法总则》第189条采纳了最后一期履行期限届满的计算规则,那么深入掌握这一规则的立法目的,对

① 《诉讼时效司法解释》第5条:"当事人约定同一债务分期履行的,诉讼时效期间从最后一期履行期限届满之日起计算。"

② 《诉讼时效司法解释》第6条:"未约定履行期限的合同,依照合同法第六十一条、第六十二条的规定,可以确定履行期限的,诉讼时效期间从履行期限届满之日起计算;不能确定履行期限的,诉讼时效期间从债权人要求债务人履行义务的宽限期届满之日起计算,但债务人在债权人第一次向其主张权利之时明确表示不履行义务的,诉讼时效期间从债务人明确表示不履行义务之日起计算。"

③ 《诉讼时效司法解释》第8条:"返还不当得利请求权的诉讼时效期间,从当事人一方知道或者应当知道不当得利事实及对方当事人之日起计算。"

④ 《诉讼时效司法解释》第9条:"管理人因无因管理行为产生的给付必要管理费用、赔偿损失请求权的诉讼时效期间,从无因管理行为结束并且管理人知道或者应当知道本人之日起计算。本人因不当无因管理行为产生的赔偿损失请求权的诉讼时效期间,从其知道或者应当知道管理人及损害事实之日起计算。"

⑤ 《民法总则》第189条:"当事人约定同一债务分期履行的,诉讼时效期间自最后一期履行期限届满之日起计算。"

⑥ 刘贵祥:《诉讼时效若干理论与实务问题研究》,《法律适用》2004年第2期。

⑦ 《欧洲民法典示范草案》第14:203条:"持续性债之关系下的债务人负有为或不为义务的,普通消灭时效期间始于每次违反债之关系之时。"

合理准确适用该规则应当是有裨益的。因此，最高人民法院关于《诉讼时效司法解释》第5条的解读，即该规则的确立是基于保护债权人的法政策选择就无疑值得重视。[①]此外，对于同一债务分期履行之消灭时效起算这一问题，朱晓喆教授关于司法实务将这一规则扩大化的担忧值得注意。例如，最高人民法院在"华侨饭店案"中，就将同一债务分期履行和定期的重复给付债务的消灭时效起算予以了等同化。[②]朱晓喆教授在承认《民法总则》第189条之合理性的同时，强调应当严格区分同一债务分期履行和定期的重复给付债务。定期的重复给付债务是指"基于同一债权原因，经常重复发生给付之债务，例如租金、利息、水电热力煤气费、物业费等，每一期的债权又称'分支债权'"。[③]在定期的重复给付债务中，每一期债务都具备属于独立债务的所有特性，因此独立计算其消灭时效期间更具合理性。[④]笔者亦认为，在定期的重复给付债务中，坚持过于保护债权人的法政策并不适恰，应当于每一期债务独立计算其消灭时效期间更为妥适。

倘若《民法总则》第189条是法政策在起算规则上对债权人的保护，那么《民法总则》第190条[⑤]和第191条[⑥]无疑是立法在起算规则上对于弱势权利人的特别保护。因此，从法条的关系上而言，《民法总则》第189条、190条、191

① "权利人有证据证明其权利存在的情况下，在诉讼时效的认定上，应倾向于作有利于债权人的规定，关于诉讼时效的起算点也不例外。而且，权利人没有在每一期履行期限届满后就主张权利，并非怠于行使权利，而系基于债务整体性的合理信赖，为促进双方友好合作关系，而不愿或不想在部分债权受侵害后立刻就主张权利。"最高人民法院民事审判第二庭编著：《最高人民法院关于民事案件诉讼时效司法解释理解与适用》，人民法院出版社2008年版，第109页。

② "如果租赁合同双方当事人约定分期支付租金的，那么各期租金的支付具备一定的独立性，但该独立性不足以否认租金债务的整体性。如果诉讼时效从每一期租金债务履行期限届满之日分别计算，将会割裂同一租赁合同的整体性，还将导致债权人频繁地主张权利，动摇双方之间的互信。因此，为充分保护债权人，维护双方之间的互信，存在长期房屋租赁合同关系的双方当事人因租金支付发生纠纷的，诉讼时效应从最后一期租金履行期限届满之日起开始计算。""秦皇岛华侨大酒店和秦皇岛市海港区工商行政管理局租赁合同纠纷案"，最高人民法院（2011）民提字第304号民事判决书。类似裁判参见最高人民法院（2014）民申字第2179号再审民事裁定书，湖南省高级人民法院（2015）湘高法民一终字第344号民事判决书。

③ 朱晓喆：《诉讼时效制度的价值基础与规范表达——〈民法总则〉第九章评释》，《中外法学》2017年第3期。

④ 史尚宽：《民法总论》，中国政法大学出版社2000年版，第642页。

⑤《民法总则》第190条："无民事行为能力人或者限制民事行为能力人对其法定代理人的请求权的诉讼时效期间，自该法定代理终止之日起计算。"

⑥《民法总则》第191条："未成年人遭受性侵害的损害赔偿请求权的诉讼时效期间，自受害人年满十八周岁之日起计算。"

条均是第188条的特别规定，相互之间属于特别规定与一般规定的关系，即《民法总则》第188条第1款中的“法律另有规定的，依照其规定”之法律应当包括《民法总则》第189条、第190条和第191条。[①]此外，第190条和第191条有别于第189条的地方还在于，第190条和第191条关于消灭时效起算点的确定均系客观标准。[②]当然，在满足客观起算标准时，主观起算标准亦须同时满足，故第190条和第191条亦是对第188条之一般起算标准的强化。有学者就对《民法总则》之第190条和第191条对弱势权利人的特别保护予以了盛赞，指出这是我国在坚持集体主义的原则下对私权保护的张扬，是中国共产党以人为本执政理念的私法化，是我国建立以人为中心的现代私法制度的优秀成果。[③]郭明瑞教授亦肯定道：“这些规定不仅使诉讼时效制度与监护制度相协调、衔接，而且使时效期间的起算与诉讼时效的价值相协调，值得肯定。”[④]实际上，在《民法通则》时代，尽管立法对该问题没有明确的规定，但是在法解释上亦已预留了空间。例如，《民法通则》第139条[⑤]中的“其他障碍不能行使请求权”的规定，就足以为消灭时效中止的适用提供实证法上的依据。此外，《诉讼时效司法解释》第20条[⑥]亦进一步对之予以了细化，第20条第3项之“权利人被义务人或者他人控制无法主张权利”的范围，就包括无民事行为能力人、限制民事行为能力人与其法定代理人之间时效起算的问题，以此来避免消灭时效制度可能会导致的对权利人之不公平结果的出现。[⑦]此外，《诉讼时

① 杨立新：《民法总则给予未成年人诉讼时效特别保护》，《检察日报》2017年4月5日，第003版。

② 沈德咏主编：《〈中华人民共和国民法总则〉条文理解与适用（下）》，人民法院出版社2017年版，第1255页。

③ 郭锋：《〈民法总则〉的时代精神和特色》，《财经法学》2017年第3期。

④ 郭明瑞：《关于民法总则中时效制度立法的思考》，《法学论坛》2017年第1期。

⑤《民法通则》第139条：“在诉讼时效期间的最后六个月内，因不可抗力或者其他障碍不能行使请求权的，诉讼时效中止。从中止时效的原因消除之日起，诉讼时效期间继续计算。”

⑥《诉讼时效司法解释》第20条：“有下列情形之一的，应当认定为民法通则第一百三十九条规定的‘其他障碍’，诉讼时效中止：（一）权利被侵害的无民事行为能力人、限制民事行为能力人没有法定代理人，或者法定代理人死亡、丧失代理权、丧失行为能力；（二）继承开始后未确定继承人或者遗产管理人；（三）权利人被义务人或者其他人控制无法主张权利；（四）其他导致权利人不能主张权利的客观情形。”

⑦ 段晓娟：《我国诉讼时效中止若干问题研究》，《法律适用》2008年第11期。

效司法解释》第20条第3项和第4项亦可以对遭受性侵害的未成年人提供相应的保障。从上述关于《民法通则》第139条、《诉讼时效司法解释》第20条、《民法总则》第190条和第191条的整体诠释可知，我国立法对于上述问题的规制方式已然发生转变，即将之从时效计算障碍之中止事由调整为了时效不起算之事由。也就是说，《民法总则》第190条和第191条给予了弱势权利人以一个特殊的消灭时效起算点，而非消灭时效开始后的中止。高圣平教授指出：确切地说，就是将消灭时效推迟起算，而非开始起算之后的中止或者停止。[1]从保护的力度而言，将之确定为时效不起算事由对于弱势权利人的保护无疑是更为充分的。需要注意的是，既然《民法总则》第190条和第191条明确属于对弱势权利人的特别保护，那么根据《中华人民共和国立法法》（以下简称《立法法》）第93条[2]关于"为了更好地保护公民、法人和其他组织的权利和利益而作的特别规定除外"的例外规定，应当赋予第190条和第191条以溯及力。即相较于新规定保护权利人的特别立法目的，义务人的时效利益在一定程度上的不保护[3]就有了正当性依据。例如，2006年11月2日，年仅10岁的幼女甲，在生日当天被十恶不赦的同村乙性侵害，甲之父母出于保护甲的名节、乙的威逼利诱等诸多因素未提起刑事诉讼和民事诉讼，2017年11月2日已年满19岁的甲在学习了《民法总则》的相关知识后，仍旧可以提起民事赔偿诉讼来维护自己的合法权益，此时根据《民法总则》第191条的规定消灭时效期间未届满。在此种情况下，如果不赋予《民法总则》第191条以溯及力，即使根据《诉讼时效司法解释》第20条来将甲未成年作为权利行使障碍的中止事由，在甲年满19岁时消灭时效也已经届满。

具体而言，《民法总则》第190条是无民事行为能力人或者限制民事行为能力人对其法定代理人之请求权的消灭时效起算规则。根据《民法总则》第

① 王利明主编：《中华人民共和国民法总则详解（下册）》，中国法制出版社2017年版，第896页。

②《立法法》第93条："法律、行政法规、地方性法规、自治条例和单行条例、规章不溯及既往，但为了更好地保护公民、法人和其他组织的权利和利益而作的特别规定除外。"

③ 李宇：《〈民法总则〉与其他民事法的适用关系》，《法学》2017年第10期。

23条[①]的规定，亦是无民事行为能力人或者限制民事行为能力人对其“监护人”之请求权的消灭时效起算规则。一般而言，无论是监护关系还是法定代理关系，当事人之间普遍属于亲密的近亲属关系。正是基于当事人之间可能存在的身份关系，朱晓喆教授指出，《民法总则》第190条的立法目的主要是为了维护当事人之间的和睦家庭关系，以及考虑到被代理人不便向法定代理人主张权利的事实。[②]基于对这种亲密关系的强调，朱晓喆教授更倾向于比较法上类似消灭时效中止的立法设计，并遗憾地指出《民法总则》第190条的规定尽管是一种进步，但是对于被代理人与法定代理人之间的亲密亲属关系的维护是不够全面的。[③]朱晓喆教授对《民法总则》第190条立法目的的解读有其一定的参照依据[④]，《德国民法典》第207条[⑤]“时效因家庭及类似原因而停止”之立法目的即在于“保护家庭和平，使之免于遭受因在诉讼上主张请求权所产生的妨碍”[⑥]。然而，在笔者看来，过于强调《民法总则》第190条对于和睦家庭关系的维护，极可能会造成对第190条立法目的在认识上的偏差，从而最终引发对第190条在解释上和适用上的混乱。之所以须如此重视对第190条立法目的的解读，乃是因为立法目的的解释是解释法律的最高准则，其具有维持法律秩序之体系性和安定性的重大作用。[⑦]对此，最高人民法院对《民法总则》第190条之立法目的的诠释，应当更具合理性。最高人民法院将第190

①《民法总则》第23条：“无民事行为能力人、限制民事行为能力的监护人是其法定代理人。”

② 朱晓喆：《诉讼时效制度的价值基础与规范表达——〈民法总则〉第九章评释》，《中外法学》2017年第3期。

③ 朱晓喆：《诉讼时效制度的立法评论》，《东方法学》2016年第5期。

④“于此可参考《德国民法典》第207条立法目的：如果诉讼时效不中止的话，夫妻、亲子、监护人与被监护人等家庭成员之间可能会为了避免其针对对方的请求权罹于时效而采取起诉等中断时效的措施，从而破坏家庭生活和睦。”朱晓喆：《诉讼时效制度的价值基础与规范表达——〈民法总则〉第九章评释》，《中外法学》2017年第3期。

⑤《德国民法典》第207条：“（1）只要婚姻存续，配偶之间的请求权的消灭时效就停止。下列请求权亦同：1.同性生活伴侣之间的请求权，但以同性生活伴侣关系存续为限；2.到子女满21岁时为止：（a）子女与其父母之间的请求权；以及（b）子女与父母一方的配偶或同性生活伴侣之间的请求权。3.在监护关系存续期间的监护人和被监护人之间的请求权；4.在照管关系存续期间的被照管人和照管人之间的请求权；5.在保佐存续期间的被保佐人和保佐人之间的请求权。子女对辅佐人的请求权的消灭时效，在辅佐存续期间停止。（2）第208条不受影响。”陈卫佐译注：《德国民法典》，法律出版社2015年版，第73—74页。

⑥ 杜景林、卢谌：《德国民法典——全条文注释（上册）》，中国政法大学出版社2015年版，第144页。

⑦ 梁慧星：《民法解释学》，法律出版社2009年版，第228—232页。

条定性为对无民事行为能力人和限制民事行为能力人时效利益的赋予，即第190条属于对上述弱势权利人时效利益的特殊保护。个中原因在于，当处于法定代理关系存续期间时，作为弱势权利人的无民事行为能力人和限制民事行为能力人，其向法定代理人主张权利确实存在障碍：首先，被代理人行为能力的不完全，使得他们主张权利缺乏行为能力基础；其次，倘若法定代理人基于代理关系向自身主张权利，势必很难充分保护被代理人的权益。[①]当然，被代理人与法定代理人之间的特定的身份关系，以及为了维护该身份关系的稳定和谐，确实也会在一定程度上成为被代理人主张权利的障碍。但是，需要特别指出的是：鉴于民法总则并没有将夫妻关系、家庭关系作为诉讼时效障碍的事由进行列举性规定，且第190条亦非采取《德国民法典》第207条关于监护关系存续期间请求权诉讼时效特别规定的立法例，而是以法定代理关系存续作为诉讼时效特殊安排的原因；故此处虽同时具有身份关系障碍，但此并非第190条就诉讼时效予以特别规定的直接原因。[②]因此，基于对《民法总则》条款的体系解释，维护家庭关系和睦这一理由，不应当成为立法者创设《民法总则》第190条的直接理由，抑或是说至少不能成为立法者设定该条款的核心理由。准确而言，其更近似于《民法总则》第190条因保护弱势权利人而附带产生的有益效果。是故，《民法总则》第190条的核心立法目的应当是立法对于弱势权利人时效利益的特别保护。在确定了《民法总则》第190条的立法目的之后，再以此为标准去审视围绕该条产生的相关争议，结论可能就会变得更为明晰。第一，对于《民法总则》第190条最大的质疑，应当就在于其所采用的单向保护主义是否合理。根据《民法总则》的立法资料，《民法总则（草案）》第172条[③]所采取的乃是双向保护主义，而自《民法总则（草案二次审

① 沈德咏主编：《〈中华人民共和国民法总则〉条文理解与适用（上）》，人民法院出版社2017年版，第1254页。

② 沈德咏主编：《〈中华人民共和国民法总则〉条文理解与适用（上）》，人民法院出版社2017年版，第1255页。

③《民法总则（草案）》第172条："无民事行为能力人或者限制民事行为能力人与其法定代理人之间的请求权的诉讼时效，自该法定代理关系终止之日起开始计算。"

议稿)》第183条[①]改采单向保护主义之后,就一直延续至《民法总则》的最终出台。因此,基于对法意解释的遵循,《民法总则》第190条系采用单向保护主义无疑,且解释上亦再无空间。对此,朱晓喆教授坚持认为,从维护家庭和睦关系的价值考量出发,双向保护主义应当是更可取的模式。[②]根据前文的结论,由于维护家庭和睦关系并不足以成为《民法总则》第190条的核心立法目的,故朱晓喆教授以此为基础之结论的说服力亦大为降低。再者,包括高圣平教授在内的部分学者则认为,尽管双向保护主义具有逻辑上的完整性,但是单向保护主义更能彰显立法保护弱势权利人之立法目的,是故采用单向保护主义模式更为公正合理。[③]那么,单向保护主义是否确实更能体现立法对保护弱势权利人的重视呢?笔者认为也不尽然。因为一旦法定代理人在法定代理期间向无民事行为能力或者限制民事行为能力的被代理人主张权利,则极可能会发生法定代理人基于代理关系向自己主张权利的问题,试想此时被代理人的权益又如何能被充分维护?因此,基于保护弱势权利人这一立法目的,双向保护主义模式应当是更为适恰的。或者说,此时的双向保护主义,实质上是对"单向"保护弱势权利人这一立法目的的贯彻。就此而言,房绍坤教授对双向保护主义模式的坚持是值得肯定的,"这将有利于最大限度地保护被代理人的利益"。[④]这也意味着,《民法总则》第190条实质上并未充分践行保护弱势权利人之时效利益的立法目的。然而,从法解释的角度而言,又已经断绝了《民法总则》第190条是采用双向保护主义的可能。此时,是否应当借助漏洞填补的方式,对《民法总则》第190条进行法的续造?笔者认为,基于对立法秩序的尊重,除非迫不得已,且原规定将造成明显的不公平,否则应当

---

①《民法总则(草案二次审议稿)》第183条:"无民事行为能力人或者限制民事行为能力人对其法定代理人的请求权的诉讼时效,自该法定代理终止之日起计算。"

② 朱晓喆:《诉讼时效制度的价值基础与规范表达——〈民法总则〉第九章评释》,《中外法学》2017年第3期。

③ 王利明主编:《中华人民共和国民法总则详解(下册)》,中国法制出版社2017年版,第898—899页;冯恺:《诉讼时效制度研究》,山东人民出版社2007年版,第211页;张弛:《诉讼时效中止事由范围及其效力》,《法学》1997年第6期。

④ 房绍坤:《论诉讼时效期间的起算》,《法学论坛》2017年第4期。

慎用漏洞填补的方式。况且,《民法总则》第190条本就属于一般起算规则的例外。对于例外规则的适用,应当以立法的明确规定为前提,德国法上亦是如此。“《德国民法典》第207条具有例外性质,故对于以类似方式形成的人身关系,原则上不能够相应地适用。对于非婚姻,以及对于非婚姻之生活共同关系,该规范无适用余地。”[①]不过,《民法总则》第190条与双向保护主义模式的绝缘,并不代表着《民法总则》保护弱势权利人时效利益这一立法理念的落空。此时,《民法总则》第194条第5项“其他导致权利人不能行使请求权的障碍”就可以涵盖法定代理人在法定代理期间向被代理人行使请求权的情形,从而将之作为消灭时效中止的事由。相比而言,将法定代理人在法定代理期间向被代理人行使请求权的情形,作为消灭时效中止的情形,应当比将之作为消灭时效不起算的特例更有利于保护被代理人的权益。因为如果将之作为不起算的特例,则在被代理人获得完全民事行为能力之后,曾经的法定代理人将还享有三年的时效期间,而如果仅是中止事由,那么在被代理人获得完全民事行为能力之时,曾经的法定代理人将只剩余六个月的时效期间。显而易见,将法定代理人在法定代理期间向被代理人行使请求权的情形作为消灭时效中止的事由,对于被代理人这一弱势权利人的保护无疑将更为有利。第二,对于《民法总则》第190条的另一大质疑在于,大部分学者均认为《民法总则》第190条存在调整范围上的疏漏,即未考虑被代理人之于法定代理人的请求权在形成法定代理关系之前已经产生,且在法定代理关系开始后该请求权消灭时效又未届满的情形。例如,成年人黄某对其父母享有100万的债权,且消灭时效已经开始起算,在此期间黄某因遭受意外惊吓而被认定为限制民事行为能力人,而黄某的父母则成为其监护人和法定代理人。那么,黄某对其父母所享有的,已经起算消灭时效的100万债权请求权,对该债权请求权之消灭时效应当如何处置,才会最有利于保护黄某的权益,又与现行的《民法总

① 杜景林、卢谌:《德国民法典——全条文注释(上册)》,中国政法大学出版社2015年版,第144页。

则》相契合呢？倘若此时仍旧套用《民法总则》第190条消灭时效未起算的规则，则在逻辑上确实存在难以自圆其说之嫌。基于此，朱晓喆教授略有遗憾地指出，《民法总则》第190条关于法定代理关系的诉讼时效不起算的立法设计并非上上之选，比较法上类似《德国民法典》第207条关于消灭时效停止的立法设计应当是最值得借鉴的。[①]那么德国民法的停止制度的效力如何呢？《德国民法典》第209条[②]指出，消灭时效停止的那一时段不算入消灭时效期间，其法律效果与我国的时效中止相近。不过，朱庆育教授详细指出，德国民法的停止制度与我国法律的中止制度仍有不同。[③]从德国民法对于停止制度的适用范围可知，其确实可以使《民法总则》第190条的上述适用问题迎刃而解。然而，远水难解近渴，基于对弱势权利人时效利益保护这一立法目的的贯彻，对在法定代理产生前消灭时效已经起算的情形，确实需要妥适的规则予以调整。在房绍坤教授看来，唯一的解决方案就是按照消灭时效中止的规定予以处理，即倘若被代理人之于法定代理人的请求权在形成法定代理关系之前已经产生，且在法定代理关系开始后该请求权消灭时效又未届满的，则该请求权应当按照《民法总则》第194条的规定，其消灭时效在最后六个月内中止。[④]对于就此种情形作时效中止处理的方案，朱晓喆教授亦是持肯定态度[⑤]，并指出早在《诉讼时效司法解释》第20条出台时，司法实务就已经明确将此种情形作为时效中止的事由。[⑥]不过，最高人民法院对这一情形的观点却

① 朱晓喆：《诉讼时效制度的价值基础与规范表达——〈民法总则〉第九章评释》，《中外法学》2017年第3期。

② 《德国民法典》第209条："消灭时效停止的那一时段不算入消灭时效期间。"陈卫佐译注：《德国民法典》，法律出版社2015年版，第75页。

③ 德国民法的停止制度可能在三个时点上停止消灭时效的计算：停止起算是指时效不起算（《德国民法典》第207条、208条），停止继续是指已经开始的时效停止运行（《德国民法典》第205条、206条），停止完成是指停止状态结束后须再经过法定期间才完成。朱庆育：《民法总论》，北京大学出版社2016年版，第557页。

④ 房绍坤：《论诉讼时效期间的起算》，《法学论坛》2017年第4期；朱虎：《诉讼时效制度的现代更新——政治决断与规范技术》，《中国高校社会科学》2017年第5期。

⑤ 朱晓喆：《诉讼时效制度的价值基础与规范表达——〈民法总则〉第九章评释》，《中外法学》2017年第3期。

⑥ 最高人民法院民事审判第二庭编著：《最高人民法院关于民事案件诉讼时效司法解释理解与适用》，人民法院出版社2008年版，第344页。

有所不同，其并未求助于《民法总则》的其他条款，而是认为《民法总则》第190条本身就能解决这一问题。当无民事行为能力人、限制民事行为能力人的请求权产生于法定代理关系形成前的，该请求权的消灭时效暂不计算，待法定代理关系终止之日继续计算。[①]最高人民法院之所以认为此种处理方式妥当，乃是因为在其看来，《民法总则》第190条"自该法定代理关系终止之日起计算"这一起算规则的立法意旨在于"法定代理关系存续期间不计算消灭时效"。[②]在笔者看来，最高人民法院此种对于起算规则的扩张解释，符合立法本意，亦并无明显的不妥之处。但是，需要注意的是，此时适用《民法总则》第194条第4项作中止处理亦有其合理性。笔者认为，为了在法律所允许的范围内，最大限度地保护弱势权利人的时效利益，对于"无民事行为能力人、限制民事行为能力人的请求权产生于法定代理关系形成前"的情形，应当以法定代理关系终止之日原被代理人时效利益最大化为原则。具体而言，倘若法定代理关系终止之日，按照《民法总则》第190条的计算规则，原被代理人的请求权剩余时效期间短于六个月的，则适用《民法总则》第194条第4项的规定；倘若法定代理关系终止之日，按照《民法总则》第190条的计算规则，原被代理人的请求权剩余时效期间等于或者长于六个月的，则适用《民法总则》第190条的规定。

《民法总则》第191条是立法对于遭受性侵害的未成年人在诉讼时效起算规则上予以的特别保护。值得一提的是，尽管《民法总则》第191条在立法层面已经确立了对遭受性侵害的未成年人的时效利益予以特殊保护，但是有学者对该项立法的正当性却颇有微词。因此，从理论层面厘清《民法总则》第191条的正当性，不仅有助于正确认识该条款，也有利于该条款在司法实务中的顺畅适用。对《民法总则》第191条的质疑主要集中于以下几点：第一，批评者认为，既然《民法总则》所采取的是提取公因式的立法技术，就应当坚持《民

① 沈德咏主编：《〈中华人民共和国民法总则〉条文理解与适用（下）》，人民法院出版社2017年版，第1257页。

② 沈德咏主编：《〈中华人民共和国民法总则〉条文理解与适用（下）》，人民法院出版社2017年版，第1257页。

法总则》总括性与一般性的立法特征，第191条的内容无疑过于具体与特殊，强行将之安置于《民法总则》部分，将破坏《民法总则》体系的科学性与协调性。第二，批评者认为，即使《民法总则》不规定第191条，《民法总则》第188条(《民法通则》第137条)对于主观起算标准的确立，已经足以对遭受性侵害的未成年人提供充分的保护。因为法院可以根据未成年人不具有完全心智这一特征，从而作出未成年人在未成年阶段对于遭受性侵害处于不知状态的解释。[①]上述两点质疑确有一定的道理，对之予以充分回应将有助于更为清晰地认识《民法总则》第191条。[②]首先，从比较法上而言，在时效制度中，对遭受性侵害的未成年人的时效利益予以特别保护，基本已成共识。《德国民法典》第208条[③]对于遭受性侵害的权利人的保护力度无疑要更大于《民法总则》第191条规定的保护力度。根据《德国民法典》第2条[④]可知，《德国民法典》第208条的保护主体同时涵盖了未成年人和未满21岁的成年人。其次，《德国民法典》第208条充分考虑了家庭关系对于权利人主张权利的阻碍，进一步强化了对遭受性侵害的权利人的时效利益的保护。区别于《德国民法典》时效停止不起算的保护模式，《法国民法典》绕开第2224条所规定的五年普通消灭时效期间，在第2226条第2款[⑤]通过设置二十年的特殊长期消灭时效期间以对遭受性侵害的未成年人的时效利益予以特别保护。与法国法相类似，《奥地利

---

① 周杲：《未成年人受性侵特别诉讼时效条款之商榷》，《人民法院报》2017年1月18日，第007版；王利明主编：《中华人民共和国民法总则详解(下册)》，中国法制出版社2017年版，第901页。

② 顺便提及的是，批评者对于《民法总则》第191条的质疑，还有下述两点理由。在笔者看来，下述两点理由太过于牵强附会，故我们不对之予以详细解读，仅予以简单罗列：第一，《民法总则》第191条的内容主要属于刑事范畴，通过民法进行规制存在越俎代庖的嫌疑；第二，《民法总则》第191条的出台会给社会公众带来当前未成年人遭受性侵害很普遍的误导，容易引发恐慌。

③《德国民法典》第208条："到债权人满21岁时为止，因侵害性的自主决定而发生的请求权的消灭时效停止。因侵害性的自主决定而发生的请求权的债权人，在消灭时效开始进行时与债务人在家庭共同关系中生活的，到家庭共同关系终止时为止，消灭时效也停止。"陈卫佐译注：《德国民法典》，法律出版社2015年版，第74页。

④《德国民法典》第2条："满18岁即为达到成年年龄。"陈卫佐译注：《德国民法典》，法律出版社2015年版，第5页。

⑤《法国民法典》第2226条第2款："但是，在针对未成年人实施拷打或野蛮行为、暴力或性侵犯造成损害的情况下，提起民事责任之诉讼，时效期间为二十年。"罗结珍译：《法国民法典》，北京大学出版社2010年版，第492页。

普通民法典》第1489条[①]亦规定了三十年的特殊长期消灭时效期间对遭受性侵害的未成年人的时效利益予以特别保护。此外，尽管《荷兰民法典》第3:310条第4款[②]看似另辟蹊径，将遭受性侵害的未成年人的请求权的消灭时效期间与刑法上的追诉时效相绑定，实际上其与《法国民法典》和《奥地利普通民法典》的规定相类似，即赋予遭受性侵害的未成年人的请求权以特殊的长期消灭时效期间，从而使他们的时效利益获得较好的保障。通过上述考查可知，在民法典时效制度部分对遭受性侵害的未成年人以特殊的保护，这并非是我国《民法总则》时效制度特立独行的创新，而是与比较法上的立法趋势保持了高度的一致。倘若单以民法典的立法技术为评价指标，则在民法典时效制度中进行这一规定确有不妥之处，尤其是我国《民法总则》和《德国民法典》的时效制度还均处于总则部分。在我们看来，之所以包括我国《民法总则》在内的世界各国民法典，普遍在时效制度部分以例外规定的形式对遭受性侵害的未成年人的时效利益予以特别保护，主要是因为现代民法典在立法上对于"人本主义"的信奉，而对弱势权利人的特别保护便是对"人本主义"思想最好的践行之一。因此，为了使民法典的内容在最大限度上满足实质正义的要求，在立法技术上作出相应的让步也就不足为奇，甚至会是理所应当的选择。至于批评者们关于《民法总则》第188条之消灭时效的一般起算规则就足以保护遭受性侵害的未成年人的观点，实则也经不起推敲。纵然对遭受性侵害的未成年人的认知能力做宽松认定，即无论处于哪个年龄阶段的未成年人对其遭受性侵害均不能形成主观上的正确认知，但是一旦未成年人的法定代理人知

①《奥地利普通民法典》第1489条："损害赔偿之诉，不论损害系因违反契约义务而发生或与契约无关，自受害人知悉损害和加害人时起，经过三年罹于诉讼时效。受害人不知损害或加害人者，或者损害系因一项或数项故意实施的、应受刑事处罚且有可能被判处一年以上自由刑的行为而发生者，请求损害赔偿的诉权，仅在经过三十年后消灭。"戴永盛译，《奥地利普通民法典》，中国政法大学出版社2016年版，第287页。

②《荷兰民法典》第3:310条第4款："造成损害的事件为《刑法典》第240b条、第242条至第250条、第273f条或者第300条至第303条的犯罪，并且该事实是对不满18周岁的女性的性侵害，损害赔偿的诉讼时效在犯罪的诉讼时效届满前不届满。"王利明主编：《中华人民共和国民法总则详解（下册）》，中国法制出版社2017年版，第900页。

道其遭受性侵害，却出于各种原因最终未提起民事诉讼[①]，此时如果依据《民法总则》第188条关于普通时效的起算规则，遭受性侵害的未成年人无疑将难以在成年后再向加害人主张权利。通过对《民法总则》第191条之正当性的讨论，实则也是在强化《民法总则》第191条对于弱势权利人之时效利益予以特殊保护的合理性。基于《民法总则》第191条保护弱势权利人之时效利益这一立法目的，无疑有利于进一步明晰《民法总则》第191条在适用上的一些问题。第一，《民法总则》第190条和第191条确实存在小部分的重合[②]，即当性侵害主体是未成年人的监护人时，援引第190条或者第191条均会获得相同的法律效果。但是，这并不是立法上的疏漏，如果仅就未成年人性的利益保护而言，《民法总则》第190条与第191条之间，实质上属于类似一般规定与特殊规定的关系。[③]是故，优先适用《民法总则》第191条这一特殊规定将更有利于保护遭受性侵害之未成年人的利益。因为根据《民法总则》第18条第2款的规定，如果未成年人在16周岁时被视为完全民事行为能力人，这也意味着其与监护人之间法定代理关系终止。在此种情况下，《民法总则》第190条的适用将丧失前提条件，但是《民法总则》第191条仍旧可以为遭受性侵害的未成年人提供时效利益上的特别保护。第二，从更好地保护遭受性侵害的未成年人的合法权益角度而言，或者说为了更好地贯彻保护弱势权利人之时效利益这一立法目的，《民法总则》第191条的规定应当是有待完善的。[④]据统计，在未成年人遭受性侵害的案件中，20%的加害人乃是遭受性侵害之未成年人的监护人！[⑤]倘若加害人是未成年人的监护人或者家庭成员，那么基于其对遭受性侵害之未成年人强烈的人身控制的可能性，只要受害未成年人与之保持

① 在未成年人遭受人身侵害的其他情形中，一般不会出现其监护人不愿或不敢主张的问题，但在遭受性侵害情形中，不少监护人从未成年人名誉、声誉、健康成长、成年结婚等现实角度思考，往往不愿、不敢公开主张，而长期隐瞒子女受性侵害的事实。朱虎：《诉讼时效制度的现代更新——政治决断与规范技术》，《中国高校社会科学》2017年第5期。

② 杨立新：《民法总则给予未成年人诉讼时效特别保护》，《检察日报》2017年4月5日，第003版。

③ 房绍坤：《论诉讼时效期间的起算》，《法学论坛》2017年第4期。

④ 张素华：《〈民法总则草案〉（三审稿）的进步与不足》，《东方法学》2017年第2期。

⑤ 梁慧星：《〈中华人民共和国民法总则（草案）〉：解读、评论和修改建议》，《华东政法大学学报》2016年第5期。

着家庭共同生活关系，则即使受害未成年人年满18周岁，其提起民事诉讼来维护自身权益的阻力仍旧会非常大。因此，为了充分贯彻保护遭受性侵害之未成年人这一弱势权利人时效利益的立法目的，应效仿《德国民法典》第208条（该款规定：在时效开始时，因违反性自决而发生之请求权的债权人，与债务人以家庭共同关系生活的，在家庭共同关系终止前，时效亦停止进行），在解释上宽松认定《民法总则》第194条第4项“权利人被义务人或者其他人控制”中的控制关系，从而弥补《民法总则》第191条在调整范围上的缺口，给予遭受性侵害的未成年人以民事救济上充分的时效保障。

第四节 消灭时效障碍制度之重塑

一、消灭时效中止制度之立法完善

立法创设消灭时效制度的主要目的[①]是通过使权利人失去一定利益来敦促权利人及时行使其权利，避免权利人“眠于权利之上”。[②]但是，倘若权利不行使的状态并不是由于权利人懒惰造成，而是由于障碍的出现导致权利人不能行使，此时如果继续计算时效期间显然对权利人极度不公，亦违背时效制度的设定宗旨。因此，法律规定在某些情况下时效期间暂时“冻结”，待情况消失之后期间再继续计算，以保证权利人具有积极行使其权利的足够时间，不至于因为时效期间过短而发生时效届满的效果[③]，这就是所谓的时效中止

① 关于消灭时效制度的立法目的，朱虎教授的总结较为全面，可资参考。“按照通常观点，诉讼时效的正当化理由主要有四点：督促权利人行使权利、保护义务人、降低审判成本和保护与义务人交易的不特定第三人利益。诉讼时效的督促权利人行使权利的作用，本质上是为了避免事实的模糊化，从而便利审判，保护义务人利益和与义务人交易的不特定第三人利益，降低社会成本。”朱虎：《诉讼时效制度的现代更新——政治决断与规范技术》，《中国高校社会科学》2017年第5期。

② 王利明：《民法总则研究》，中国人民大学出版社2012年版，第757页。

③ 施启扬：《民法总则》，中国法制出版社2010年版，第350页。

制度。又因为时效期间暂停是发生在时效进行过程中，故又被称为“时效进行停止制度”。该制度源于罗马法，随着“对于不得为诉讼之人时效不进行”之观点被广泛认同而逐渐确立，这亦是对消灭时效制度予以合理限制以实现其正当价值的重要方式。①关于时效中止的时间，各国立法不尽相同。有的国家规定时效进行的任何时间都可以发生时效中止，如《法国民法典》第2234条②；有的国家规定在时效期间的最后一段时间之内才可以发生时效中止，如《俄罗斯联邦民法典》第202条第2项③；有的国家则区分不同情况而允许不同时间段的时效中止，如《德国民法典》第206条和207条④。由此可知，比较法上关于消灭时效中止的制度设计并不统一，且不仅是在何时可以中止的设计上不一致，在各国立法关于中止障碍事由的规定上也多有出入。当然，无论法律设置何种消灭时效中止规则，其目的均在于平衡权利人与义务人之间的利益关系，只不过是由于各国立法者所立足的本国国情各有不同，从而创设了“因地制宜”的消灭时效中止规则⑤。

纵观我国关于消灭时效中止制度的立法，从《民法通则》第139条⑥仅明确

---

① 沈德咏主编：《〈中华人民共和国民法总则〉条文理解与适用（下）》，人民法院出版社2017年版，第1281页。

②《法国民法典》第2234条：“对于因法律规定、协议约定或者不可抗力之原因引起的障碍而不能提起诉讼的人，时效不进行，或者中止进行。”罗结珍译：《法国民法典》，北京大学出版社2010年版，第493页。

③《俄罗斯联邦民法典》第202条第2项：“本条所列情况在时效期限的最后六个月发生或继续存在时，诉讼时效期的计算方可中止，而在该时效期等于或少于六个月，本条所列情况在时效期内发生或继续存在时，诉讼时效期限的计算可以中止。”黄道秀译：《俄罗斯联邦民法典》，北京大学出版社2007年版，第110页。

④ 在德国民法上，消灭时效中止的时间分两种情形：如果消灭时效中止的原因是不可抗力的，该事由须发生在时效期间的最后六个月内；如果消灭时效中止的原因为特定身份关系的，其中止可以发生在时效进行的任何期间内。《德国民法典》第206条：“只要债权人在消灭时效期间的最后六个月以内，因不可抗力而不能追及权利，消灭时效就停止。”《德国民法典》第207条：“（1）只要婚姻存续，配偶之间的请求权的消灭时效就停止。下列请求权亦同……”陈卫佐译注：《德国民法典》，法律出版社2015年版，第73页。

⑤ 在朱晓喆教授看来，设计和理解消灭时效障碍规则时，主要考虑的因素是“各该障碍事由的性质、法律进行干预和影响诉讼时效进程的强弱程度以及立法者对于时效障碍的认识水平等”。朱晓喆：《诉讼时效制度的价值基础与规范表达——〈民法总则〉第九章评释》，《中外法学》2017年第3期。

⑥《民法通则》第139条：“在诉讼时效期间的最后六个月内，因不可抗力或者其他障碍不能行使请求权的，诉讼时效中止。从中止时效的原因消除之日起，诉讼时效期间继续计算。”

规定不可抗力的相对粗陋，到《民通意见》第172条[①]基于对《民法通则》第139条“其他障碍”的解释而导出的关于“无民事行为能力人、限制民事行为能力人等”的具体化规则，再到《诉讼时效司法解释》第20条[②]对《民法通则》第139条“其他障碍”进一步深入挖掘而使时效中止规则相对精细化。至此，我国关于消灭时效中止规则的立法基本趋于稳定。研判《民法总则》第194条[③]关于消灭时效中止的规定可知，其基本全盘继承了此前立法和司法解释关于消灭时效中止的规定。不过，需要特别注意的是，《民法总则》第194条第1款第5项相比于《诉讼时效司法解释》第20条第4项在立法内容上的转变，即用“其他导致权利人不能行使请求权的障碍”替代了“其他导致权利人不能主张权利的客观情形”。此前，尽管《民法通则》第139条和《民通意见》第172条并未明确规定，消灭时效中止的适用必须存在客观障碍，但是客观障碍要件在司法实务中获得了较为普遍的确立[④]，《诉讼时效司法解释》第20条的出台更是明确了客观障碍这一要件。而最高人民法院出版的《最高人民法院关于民事案件诉讼时效司法解释理解与适用》在对《诉讼时效司法解释》第20条第3项之“控制”进行解读时，亦采取了客观化的认定标准，将代表与被代表关系、控股母子公司关系、被限制人身自由、监护与被监护关系划入了控制的范畴。[⑤]而婚姻关系因基本上不存在控制关系，且其一般也不具有客观上的权利行使

①《民通意见》第172条：“在诉讼时效期间的最后六个月内，权利被侵害的无民事行为能力人、限制民事行为能力人没有法定代理人，或者法定代理人死亡、丧失代理权，或者法定代理人本人丧失行为能力的，可以认定为因其他障碍不能行使请求权，适用诉讼时效中止。”

②《诉讼时效司法解释》第20条：“有下列情形之一的，应当认定为民法通则第一百三十九条规定的‘其他障碍’，诉讼时效中止：(一)权利被侵害的无民事行为能力人、限制民事行为能力人没有法定代理人，或者法定代理人死亡、丧失代理权、丧失行为能力；(二)继承开始后未确定继承人或者遗产管理人；(三)权利人被义务人或者其他人控制无法主张权利；(四)其他导致权利人不能主张权利的客观情形。”

③《民法总则》第194条：“在诉讼时效期间的最后六个月内，因下列障碍，不能行使请求权的，诉讼时效中止：(一)不可抗力；(二)无民事行为能力人或者限制民事行为能力人没有法定代理人，或者法定代理人死亡、丧失民事行为能力、丧失代理权；(三)继承开始后未确定继承人或者遗产管理人；(四)权利人被义务人或者其他人控制；(五)其他导致权利人不能行使请求权的障碍。自中止时效的原因消除之日起满六个月，诉讼时效期间届满。”

④ 张力、郑志峰：《中止抑或不完成：诉讼时效完成障碍之婚姻关系——由一个案例引发的思考》，《河北法学》2015年第5期。

⑤ 最高人民法院民事审判第二庭编著：《最高人民法院关于民事案件诉讼时效司法解释理解与适用》，人民法院出版社2008年版，第344页。

障碍，更多属于基于伦理关系而产生的主观上的权利行使障碍，因此，尽管此前学者们已多番呼吁[①]，但是其最终还是被排除在了消灭时效中止的障碍事由之外[②]。那么，《民法总则》第194条第1款第5项的这一转变，是否意味着消灭时效中止规则的适用要件已不再以“客观障碍”为必备要素？在认识上，由于多年来“客观障碍”所潜在的巨大制度惯性，有学者仍旧对障碍的客观性予以了坚持。例如，高圣平教授就认为，通过解释《民法总则》第194条第1款第5项来扩大消灭时效中止事由务必满足的两个条件之一便是“必须是客观上不能行使请求权”。[③]不过，高圣平教授对于客观障碍要件的坚持，亦在某种程度上引发了其观点的自相矛盾。因为高圣平教授也近乎赞同将婚姻关系纳入消灭时效的中止事由，但是客观障碍的存在，使得高圣平教授不得不去求助于将婚姻关系中的“伦理关系压力”勉强解释为客观障碍，并认为最终是否构成客观障碍应当交由法官自由裁量。[④]如果说高圣平教授的观点，实质上已经放宽了对客观障碍的认定，那么最高人民法院对客观障碍的坚持似乎更为“情有独钟”。根据立法本意，《民法总则》第194条第1款第5项中的障碍是指客观上阻止权利人主张权利的障碍，即客观障碍致使权利人主观上虽有主张权利的意思，但客观上无法主张权利。[⑤]在我们看来，最高人民法院关于“立法本意”仍旧主张客观障碍的观点颇值商榷。从文义解释的角度分析，《民法总则》第194条第1款第5项中的“障碍”应当包含主观障碍和客观障碍，而这也符合我国关于消灭时效中止事由的立法演变史。《诉讼时效司法解

① “夫妻之间的互殴行为，导致损害赔偿请求权，我国现行立法对此没有规定。但许多学者认为，从我国亲亲相隐的法律传统考虑，应当允许将此种情况作为中止的理由。此种观点有一定的道理。”王利明：《民法总则研究》，中国人民大学出版社2012年版，第760页。

② “夫妻关系的存在并非导致当事人一方不能行使权利的客观障碍，当事人只是由于夫妻关系的存在不愿主张权利，并非不能主张权利，因此仅以夫妻关系的存在即认定诉讼时效中止有失妥当。当然，对于个案中确因夫妻关系致不能行使权利的客观障碍，可以适用诉讼时效的中止，如夫或妻一方为另一方的监护人的情形。”段晓娟：《我国诉讼时效中止若干问题研究》，《法律适用》2008年第11期。

③ 王利明主编：《中华人民共和国民法总则详解（下册）》，中国法制出版社2017年版，第920页。

④ 王利明主编：《中华人民共和国民法总则详解（下册）》，中国法制出版社2017年版，第921页。

⑤ 沈德咏主编：《〈中华人民共和国民法总则〉条文理解与适用（下）》，人民法院出版社2017年版，第1281页。

释》第20条第4项明确使用了“客观”一词，在《民法总则》第194条乃基本照搬《诉讼时效司法解释》第20条的情况下，“客观”一词并未被《民法总则》第194条所保留。这应当已经极为鲜明地表达了立法不再将消灭时效中止事由局限于客观障碍的态度。再者，如果要强行将“障碍”解释为仅包含客观障碍这一含义，则须符合限缩解释的要求。即“法律条文之文义过于广泛，不符合立法真意，故才可限缩法律条文之文义，使其局限于核心，以正确阐释法律的条文内容。”[①]根据前文关于消灭时效中止制度之立法目的的阐述，其主要目的就是为了避免时效制度给权利人造成的过分的不利益，如果权利人未行使权利并非出于自身的懈怠，那么，尤其是基于婚姻关系之伦理性障碍，权利人主观上束缚于对和睦家庭关系的追求而未行使权利，此时将之解释为权利人未行使权利之懈怠，无疑是有欠妥当的。由此可知，将《民法总则》第194条第1款第5项中的“障碍”限缩解释为“客观障碍”的基础并不存在，消灭时效中止制度的立法目的并不当然排斥主观障碍所导致的权利难以行使。颇值一提的是，最高人民法院在《民法总则》第194条出台后，仍旧僵化坚持客观障碍要件的观点，已然遭到了实践中相关判决的质疑。在“胡某案”[②]中，最高人民法院的下述观点就遭到了法官的质疑，“一般而言，在刑事诉讼过程中，尽管权利人被采取了刑事强制措施，但均可依法委托代理人主张权利，故在该情况下，不应认定属于消灭时效中止事由”[③]。质疑该观点的法官认为：“依社会普通观念，我们不能期待被强制隔离戒毒人员委托代理人主张权利，否则过于苛责，是对原告附加了过高的义务。”[④]此外，从比较法的角度分析，将基于亲密关系而导致的主观障碍纳入消灭时效中止、停止或者不完成事由亦是大势所趋。例如，《德国民法典》第207条将婚姻关系、同性生活伴侣关系纳入了消

① 梁慧星：《民法解释学》，法律出版社2009年版，第225页。

② 重庆市第五中级人民法院（2017）渝05民终5099号民事判决书。

③ 沈德咏主编：《〈中华人民共和国民法总则〉条文理解与适用（下）》，人民法院出版社2017年版，第1283页。

④ 段玉林、李天全：《诉讼中被强制隔离戒毒适用诉讼时效中止的认定——重庆五中院判决胡某诉中国太平洋财产保险股份有限公司等机动车交通事故责任纠纷案》，《人民法院报》2018年1月18日，第006版。

灭时效停止的事由,《法国民法典》第2236条[①]将婚姻关系、紧密伙伴关系划入了消灭时效不进行或者中止的事由,《日本民法典》第159条[②]将婚姻关系作为时效不完成的事由。相比而言,《欧洲示范民法典草案》第3-7:303条第4项[③]的规定更为宽泛,其明确规定了消灭时效中止的障碍包括心理障碍。综上可知,《民法总则》第194条第1款第5项相比于此前的立法更具包容性[④],"障碍"应当包含客观障碍和主观障碍。这也意味着,《民法总则》第194条对于消灭时效中止制度适用要件的调整将带来深远的影响,这会直接导致消灭时效中止制度适用范围的拓宽,而这对于非因自身懈怠而未行使权利的权利人无疑也更为公平合理。是故,在《民法总则》第194条所确立的法秩序下,基于婚姻关系等特定身份关系而产生的非纯粹身份关系请求权[⑤]以及一般的债权请求权将受到消灭时效中止制度的调整,而这亦是绝大多数国家的立法通例[⑥]。具体就婚姻关系而言,夫妻双方之间的亲密关系确实明显有别于纯粹利益主体之间的利益角逐关系,基于婚姻关系而内在衍生的"和睦、宽容"的伦理特征,是夫妻一方在主张权利时不得不考虑的主观障碍。[⑦]倘若一味地执着于权利效用观,而忽视我国立法对于和谐婚姻家庭关系,乃至和谐社会关系的终极追求,极可能会使法律因纯粹的技术化而丧失内在的生命力。

值得一提的是,自我国《民法通则》时起,我国民事立法就仅规定了时效进行停止制度,即时效中止,而对时效开始停止制度与时效不完成制度未予

---

① 《法国民法典》第2236条:"在夫妻之间以及在订立紧密关系民事协议的两伙伴之间,时效不进行,或者中止进行。"罗结珍译:《法国民法典》,北京大学出版社2010年版,第493页。

② 《日本民法典》第159条:"夫妻一方对另一方享有的权利,从婚姻关系解除之时起六个月内,时效不完成。"王爱群译:《日本民法典》,法律出版社2014年版,第36页。

③ 《欧洲示范民法典草案》第3-7:303条第4项:"因债权人不可控制的障碍而中止:(1)本条中的障碍包括心理障碍。"[德]克里斯蒂安·冯·巴尔、[英]埃里克·克莱夫:《欧洲私法的原则、定义与示范规则:欧洲示范民法典草案(全译本1-3卷)》,高圣平等译,法律出版社2014年版,第1026页。

④ 朱晓喆:《诉讼时效制度的价值基础与规范表达——〈民法总则〉第九章评释》,《中外法学》2017年第3期。

⑤ "请求权基于纯粹身份关系而生者,不适用消灭时效的规定。"王泽鉴:《民法总则》,北京大学出版社2009年版,第416页。

⑥ 房绍坤:《诉讼时效停止制度的立法选择》,《广东社会科学》2016年第1期。

⑦ 张力、郑志峰:《中止抑或不完成:诉讼时效完成障碍之婚姻关系——由一个案例引发的思考》,《河北法学》2015年第5期。

提及。对此,学者们主张将我国的时效中止制度进行一定的改造与补充。汪渊智教授认为,我国应当取消时效中止制度,而采用时效不完成制度。因为时效不完成制度不仅能够发挥时效中止制度的功能,而且能在中止事由结束后剩余时效期间很短的情况下,给予权利人一段合理时间来行使权利,更能保护权利人的利益,因而时效不完成制度在事实上是能够完全取代时效中止制度的。[①]尹田教授则认为,我国不必规定时效不完成制度,只需将时效中止制度进行改造即可。因为时效不完成制度的"长处"就是在时效障碍结束后给予权利人一段合理时间来行使权利,从而避免剩余时效期间过短对权利人不利的情形,如果立法可以将此"长处"嫁接到时效中止制度之上,则时效不完成制度自无引进的必要,比如立法可以规定时效中止事由消除之日起六个月,时效期间才届满。而且如果要引进时效不完成制度,还需对时效障碍立法体系和法律概念重新构造和梳理,立法成本明显过高,而取长补短的做法则可以一举两得。[②]冯恺副教授则认为,我国应当遵循德国的立法路径,同时规定时效中止制度与时效不完成制度。因为时效中止制度和时效不完成制度具有相同的立法目的,其区别仅在于适用情形和时间段的不同,立法将两者加以衔接较为容易。而且德国立法虽然只承认两种情况适用于时效不完成,但足以说明时效不完成制度具有时效中止制度难以取代的价值,因而有将两种制度并行规定的必要。[③]我国关于时效障碍的立法是以中止和中断为核心构建的一整套法律体系和制度,此种构造也与大多数国家和地区的民事立法趋于一致,经司法适用多年,民众已对其形成相当的依赖,如果要引进时效不完成制度,就得推翻现有的时效障碍立法,重构法律体系,重新梳理法律概念和逻辑,立法成本显然过高。更重要的是,时效中止制度与时效不完成制度在实质上的差别非常微小,效果上都为时效停止进行,只是适用的情形

---

① 汪渊智:《我国民法诉讼时效制度之构想》,《法学研究》2003年第3期。
② 尹田:《民法典总则之理论与立法研究》,法律出版社2010年版,第834页。
③ 冯恺:《论诉讼时效的不完成》,《法学杂志》2005年第1期。

与时间停止的阶段不同，其功能价值也具有同质性。因此，舍弃时效不完成制度，而仅对时效中止制度进行适度的改造才是既经济又合理的选择。笔者认为，我国的时效中止制度改造应包含以下几个方面：其一，吸收时效不完成制度的“长处”，规定在消灭时效中止事由消失后，时效期间不足六个月的，应当按照六个月计算；其二，按照不同的原因而规定不同时间段的时效中止，不可抗力的时效中止只能发生在时效期间届满前的六个月之内，其他情况的时效中止可以发生在时效期间过程中的任何时间；其三，世界新近的时效立法呈现出时效中断事由缩减与时效中止事由扩张的发展趋势，我国的民法典应当反映出此种变化，与国外立法接轨。整体来看，《民法总则》第194条所规定的时效中止制度，整合了之前《民法通则》《民通意见》《诉讼时效司法解释》里面有关时效中止的规定，并进行了些许修改，比如增加了规定“自中止时效的原因消除之日起满六个月，诉讼时效期间届满”，这项增加显然是吸收了时效不完成制度的“长处”，在时效中止事由完成后，给予权利人充足的时间主张权利，值得肯定。

略显遗憾的是，《民法总则》第194条并未将“磋商”规定为消灭时效的中止事由。此前，梁慧星教授对此多有倡导，其撰写的《中国民法典草案建议稿》就将磋商纳入了消灭时效的中止事由。[①]孙鹏教授亦主张，比较法上将磋商纳入消灭时效中止事由的做法，我国立法应当予以借鉴。[②]朱晓喆教授也认为，《民法总则》未将磋商纳入消灭时效制度的立法规划是令人遗憾的。[③]在比较法上，《德国民法典》第203条[④]、《欧洲示范民法典草案》第3-7:304条[⑤]、

① 梁慧星主编：《中国民法典草案建议稿附理由（总则编）》，法律出版社2013年版，第416—417页。

② 谭启平主编：《中国民法学》，法律出版社2015年版，第240页。

③ 朱晓喆：《诉讼时效制度的价值基础与规范表达——〈民法总则〉第九章评释》，《中外法学》2017年第3期。

④《德国民法典》第203条：“在债务人和债权人之间，关于请求权或使请求权成立的情事的磋商正在进行的，消灭时效停止，直到任何一方拒绝继续磋商为止。消灭时效最早在停止的状况结束后三个月完成。”陈卫佐译注：《德国民法典》，法律出版社2015年版，第70—71页。

⑤《欧洲示范民法典草案》第3-7：304条：“当事人就权利或者权利主张据以产生的客观情况进行磋商的，则在磋商中最后一次沟通后一年内，时效期间不届满。”[德]克里斯蒂安·冯·巴尔、[英]埃里克·克莱夫：《欧洲私法的原则、定义与示范规则：欧洲示范民法典草案（全译本1-3卷）》，高圣平等译，法律出版社2014年版，第1029页。

《欧洲合同法原则》第14:304条[①]、《欧洲统一买卖法》第182条[②]等等均将磋商纳入了消灭时效中止事由或延期届满事由。具体而言，将磋商作为消灭时效中止事由或延期届满事由有以下几点理由。第一，当事人就所争议的权利义务进行交涉是法律政策所期待的[③]，在国际投资贸易领域尤为如此[④]。因为当事人通过友好协商来避免争议与矛盾的激化，乃至最终使争议与矛盾消弭于无形，不仅有利于实现各自利益的最大化，而且能将纠纷止于诉讼之外，这既节约了宝贵的诉讼资源，又避免了诉讼对于当事人之间情感的伤害，可谓是一举多得的纠纷解决方式。是故，不仅不应当用消灭时效制度来压制当事人磋商的积极性，而且应当对磋商作宽泛解释，使之"涵盖任何可能使债权人合理地相信权利尚未最终被债务人拒绝的意见交换"[⑤]。第二，既然磋商对于争议与矛盾的解决具有重要意义，那么为了保护善意权利人的利益，防止磋商被恶意义务人所利用从而使磋商成为权利人权利罹于时效的陷阱，将磋商规定为消灭时效中止事由就变得理所应当，这亦是对诚实信用原则和公平交易原则的遵循和彰显。[⑥]因为我们有理由推论出，只要义务人未决定性地拒绝权利人的主张，那么权利人就很可能会认为双方还处于磋商的状态。再者，倘若权利人的磋商一直处于消灭时效制度的压力之下，其磋商的积极性无疑也将大大降低。不过需要说明的是，比较法上对于是否应当将磋商作为消灭时效的中止事由亦存在争议。例如，《法国民法典》在时效法改革过程中，尽

① 《欧洲合同法原则》第14:304条："当事人就请求权或请求权的产生事由进行协商的，自最后协商沟通行为后一年内，时效期间不完成。"[德]莱茵哈德·齐默曼：《德国新债法：历史与比较的视角》，韩光明译，法律出版社2012年版，第214页。

② 《欧洲统一买卖法》第182条："如果当事人就权利或者就与权利可能发生关联的主张进行协商，那么，在协商中最后一次沟通完成的一年后，或一方当事人告知另一方不希望继续进行协商的一年后，两种时效才届满。"Peter Mφgelvang-Hansen：《评〈欧洲统一买卖法〉第八编时效规则》，朱晓峰译，《私法研究》第19卷，2016年第1期。

③ 朱岩：《消灭时效制度中的基本问题：比较法上的分析——兼评我国时效立法》，《中外法学》2005年第2期。

④ "中国与澳大利亚FTA第9章第2条第2款规定，如果投资争端自收到磋商请求之日起120日内无法通过磋商解决，则申诉方可提出投资仲裁请求，主张被诉方违反了本章第3条项下的义务。"徐树：《国际投资仲裁中滥诉防范机制的构建》，《法学》2017年第5期。

⑤ [德]克里斯蒂安·冯·巴尔、[英]埃里克·克莱夫：《欧洲私法的原则、定义与示范规则：欧洲示范民法典草案（全译本1-3卷）》，高圣平等译，法律出版社2014年版，第1030页。

⑥ [德]莱茵哈德·齐默曼：《德国新债法：历史与比较的视角》，韩光明译，法律出版社2012年版，第213页。

管也有学者提议将磋商增列为消灭时效中止事由，但是立法最终并未予以采纳。令法国立法者最终放弃将磋商纳入消灭时效中止事由的核心理由在于，磋商何时开始及何时终止存在不确定性，从而将使消灭时效期间处于不稳定的状态。[①]齐默曼教授亦承认，磋商可能缓慢停止的特性将可能使消灭时效期间处于被无限期中止的风险之中，因此《欧洲合同法原则》第14:304条的处理方式相对于《德国民法典》第203条会更为恰当，将磋商的不确定性对消灭时效的影响最小化。[②]此外，面对磋商的这一不确定性问题，规定磋商作为消灭时效中止事由的立法例，还会通过运用举证规则对之予以调节。例如，关于《欧洲统一买卖法》第182条的适用，权利人一般只需要证明磋商已经实际发生即可，而关于磋商何时终结或者破裂的证明责任，则需要由义务人来负担。[③]《欧洲示范民法典草案》第3-7:304条的评论亦认为，尽管“该条没有就证明时效延长的期间自何时起始、结束设定任何形式要件，但是债务人还是应当尽力明确磋商何时失败，因为根据一般原则，债务人负有证明磋商失败的责任”。[④]由此可知，磋商的起始、终止之难以确定的问题，并非磋商成为消灭时效中止事由的难以克服的障碍。而关于磋商起始、终止之举证责任分配，看似对义务人不利，实则并不会引发权利人与义务人之间的利益失衡。因为不可否认的是，消灭时效制度的创设乃是对权利人部分利益的牺牲。当权利人为了纠纷的解决而积极磋商时，从举证责任上来鼓励权利人这一积极行使权利、妥善解决纠纷的行为，并无任何不当之处。事实上，当前比较法中明文规定磋商为消灭时效中止事由的立法例实则为数不多。但是，这并不影响大多数国家对于磋商的认可，他们大多通过扩大解释“承认”这一概念，从

① [德]克里斯蒂安·冯·巴尔、[英]埃里克·克莱夫：《欧洲私法的原则、定义与示范规则：欧洲示范民法典草案（全译本1-3卷）》，高圣平等译，法律出版社2014年版，第1031页。

② [德]莱茵哈德·齐默曼：《德国新债法：历史与比较的视角》，韩光明译，法律出版社2012年版，第214页。

③ Peter Mϕgelvang-Hansen：《评〈欧洲统一买卖法〉第八编时效规则》，朱晓峰译，《私法研究》第19卷，2016年第1期。

④ [德]克里斯蒂安·冯·巴尔、[英]埃里克·克莱夫：《欧洲私法的原则、定义与示范规则：欧洲示范民法典草案（全译本1-3卷）》，高圣平等译，法律出版社2014年版，第1030页。

而使磋商发生类似"承认"对于消灭时效的法律效果。[①]由于义务人的承认一般将发生消灭时效中断的法律效果，此种对于磋商的扩大或者宽泛解释，实则赋予了磋商更为强大的法律效果。由此可知，即便无法通过解释《民法总则》第194条第1款第5项这一消灭时效中止事由的兜底条款，来赋予磋商以中止消灭时效的法律效果，仍旧可以寻求对《民法总则》第195条[②]第2项进行扩大或者宽泛解释，以使磋商这一优良的纠纷解决机制不因消灭时效制度的压制而丧失其应有的功效。

二、消灭时效中断制度之立法完善

消灭时效中断，是在消灭时效期间进行中，因法定事由的发生，推翻了消灭时效存在的基础，因而使已经进行的时效期间，全归于无效，消灭时效期间重新计算。[③]自《民法通则》第140条颁布[④]以来，我国民事立法和司法实践对于消灭时效中断事由的认定均较为宽松，《诉讼时效司法解释》更是以10个条文不惜笔墨地对消灭时效中断规则予以宽松细化，《民法总则》第195条则基本上继承了上述立法关于消灭时效中断规则的内容。关于我国民事立法和司法实践宽松认定消灭时效中断事由的判断并非无的放矢。例如，在我国民事立法上，相较于《民法总则》第195条第1项将"权利人向义务人提出履行请求"认定为消灭时效的中断事由，比较法上一般均未将诉讼外的请求作为消

① [德]克里斯蒂安·冯·巴尔、[英]埃里克·克莱夫：《欧洲私法的原则、定义与示范规则：欧洲示范民法典草案(全译本1–3卷)》，高圣平等译，法律出版社2014年版，第1031页。

②《民法总则》第195条："有下列情形之一的，诉讼时效中断，从中断、有关程序终结时起，诉讼时效期间重新计算：(一)权利人向义务人提出履行请求；(二)义务人同意履行义务；(三)权利人提起诉讼或者申请仲裁；(四)与提起诉讼或者申请仲裁具有同等效力的其他情形。"

③ 王泽鉴：《民法总则》，北京大学出版社2009年版，第432页。

④《民法通则》第140条："诉讼时效因提起诉讼、当事人一方提出要求或者同意履行义务而中断。从中断时起，诉讼时效期间重新计算。"

灭时效的中断事由。即使《日本民法典》第153条[①]和我国台湾地区“民法”第130条[②]将诉讼外的请求作为灭时效的中断事由，其也是有附加条件的，即必须在六个月内通过诉讼或者司法程序来主张权利，否则不发生消灭时效中断的法律效果。对于我国立法允许诉讼外的请求可以引发消灭时效中断的做法，李永军教授直言不讳地认为，这一规定实则与我国立法规定消灭时效的根本宗旨严重脱节。因为在李永军教授看来，既然“诉讼时效是向人民法院请求保护民事权利”的制度，那么只有向作为法院的公权力机关请求方可中断消灭时效，那些严格贯彻这一思想的国家和地区甚至不允许仲裁作为消灭时效的中断事由。但是，李永军教授又为其略带批判的立法上的“无节制的脱节”寻找到了合理性基础，指出这是为了弥补消灭时效期间过短这一我国立法不足的修正措施。[③]在我国司法实践上，经过《诉讼时效司法解释》的完善，我国关于消灭时效中断事由的认定确实已经较为宽泛。例如，《诉讼时效司法解释》第15条[④]就将权利人基于保护自身权利而进行的刑事报案和控告也认定为了消灭时效的中断事由。但是，在“鲁秋敏案”[⑤]中，上海知识产权法院主要以“权利人积极配合公安机关作出相关鉴定亦体现了其保护权利的积极态度”为理由，认为尽管权利人没有报案或者控告的情形导致不符合《诉讼时效司法解释》第15条的适用要件，但是仍应当基于《诉讼时效司法解释》第13条第9项[⑥]作出消灭时效中断的认定，以此来保护对公权力存在合理信赖的

---

①《日本民法典》第153条：“催告，应当在六个月内作出诉讼上的请求、支付督促的申请、根据《民事调停法》或《家庭事件程序法》进行的调停申请、参加破产、再生、重整程序、扣押、假扣押或假处分，否则不发生时效中断的效力。”王爱群译：《日本民法典》，法律出版社2014年版，第36页。

② 我国台湾地区“民法”第130条：“时效因请求而中断者，若于请求后六个月内不起诉，视为不中断。”保成法学苑编：《攻略民商法》，新保成出版事业有限公司2014年版，第伍-37页。

③ 李永军：《论我国民法上“民事责任”与诉讼时效的脱节》，《政治与法律》2018年第2期。

④《诉讼时效司法解释》第15条：“权利人向公安机关、人民检察院、人民法院报案或者控告，请求保护其民事权利的，诉讼时效从其报案或者控告之日起中断。上述机关决定不立案、撤销案件、不起诉的，诉讼时效期间从权利人知道或者应当知道不立案、撤销案件或者不起诉之日起重新计算；刑事案件进入审理阶段，诉讼时效期间从刑事裁判文书生效之日起重新计算。”

⑤ 上海知识产权法院(2015)沪知民终字第6号民事判决书。

⑥《诉讼时效司法解释》第13条第9项：“下列事项之一，人民法院应当认定与提起诉讼具有同等诉讼时效中断的效力：(九)其他与提起诉讼具有同等诉讼时效中断效力的事项。”

权利人。[①]有学者对现行立法这一宽松认定消灭时效中断事由的原因进行了总结，指出“于我国普通诉讼时效期间较短、信用环境不佳、诚信缺失以及民众普遍厌讼的社会文化背景下，如此宽松的时效中断规则或可得到理解”。[②]不过，在如今比较法上普通消灭时效期间普遍趋短的情况下，以上述理由来论证我国宽松认定消灭时效中断事由的说服力似乎并不强。从本质上来讲，我们认为探寻消灭时效中断的合理性，仍须回归到对消灭时效制度立法目的的探讨。例如，无论是最高人民法院还是高圣平教授，在论证《民法总则》第195条第1项赋予诉讼外的请求以中断消灭时效效力的理由时，均指向了“权利人已积极行使权利”[③]这一判断。

如果说将诉讼外的请求作为消灭时效的中断事由，这基于中国国情所特有的对消灭时效中断事由的宽松认定，那么当学者们批判以诉讼作为消灭时效中断事由亦是一种不合理甚至逆趋势的选择时，《民法总则》第195条关于消灭时效中断事由的立法将存在被解构的危险，至少将可能在一定程度上引发消灭时效中断规则在适用上的风险。具体而言，朱晓喆教授认为，晚近的立法趋势是尽量压缩中断事由，倾向于扩大中止事由这种弱干预模式，《民法总则》第195条的规定明显过于偏袒权利人，“尤其是起诉等司法程序，依其性质和运作后果，根本不宜作为时效中断事由”。[④]基于此，朱晓喆教授进一步指出，应当通过司法实务将司法程序作为中断事由的副作用降到最低。[⑤]亦指出，按照当前的国际趋势，中止与中断已经发生了角色互换，现在时效中止是主角，而时效中断仅是配角，诉讼程序应当作为消灭时效中止事由。在笔

① “在刑民交叉案件中，由于权利人需要配合公安机关查明事实、侵权事实有赖刑事诉讼的生效判决确定等因素，认定公安机关要求权利人辨认涉嫌侵权货物一事，可产生两个法律后果：一是权利人得知侵权行为存在，诉讼时效期间开始起算；二是因刑事追诉程序的存在，权利人有合理理由信赖公权力的介入可使其权利获得保护，故诉讼时效随之中断。”陈惠珍：《权利人配合刑事侦查可产生民事诉讼时效中断的效力》，《人民司法》2016年第20期。

② 杨巍：《民法时效制度的理论反思与案例研究》，北京大学出版社2015年版，第79页。

③ 沈德咏主编：《〈中华人民共和国民法总则〉条文理解与适用（下）》，人民法院出版社2017年版，第1287页；王利明主编：《中华人民共和国民法总则详解（下册）》，中国法制出版社2017年版，第927页。

④ 朱晓喆：《诉讼时效制度的价值基础与规范表达——〈民法总则〉第九章评释》，《中外法学》2017年第3期。

⑤ 朱晓喆：《诉讼时效制度的价值基础与规范表达——〈民法总则〉第九章评释》，《中外法学》2017年第3期。

者看来，上述两位学者这一看似言辞凿凿的趋势判断是有待商榷的。房绍坤教授就认为，如德国那般将诉讼程序以及类似程序作为消灭时效中止事由的立法仍属少数，多数国家均是将之规定为消灭时效的中断事由。[①]考查朱晓喆教授作出上述趋势判断的依据，主要应当是基于《德国民法典》第204条[②]和《欧洲示范民法典草案》第3-7:302条[③]。德国的齐默曼教授在评价《德国民法典》第204条的这一改变时，也仅是表示“这看起来更为恰当”，并未指出这是晚近的立法趋势。[④]另外，《欧洲示范民法典草案》第3-7:302条的评论部分更是明确指出，就诉讼程序对消灭时效的影响而言，法律系统可以在以下措施中任取其一：（1）时效期间停止；（2）时效期间“中断”或者更新；（3）在法律程序持续期间时效期间中止。并进一步指出，第二种选择（“中断”或者更新）通常为以罗马法为基础建立起来的法律系统所采纳，而第三种方案应该更为可取。再者，根据《欧洲示范民法典草案》第3-7:302条的注释，可以明确的是，当前比较法上仍是诉讼程序导致消灭时效中断的立法居于主导地位。[⑤]而且，《法国民法典》的时效法改革就晚于《德国民法典》的债法现代化，但是其第2241条[⑥]仍旧坚持了诉讼程序中断消灭时效的立法模式。综上可知，试图以晚近立法趋势来论证“诉讼程序应当作为消灭时效中止事由”的合理性，其

① 房绍坤：《诉讼时效停止制度的立法选择》，《广东社会科学》2016年第1期。

②《德国民法典》第204条：“（1）消灭时效由于下列原因而停止：1.提起给付之诉或请求权确认之诉，或诉请发给执行条款或发布执行判决……。”陈卫佐译注：《德国民法典》，法律出版社2015年版，第71页。

③《欧洲示范民法典草案》第3-7：302条：“因司法及其他程序而终止：（1）当确认权利的司法程序开始时，时效中止。（2）中止持续至具有既判力的判决作出或者案件经由其他方式处理完成时。前款程序在时效期间最后六个月内结束但未就实体权利作出裁决的，自该程序结束时起六个月内，时效期间不届满。（3）前述规定准用于仲裁程序以及其他为了获得具有如同判决一样强制执行力的法律文件而启动的程序。（4）调解程序指在调解员协助下依靠两方或以上争议当事人达成共识，解决纠纷的结构性程序。”[德]克里斯蒂安·冯·巴尔、[英]埃里克·克莱夫：《欧洲私法的原则、定义与示范规则：欧洲示范民法典草案（全译本1-3卷）》，高圣平等译，法律出版社2014年版，第1031页。

④ [德]莱茵哈德·齐默曼：《德国新债法：历史与比较的视角》，韩光明译，法律出版社2012年版，第214页。

⑤ [德]克里斯蒂安·冯·巴尔、[英]埃里克·克莱夫：《欧洲私法的原则、定义与示范规则：欧洲示范民法典草案（全译本1-3卷）》，高圣平等译，法律出版社2014年版，第1021—1024页。

⑥《法国民法典》第2241条：“向法院起诉，即使是提出紧急审理请求，中断时效期间及丧失权利的期间。如果是向没有管辖权的法院提起诉讼，或者请求法院受理诉讼的文书因程序瑕疵而被撤销时，仍然中断时效期间及丧失权利的期间。”罗结珍译：《法国民法典》，北京大学出版社2010年版，第494页。

结论是难以成立或者说是不周延的。那么，在排除了“晚近立法趋势”这一看似极具“煽动性”的理由之后，仍需考查的应当是将诉讼程序作为消灭时效中止事由的立法例的立法理由，这对于更为准确地把握消灭时效中断规则无疑是有所裨益的。在权利人提起诉讼之后，基本上存在以下三种可能：(1)权利人的请求权获得司法裁判的确认，此时消灭时效中断对于权利人而言已是多余，其经司法裁判确认的请求权将转而受到执行时效的约束。(2)权利人的请求权未获得司法裁判的支持，因实体原因而被驳回，那么根据“一事不再理原则”，消灭时效的中断与否将失去意义[①]，因为权利人所诉请的请求权既然无法再进入诉讼程序，故也将不可能被司法所保障。(3)权利人在提起诉讼后，主动撤回了诉讼或者由于程序原因起诉被驳回。根据上述分析可知，在权利人提起诉讼后，消灭时效的中断在权利人撤诉或者起诉被驳回时才存在价值。而无论是权利人撤诉还是起诉被驳回，法院实质上均未对诉讼作出实体判决。正是基于此，《欧洲示范民法典草案》第3-7:302条的评论指出“如果没有对请求权作出实质性的明确的判断，也没有理由使时效期间重新计算”，其中更深层次的理由则在于这无助于清晰化当事人之间的权利义务关系。[②]朱虎教授对将诉讼程序作为消灭时效中止事由的解释则较为独特。在他看来，是否有必要对消灭时效进行中断处理，应当以消灭时效制度的立法目的为终极考量因素。其认为，督促权利人积极行使权利并非消灭时效制度的根本目的，消灭时效制度“本质上是为了避免事实的模糊化，从而便利审判，保护义务人利益和与义务人交易的不特定第三人利益，降低社会成本。”是故，朱虎教授的结论是，权利人撤诉或者起诉被驳回，这顶多能使当事人之间的事实关系在诉讼时停止模糊化，但并没有使当事人之间的事实关系得以澄清，因而将诉讼作为消灭时效中止事由足以，只有能使事实关系得以澄清的事由

① 郭明瑞：《关于民法总则中时效制度立法的思考》，《法学论坛》2017年第1期。

② [德]克里斯蒂安·冯·巴尔、[英]埃里克·克莱夫：《欧洲私法的原则、定义与示范规则：欧洲示范民法典草案(全译本1-3卷)》，高圣平等译，法律出版社2014年版，第1022页。

"义务人承认和权利人申请执行"，才适合作为消灭时效中断事由。[①]在笔者看来，前述将诉讼程序作为消灭时效中止事由的解释尽管颇为契合《德国民法典》第204条和《欧洲示范民法典草案》第3-7:302条的立法本意，但是这一解释的合理性仍旧值得商榷。因为朱虎教授展开论证的前提是，消灭时效制度的根本目的是为了避免事实的模糊化，即为了防止经过较长期间而导致义务人的举证困难，以及由此引发的对于审判和第三人的一系列不良后果。但是，在互联网得以快速发展的当下，电子化已经越来越普遍，再以避免事实关系模糊化这一罗马法时代延续下来的理由赋予消灭时效制度以正当性的说服力已然越来越弱。尤其是以较长期间经过后，会增加法院查明较长期间之前规范的成本的说法更是难以令人信服。[②]在充分电子化的当下，法院可便捷查找规范乃至相应立法理由，这基本是无须证明的事实。因此，解读消灭时效制度促使权利人积极行使权利之目的，从加快权利义务的了结，从而提高社会资源运转效率的角度来理解，可能更为妥当。倘若将消灭时效制度的终极目的主要界定为保护义务人，从而来限制权利人的权利实则并不合理，因为义务人本身就存在到期未积极履行其义务的不道德性。此外，基于社会成本层面的考量也应当是有限度的，只要权利人所行使的权利未损害社会公共利益，亦未有权利滥用之嫌时，对于权利人之合法权利进行不遗余力的保护应当是良法所应有的内涵。高圣平教授亦认为"诉讼之举，是权利人行使权利的最为强烈的表示，故诉讼之日便是时效中断之时"。[③]是故，笔者认为，只要权利人存在积极行使权利的行为，就应当对其权利予以充分保护，这是私权神圣原则的应有体现，更是对我国长期以来"欠债还钱天经地义"之社会道德观念的遵循。综上所述，笔者认为，《民法总则》第195条对消灭时效中断事由作如是规定并无不妥。在明确了消灭时效中断制度应当以侧重保护权

① 朱虎：《诉讼时效制度的现代更新——政治决断与规范技术》，《中国高校社会科学》2017年第5期。
② 朱虎：《诉讼时效制度的现代更新——政治决断与规范技术》，《中国高校社会科学》2017年第5期。
③ 王利明主编：《中华人民共和国民法总则详解（下册）》，中国法制出版社2017年版，第928页。

利人为立法目的[①]，从而不应当仅因为其强大效力而竭力干预令其克制[②]的情况下，《民法总则》第195条一些适用上的争议也将变得明晰。具体而言，《民法总则》第195条第1项和第2项，无论是“权利人向义务人提出履行请求”还是“义务人同意履行义务”，两者均涉及消灭时效究竟在哪个时间点中断的问题，而中断时间点的确定对于当事人之间的利益影响可能是巨大的，尤其是这一时间点的确定将事关消灭时效是否届满时。由于“提出履行请求和同意履行义务”均属于当事人的意思表示，因此其首先应当满足《民法总则》第137条[③]关于意思表示生效要件的规定。根据《民法总则》第137条第1款的规定，当“提出履行请求和同意履行义务”是以对话方式进行时，其以相对人知道其内容时为生效要件。不过，鉴于对话方式的即时性，此时意思表示的何时生效实则不影响时效中断所引发的权利义务变动。不过，当“提出履行请求和同意履行义务”是以非对话方式作出时，何时发生消灭时效的中断效果就会变得意义重大。《民法总则》第137条第2款规定“以非对话方式作出的意思表示，到达相对人时生效”，在并没有尖锐的价值冲突时，这一规定应当充分尊重消灭时效制度致力于保护积极行使权利的权利人的立法目的。因此，我们认为，在尊重意思表示到达相对人时生效这一前提下，消灭时效中断的时间点应当回溯至意思表示作出之时[④]，也就是“提出履行请求和同意履行义务”以非对话方式作出之时。此外，《民法总则》第195条第3项和第4项之中断时间点的确定，亦争议颇多。就最为典型的起诉而言，关于其何时发生中断消灭时效的效果的观点主要就有以下三种：从当事人一方向法院提交起诉材料或者口头起诉之日起中断、从法院受理之日起中断和从起诉状副本送达给对

① 沈德咏主编：《〈中华人民共和国民法总则〉条文理解与适用（下）》，人民法院出版社2017年版，第1290页。

② 朱晓喆：《诉讼时效制度的价值基础与规范表达——〈民法总则〉第九章评释》，《中外法学》2017年第3期。

③《民法总则》第137条：“以对话方式作出的意思表示，相对人知道其内容时生效。以非对话方式作出的意思表示，到达相对人时生效。以非对话方式作出的采用数据电文形式的意思表示，相对人指定特定系统接收数据电文的，该数据电文进入该特定系统时生效；未指定特定系统的，相对人知道或者应当知道该数据电文进入其系统时生效。当事人对采用数据电文形式的意思表示的生效时间另有约定的，按照其约定。”

④ 梁展欣主编：《诉讼时效司法实务精义》，人民法院出版社2010年版，第120页。

方当事人之日起中断。[①]笔者的观点与最高人民法院相一致，认定消灭时效从当事人一方向法院提交起诉材料或者口头起诉之日起中断，“更符合该立法目的”。[②]

第五节 消灭时效期间法定性之软化

真理并非习惯，习惯更非真理。但人们却会因墨守成规而将习惯与真理混为一谈，将些许不甚合理的习惯尊奉为毋庸置疑的真理，诚如消灭时效期间的绝对法定。自我国确定消灭时效制度以来，时效期间绝对法定的理念似已根深蒂固，无人论证，亦无人质疑。世界各法域是否都秉持绝对法定理念？消灭时效期间绝对法定，是否理所当然的合理？尚待慎思明辨！

一、消灭时效期间法定与否之立法模式

一种法律制度的发展，总需要研究和利用其他法律制度中解决类似法律问题的方法。[③]在是否法定这一点上，系统总结消灭时效期间的立法模式，可避免故步自封，以突破思维定式而树立客观的分析立场。

（一）消灭时效期间绝对法定立法模式

《诉讼时效司法解释》第2条载明“当事人违反法律规定，约定延长或者缩短诉讼时效期间、预先放弃诉讼时效利益的，人民法院不予认可”。即明确消灭时效期间绝对法定，不得由当事人约定延长或缩短。查阅其他国家或地区的立法，意大利、瑞士、日本及我国台湾地区等采取此种立法模式。如《意大

① 中国审判理论研究会民商事专业委员会：《〈民法总则〉条文理解与司法适用》，法律出版社2017年版，第372页。

② 沈德咏主编：《〈中华人民共和国民法总则〉条文理解与适用（下）》，人民法院出版社2017年版，第1290页。

③［德］罗伯特·霍恩等：《德国民商法导论》，楚建译，中国大百科全书出版社1996年版，第127页。

利民法典》第2936条规定“任何一个旨在改变时效法律规定的约定均无效”。《瑞士债法典》第129条规定“本章所规定的诉讼期间不得由当事人协议变更”。《俄罗斯联邦民法典》第198条规定“诉讼时效期限及其计算方法不得由双方当事人协议变更”。加拿大《魁北克民法典》第2884条规定“当事人不得在法律规定的时效期间以外协商自己的时效期间”。《希腊民法典》第279条规定“禁止通过约定除斥期间以间接缩短法定时效期间”。我国台湾地区“民法”第147条规定“时效期间，不得以法律行为加长或减短之”。我国澳门地区民法典第293条规定“法律行为旨在变更法定时效期间者属无效”。

（二）消灭时效期间相对法定立法模式

相对法定立法模式允许当事人在一定期限范围内约定缩短或延长法定消灭时效期间。其又区分为如下两种立法。

1. 可缩短、但不可延长法定消灭时效期间。如《美国统一商法典》第2—725条第1款规定“有关违反买卖合同的诉讼，必须在诉讼原因发生后4年内提起；当事方可在原始协议中将此期限最多缩短至1年，但不能将此期限延长”。再如《国际货物买卖时效期限公约》第22条规定：“一、除本条第二款规定的情形外，时效期限不得由当事人之间的任何声明或协议加以变更或影响。二、债务人在时效期限持续中，得随时向债权人提出书面声明延长该期限。此项声明可以续展。三、本条各款不影响货物买卖契约中规定仲裁程序应在比本公约所规定者更短的时效期限内开始进行的条款的效力。但以该项条款适用于货物买卖契约的法律为有效者为限。”此外，澳大利亚也允许当事人通过合同约定一个比时效法规定的更短的消灭时效期间。①

2. 既可缩短、亦可延长法定消灭时效期间。如《欧洲合同法原则》第14章“时效”第6节规定：“有关时效的要件，可因当事人合意，特别是通过时效期间的缩短或延长而发生变更。但时效期间不得缩短至一年以下，或者延长至

① 葛承书：《民法时效——从实证的角度出发》，法律出版社2007年版，第130页。

第203条时效开始时三十年以上。”再如《国际商事合同通则》(2004)第10.3条规定:当事人可以修改时效期间,但是他们不得将一般时效期间缩短至不足一年、将最长时效期间缩短至不足四年、将最长时效期间延长至超过十五年。原《德国民法典》第225条规定:“法律行为不得排除或者加重时效。允许减轻时效,特别是缩短时效期间。”即允许缩短法定消灭时效期间,原则上禁止延长法定消灭时效期间,仅两种情形下除外:第一,在法律有例外明文规定时,如原《德国民法典》第477条及第638条规定,欠缺保证品质的损害赔偿请求权等的时效期间可以延长。第二,允许用间接的方式加重时效的发生条件,如延期给付、债务承认和更新的办法。[①]2002年修改后的《德国民法典》第202条原则上允许当事人缩短或延长法定消灭时效期间,仅在两方面予以限制:(1)因故意承担责任的,不得通过法律行为事先减轻消灭时效;(2)不得通过法律行为加重消灭时效,使消灭时效期间自法定起算日起超过三十年。原《法国民法典》禁止当事人约定延长法定消灭时效期间,但只要不剥夺债权人的诉权,当事人可以约定缩短法定消灭时效期间。[②]2006年修改后的《法国民法典》第2254条原则上允许当事人缩短或延长法定消灭时效期间,其规定:“时效期间,得经各方当事人一致同意的协议缩短或延长;但是,不得将其减少至不满一年,或者延长至超过十年。……前两款的规定不适用于……有关返还工资、定期金的分期应付款……总之,一切有关按年支付或者按照更短间隔的定期款项的支付之诉。”

(三)消灭时效绝对法定之软化为立法潮流

综上,消灭时效期间绝对法定立法模式,并非一枝独秀。窥探世界立法新动态,新近立法大都软化消灭时效期间的法定性,即仍然规定一般消灭时效

① [德]迪特尔·梅迪库斯:《德国民法总论》,邵建东译,法律出版社2000年版,第93页。

② P.Catala(dir.).*Proposals for Reform of the Law of Obligations and the Law of Prescription*, Oxford: Oxford University Press, 2007, p.211.

期间，但允许当事人在一定期限范围内约定延长或缩短这一法定消灭时效期间。尊为大陆法系民事立法鼻祖的《法国民法典》及《德国民法典》，在21世纪之初不约而同地修改了消灭时效制度，并心有灵犀般地一同软化了消灭时效期间的法定性。一贯保守的《法国民法典》一改保守旧容，迈出创新步伐，允许当事人约定缩短、延长法定消灭时效期间。《德国民法典》从单向性可缩短法定消灭时效期间的立法模式，走向双向性的允许缩短、延长法定消灭时效期间的立法模式。反映欧洲大陆民事立法统一之方向的《欧洲合同法原则》，亦允许当事人在一定条件下约定消灭时效期间。由此，消灭时效期间绝对法定的立法模式，并非独领风骚。与之相反，消灭时效期间法定性的软化已成为立法发展之趋势。正是受此影响，我国有学者总结到："消灭时效从强行法走向自治法：消灭时效从罗马法成立之后，一直属于强行法领域……但现代消灭时效法改革是将消灭时效建立在民法意思自治基础上。因此，时效期间长短、时效利益的得丧、时效援用等均可在一定程度上由当事人自己决定。"[①]

二、消灭时效期间绝对法定理由的总结与辨析

（一）消灭时效期间绝对法定的理由

1. 大多数观点认为消灭时效制度关涉公共利益，为强制性规定，当事人不得约定消灭时效期间，倘若允许当事人约定消灭时效期间，会损害公共利益。如德国的梅迪库斯先生认为，消灭时效规范，因涉及公共利益，原则上属于强制性规定，当事人不得任意变更。我国台湾地区的史尚宽先生认为，时效制度，基于维持社会秩序之公益上之理由而设，故关于时效之规定为强行法。[②]我国大陆地区的梁慧星教授认为，民法关于时效的规定具有强行性，时

① 李求轶：《消灭时效的历史与展开》，中国法制出版社2008年版，第213页。

② 史尚宽：《民法总论》，中国政法大学出版社2000年版，第624页。

效期间不得由当事人协议予以加长或缩短，其变更时效期间的约定，依法当然无效。[①]但这些著述并未进一步探究及阐述消灭时效制度究竟涉及何种公共利益，允许当事人约定消灭时效期间又会给公共利益造成何种损害。

2. 允许约定消灭时效期间，会损害当事人的利益。(1)允许延长法定消灭时效期间，会增加债务人的负担，损害债务人的利益。如我国台湾地区的胡长清先生认为，"加重时效要件，足使权利之证明愈加困难，故不应许可"。[②]诸多国家或地区单向性允许缩短法定消灭时效期间，禁止延长法定消灭时效期间，正是源于此理由。(2)允许缩短法定消灭时效期间，会损害债权人的利益。消灭时效制度旨在保护债务人，缩短法定消灭时效期间发扬了这一立法精神，更加有力地保护债务人，法律何以亦要禁止？有学者认为，若债权人及时行使债权，缩短法定消灭时效期间，确可发扬立法精神，并可督促债权人行使权利，促进财产快速流转。但若出现一些特殊情况，使债权人难以主张债权，而这些情况又不属于消灭时效中止的事由，而消灭时效期间的延长又过于依赖法官的自由裁量权，就会导致债权人难以实现债权，这种后果对于债权人过于苛刻，损害了债权人的利益。[③]

3. 允许约定消灭时效期间，会损害第三人的利益。(1)若允许当事人延长法定消灭时效期间，会损害与债务人进行交易的第三人的利益。因债权人与债务人之间的约定缺乏公示，与债务人进行交易的第三人只能依据法定消灭时效期间而信赖债务人财产状况，并与之进行交易。因此，允许延长消灭时效期间，会影响到以债务人为中心形成的较为稳定的财产秩序，对与债务人进行交易的第三人不公平。(2)反之亦然，若允许当事人缩短法定消灭时效期间，会影响到以债权人为中心形成的较为稳定的财产秩序，对与债权人进行交易的第三人不公平。

---

① 梁慧星:《民法总论》，法律出版社2001年版，第265页。

② 胡长清:《中国民法总论》，中国政法大学出版社1997年版，第382页。

③ 姚旭:《论诉讼时效的法定性》，《辽宁公安司法管理干部学院学报》2010年第2期。

4.司法成本的考量。即认为我国禁止变更时效期间的司法实践已为社会所普遍接受,从普法及司法成本的角度而言,不宜轻率改变现有之规定。[①]

5.允许约定延长法定消灭时效期间,不利于促进财产流转。除了上述共同理由之外,禁止约定延长法定消灭时效期间,还有其不利于促进财产流转的独特原因:法律不保护"在权利上睡懒觉的人",消灭时效制度旨在促使权利人及时行使权利,减少财富积压和浪费,加速经济流转,促进社会财富总量的增长。[②]若允许当事人约定延长法定消灭时效期间,则会鼓励当事人怠于行使权利,不利于促进财产流转,显然有悖于效益价值的要求。

(二)消灭时效期间绝对法定理由的辨析

1.消灭时效制度关涉公共利益,为强制性规定,不能谓之理由。学者仅表述消灭时效制度关涉公共利益,为强制性规定,并未进一步阐述消灭时效制度究竟涉及何种公共利益,允许当事人约定消灭时效期间又会损害何种公共利益?其实质上仅为表态,而非论证。我国《民法通则》规定一般消灭时效期间为二年(《民法总则》规定一般消灭时效期间为三年),当事人约定消灭时效期间为一年、四年,会损害何种公共利益?法律有何理由加以禁止?纵观现有著述,其似乎不过是由习惯而衍生的"理所当然"的结论。我们不能先验地主观臆断,允许当事人约定消灭时效期间就会损害公共利益。公共利益,可能具体化为当事人的利益、第三人的利益、社会经济秩序及财产流转效益。只有经下文逐一辨析后,方可理性判断允许当事人约定消灭时效期间是否会损害公共利益。

2.允许约定消灭时效期间,并不会损害当事人的利益。(1)允许延长法定消灭时效期间,并不会损害债务人的利益。第一,立论者认为消灭时效制度旨在保护债务人免受陈年旧账的缠绕,允许延长时效期间会使债务人遭受陈

① 余冬爱:《诉讼时效法定性的法理解析与司法适用》,《法律适用》2008年第11期。
② 陈明国:《论诉讼时效价值》,《西南民族大学学报(人文社会科学版)》2008年第10期。

年旧账的缠绕。但是，我国《民法总则》的消灭时效期间为三年，难道三年就绝对足以使债务成为陈年旧账？当事人约定消灭时效期间为四年，就会损害债务人的利益？我们完全可限制当事人在一定期限内（如五年）延长消灭时效期间，以使陈年旧账问题无从谈起。第二，立论者认为延长法定消灭时效期间会增加债务人负担、损害债务人利益，但其会增加债务人何种负担、损害债务人何种利益呢？不得而知。首先，可以肯定的是，其不可能增加债务人清偿负担、损害债务人清偿利益，因为无论经过多长时间，债务人都应清偿债务。任何承认消灭时效制度的法域，都未将免除债务作为消灭时效追求的法律目的。深而究之，消灭时效旨在保护债务人避免因清偿证据灭失而受债权人提起恶意诉讼的威胁：古罗马法伊始承认无期限诉权，而诉讼依赖于证据，很难期待债务人长期事无巨细地保留清偿债务的证据，且证据可能会因证人死亡或失踪等原因而灭失①，如此即可能引发债权人恶意诉讼，为克服无期限诉权的弊端，裁判官方才创设了消灭时效制度。②承之古罗马法的《德国民法典》，在立法理由书中明文阐述，"请求权消灭时效之原因与宗旨，乃使人勿去纠缠于陈年旧账之请求权。……因为时间已使此类事实黯然失色，对方欲举出于己有利之免责事由并获致成功，纵然并非全然不能，亦属难矣。消灭时效之要旨，并非在于侵夺权利人之权利，而是在于给予义务人一保护手段，使其毋需详察事物即得对抗不成立之请求权。消灭时效乃达到目的之手段，而非目的本身"。究之法国消灭时效之立法理由，有学者阐述到"债务人不会永久地保存有关债务清偿的受领证书，经过一定期限，债务人就不负担提示受领证书的义务，推定债务已履行"。③究之日本消灭时效之立法理由，有学者概括到"防止依据不确定的证据进行诉讼；设立时效制度的理由包含着'推定'……"④由此可见，消灭时效并非目的，而只是手段；并非旨在免除债务人

① 朱岩：《消灭时效制度中的基本问题：比较法上的分析——兼评我国时效立法》，《中外法学》2005年第2期。

② [意]彼德罗·彭梵得：《罗马法教科书》，黄风译，中国政法大学出版社2005年版，第81页。

③ [日]金山直樹：《時効理論展開の軌跡——民法学における伝統と変革》，信山社1994年版，第105页。

④ [日]内池慶四郎：《消滅時効法の原理と歴史的課題》，成文堂1993年版，第197页。

的债务，而仅将时效期间完成的事实作为证据以替代，构成债务人已经清偿的“法定证据”，并赋予其优先于一般证据的效力[①]，旨在确保真正被解放的债务人之安全，避免因保持已经消灭的债权证书者所提起的诉讼的无尽威胁。[②]因此，约定延长法定消灭时效期间，并不会影响债务人的清偿利益。其次，需进一步考虑的是，既然消灭时效利益体现为证据利益，允许延长法定消灭时效期间，是否会增加债务人举证难度、损害债务人的证据利益？在约定的期限内，债务人明知约定期限，自会保存证据，并不会因证据灭失而面临债权人提起恶意诉讼的威胁，且通过限制当事人约定消灭时效期间的最长期限，进而可避免因时间久远所致的证据难以保全问题。在约定期限届满后，债务人即取得合法的抗辩事由，不会面临无期限诉讼的困扰。由此看来，允许延长法定消灭时效期间，并不会损害债务人利益。(2)允许缩短法定消灭时效期间，并不会损害债权人利益。第一，在债权人与债务人约定短期时效期间的情形下，债权人明知短期时效，自应在该期间积极行使权利，倘若怠于行使权利，自应自食其果。若债权人非因主观原因而无法行使权利，有消灭时效中止制度予以保护。学者所言并不能适用中止的论点，仅为抽象的假设，并未能列举实例予以说明。第二，债权人自愿与债务人约定短期消灭时效期间，法律没有任何理由予以禁止。法律尚允许债权人单方免除债务人的债务，举重以明轻，法律又有何理由禁止债权人与债务人约定短期消灭时效期间呢？

3. 允许约定消灭时效期间，并不会损害第三人利益。(1)立论者认为，因为缺乏公示，第三人无法知道债权人与债务人之间延长或缩短法定消灭时效期间的约定，会因债权人与债务人的约定而受损。然而，债权债务关系缺乏公示，同样使得交易主体无法详细查明经济交往对象的债权债务状况，其难能构成第三人与债权人、债务人进行交易的经济信赖基础。(2)如果说消灭时效期间的约定会损害第三人的利益，法律应加以禁止，那么债务人放弃消灭

① [日]川島武宜：《民法総則(法律学全集17)》，有斐閣1965年版，第546页。

② [日]星野英一：《時効に関する覚書——その存在理由を中心として》，载《民法論集(4)》，有斐閣1985年版，第197页。

时效抗辩，更会直接影响第三人的利益，法律何以未加禁止？债务人放弃对年代已久的已届消灭时效期间的债务（例如十年前的债务）的抗辩，会因此而减少自己的财产，进而会失去其他债权人的原有经济信赖，但法律并未予以禁止。由此说明，消灭时效制度主要关系当事人利益，而非第三人利益。债权公示的缺位，使第三人难以知晓当事人的债权债务状况，允许当事人约定消灭时效期间，并不会损害第三人利益。

4. 司法成本考量的理由，难能成立。（1）《民法通则》和《民法总则》规定一般消灭时效期间为二年和三年，与社会现实并不完全相符，尚待完善。第一，对于某些短期小额交易，规定二年或三年时效时间，会稍显漫长，诸如德国等法域对小额交易都规定了特别短期消灭时效。第二，对于一般债权，规定二年或三年时效时间，又稍显短暂。正如李开国教授尖锐地指出："《民法通则》规定的二年普通消灭时效期间适用至今日，我国的许多债权人都受到了损害，其中受害最为惨重的是几家国有商业银行。更为严重的是，这个太短的普通消灭时效期间的恶劣影响已经通过司法实务扩散至整个社会经济生活，对我国经济生活中信用低下现象的发展势头起着推波助澜的作用。如果你曾在法庭上见到权利人力求证明曾向义务人行使过请求权的着急模样和义务人一一否认的无赖嘴脸，权利人败诉时的愤慨和义务人胜诉时的洋洋自得，你就会深深地感到这个太短的普通消灭时效期间正在践踏着市民神圣的私权，正在蹂躏着人间的正义，正在摧毁着对市民社会和市场经济最宝贵的诚信。"[①]最高人民法院颁布的《诉讼时效司法解释》，尤为详细地规定了消灭时效中断事由，正旨在克服原二年消灭时效期间过短之弊端。（2）对变革成本的担忧，毫无必要。第一，总结各国立法，有的采取绝对法定模式，有的采取相对法定模式，采取相对法定模式的国家和地区，并未出现立论者所担忧之问题。不仅如此，法国、德国原本限制当事人的自主约定权，现已然进行变

① 李开国：《民法总则研究》，法律出版社2003年版，第11—12页。

革，允许当事人约定消灭时效期间，并未出现成本担忧之困境。第二，允许当事人约定消灭时效期间，并不会影响法官的判案效率。只要当事人不排除消灭时效的适用，就不会影响裁判效率：债权人起诉至法院，债务人主张消灭时效抗辩成立，则驳回诉讼请求；债务人抗辩不成立，则依据双方提供的证据予以判决，并不会面临查清陈年旧账之困扰。况且，一旦设定当事人可约定消灭时效期间的最长期限，这一问题更不会存在。

5. 不利于促进财产流转、违背效益价值要求的理由，难能成立。(1)允许当事人约定延长法定消灭时效期间，是否就会违背效益价值要求尚待考证。立论者仅片面地从债权人角度分析这一问题，认为延长法定消灭时效期间，鼓励怠于行使权利，有悖于财产利用的效益原则。其忽略了债务人一直在利用财产的事实，债权人虽未主张债权、利用财产，但债务人一直在利用该部分财产。①并且，一方面债权人怠于行使权利说明该部分财产对其经济价值甚微，另一方面债务人积极利用财产说明该部分财产对其颇具经济价值。如企业或个人向银行贷款之时，企业或个人利用款项所生之效益，可能远胜于银行利用款项所生之效益。(2)立论者的论证，建立在其认为消灭时效制度具有促进财产流转功能的立论前提之上。然而，认为消灭时效制度可促进财产流转，不过是强加给消灭时效制度的无法承受之功能。第一，当事人积极行使权利的动力，是有利可图，而非消灭时效。如果消灭时效可促使权利人行使权利、促进财产流转，所有债权人都会在消灭时效期间内竭尽全力地行使权利，然而何以诸多债务人在法庭上成功主张消灭时效抗辩？第二，认为消灭时效制度具有促进财产流转功能的观点，是计划经济的法学遗产。在计划经济下，因主体缺乏利益驱动性，有必要通过消灭时效制度及经济主体责任制度，促进财产流转。而在市场经济下，有利可图才是促进财产流转的动力。查询各国立法理由之说明，传统大陆法系国家皆从减轻债务人举证证明清偿债务的角度证成消灭时效的正当性，最多亦仅认为其消极地对“睡大觉的懒

① 孙鹏：《去除时效制度的反道德性——时效制度存在理由论》，《现代法学》2010年第5期。

人"实施惩罚，亦绝未认为其能积极地促进财产流转。认为消灭时效制度负担促进财产流转的功能，无疑使其承担了难以承受之重。

综上，禁止当事人约定消灭时效期间的理由，或出现消灭时效功能定位偏差，或止于表象分析，皆无法成立。允许当事人在一定期限范围内约定消灭时效期间，并不会损害个人利益或公共利益。

三、消灭时效期间法定性软化的正当性及软化路径

（一）法定性软化的正当性

1. 消灭时效期间的约定仅影响当事人的利益，应遵循意思自治原则。从前述分析可知，约定延长或缩短法定的消灭时效期间，只会影响债权人寻求公权力保护的期限及债务人援引时效抗辩的时间，并不会损害第三人利益、财产利用效益及司法裁判效率。既然其仅影响私人利益，并不损害公共利益，法律就没有理由加以禁止。《德国债法现代化法》的起草者在立法理由中即明确说明，法典准许加重或减轻时效的约定，较之原有立法更多地考虑了合同当事人的意思。[①]如前所述，我国立法规定一般消灭时效期间为三年，当事人约定消灭时效期间为一年、四年，并不会损害公共利益，笔者找不出任何令人信服的理由去认定该约定无效，没有任何理由不允许当事人自主安排利益、自主约定消灭时效期间。允许当事人约定消灭时效期间，会让人担忧强势主体胁迫弱势主体约定消灭时效期间的风险。此种风险确实存在，但并不足以为忧。债权人利用优势地位要求延长法定消灭时效期间，并不会损害债务人利益，因为债务人本应清偿债务，且限制最长期限，亦不会使债务人因清偿证据灭失而面临债权人提起恶意诉讼的风险。相反，债务人利用优势地位

① 朱岩编译:《德国新债法——条文及官方解释》，法律出版社2003年版，第29页。

要求缩短法定消灭时效期间，则可能会损害债权人的利益，如工程发包方与承包方就工程款债权、开发商与购房者就商品房质量瑕疵违约责任、用工单位与劳动者就工资债权，约定短期消灭时效的情形。此种风险虽然存在，但是可通过限制最短消灭时效期限及保护弱者的特别规定予以控制。

2. 允许当事人在一定期限内约定消灭时效期间，可弥补消灭时效期间设定偶然性的缺陷。(1)各国或地区设定消灭时效期间，具有极大的随意性，二年、三年、十年、二十年、三十年等长短不等，并不一定与当事人利益相符。即使同一国家或地区，在不同时期亦会规定长短不一的期间。立法者何以将一般消灭时效期间确定为二年、三年、十年、二十年、三十年？其并无确切理由，仅是对社会经济发展现实做出一个较为主观的认定而已。由此，无可回避的事实是:法定时效期间的长短并不总是与当事人的利益相符。《欧洲合同法原则》即明确指出，无论三年的消灭时效期间还是其他的期间规定，都无法符合所有类型请求权的趣味并照顾到所有可想象的情形。任何法律制度在实践中的效用都不是一成不变的，而是或多或少存在变动的空间，“每种平衡性解释都可被允许对其予以排除”，消灭时效制度也不例外。①(2)既然法定消灭时效期间的确定具有极大随意性，并不一定符合现实需要，那么在一个最短或最长期限的范围内，授予当事人意思自治约定消灭时效期间的权利，何乐而不为？如此，一方面，可保障消灭时效的适用，避免当事人通过约定过长的期限而规避消灭时效的适用，避免当事人通过约定过短的消灭时效而损害债务人的利益；另一方面，又可使当事人结合具体情况在该期限范围自主约定一个与交易现实相符合的期限。例如，在将一般消灭时效期间规定为二年时，立法可规定当事人可约定缩短或延长时效期间，但不得缩短至少于一年或延长至超过五年。较之僵化的二年或三年固定期限，其无疑更加能够适应具体交易关系的要求，满足当事人的利益需求，理应加以肯定。

① 杜贵波、冯恺:《诉讼时效的法定性解析》,《东岳论丛》2009年第6期。

3. 允许当事人约定消灭时效期间，亦是现实的需要。（1）赋予当事人灵活的自主决定权，符合效益原则的要求。第一，允许延长法定消灭时效期间，可使债权人省去中断消灭时效期间的麻烦。《民法通则》有关消灭时效的规定受立法当时计划经济体制的影响，彼时订立合同多以年度计划为标准，为保证国家计划的实施与合同的及时履行，自然规定了二年这一较短的消灭时效期间。[①]但该期间适用于现时经济生活，稍显短暂，即一方面，因为诉讼要消耗经济成本和时间成本，且能否最终实现债权尚取决于债务人有无可供执行的财产，所以在债务人缺乏清偿能力时，基于须垫付诉讼费用、受执行期间限制等因素的考量，起诉并非债权人的最佳选择。为保障债权受法律保护，债权人就必须不断地中断消灭时效且保全曾中断消灭时效的证据，而债权人单方面做出的主张债权的证据不能被法院采信，为此需绞尽脑汁、大费周章地保全能获法院支持的证据。《诉讼时效司法解释》详细规定了时效中断事由，即旨在克服这一缺陷。另一方面，合同当事人有可能并非为一次性交易，而是长期的交易关系，往来交易非须在短暂的二年时间内就必须结算清楚，《民法通则》规定的二年消灭时效与之并不相符。《民法总则》将普通消灭时效期间延长为三年，但前述问题仍然存在。第二，反之亦然，允许缩短法定消灭时效期间，可促使债权人及时主张权利，以快速清算债权债务关系，从而满足交易迅捷的需求，这尤其体现于小额交易情形。（2）既然法律规定不得约定消灭时效期间，而法定消灭时效期间又并不适合具体的交易关系，自然使实务中的交易主体通过约定加重时效起算条件等而实现约定消灭时效期间的目的。这种迂法行为，会引致复杂的事实认定问题，会引发更多的纠纷。正如《德国债法现代化法》理由书所言，在德国实务上，早已经通过迂回的途径使延长时效期间合法化，因此在讨论草案时，就已经将此事实状态列入考量，其目的也在于大幅调降消灭时效期间后，给当事人以较多的私法自治空间。准许约

① 赖怡芳、王晓丽：《德国新债法时效制度变革及启示》，《华南理工大学学报（社会科学版）》2009年第1期。

定延长时效期间亦有助于法律的明晰，因为有了本条规定之后，实践中就无规避法律规定之必要。

就此，可以案例予以说明：2006年2月7日，李某向尹某借取现金10万元外出做生意，书面约定在一年内偿还，尹某害怕李某长年在外难以要求其偿还，考虑到消灭时效问题，于是与李某约定消灭时效期间为五年。后李某一直在外经商，直至2010年3月才回老家，并拒绝清偿尹某的借款，尹某遂将其起诉至法院，要求清偿本金及利息，李某则主张双方有关消灭时效期间的约定因违反法律禁止性规定而无效，尹某的债权消灭时效期间已届满，请求法院驳回诉讼请求。[①]此时，李某与尹某约定延长消灭时效期间乃是其真实意思表示，该约定并不会增加其实体债务，亦不会增加其证明自己已履行债务的难度，并不会增加法庭审理的难度，更不会损害社会公共利益，自应按照意思自治原则为自己的行为负责，法律有何理由加以禁止？有何理由认定该约定无效以支持债务人出尔反尔的不诚信行为？何以僵化地限定为二年（指《民法通则》的规定）消灭时效期间，迫使债权人尹某做毫无经济价值的中断消灭时效工作？再如，2009年11月20日，张某与黄某签订了一份服装买卖合同，约定张某向黄某提供300套童装，黄某在收到货后的一个月内付款，同时约定因该合同产生的债权纠纷的消灭时效期间为一年。[②]此时，合同交易当事人为促进交易迅捷、免受交易关系长期纠缠之累赘，遂约定一年的消灭时效期间，有何不可？当事人放弃自己的实体权利尚且可以，约定短期的消灭时效期间，不对实体权利义务产生任何影响，只是促使交易关系早日了结，提高交易效率，这不正是消灭时效所追求的价值？法律有何理由加以禁止？经由受神权政治或世袭制度制约的实质和无形式的目的理性的曲折道路，法律发展为越来越专业化的、逻辑的理性和系统性。[③]但是，这一体制化的系统世

---

①《诉讼时效不可约定延长》，http://china.findlaw.cn/info/minshang/minfa/susongshixiao/sssxyc/106266.html，访问日期：2011年10月15日。

②《约定缩短诉讼时效期间不具有法律效力》，http://www.xxcb.cn/show.asp?id=930975，访问日期：2011年10月15日。

③ [德]马克斯·韦伯：《经济与社会（下）》，林荣远译，商务印书馆2004年版，第201页。

界亦与原始的生活世界发生断裂，面临脱离、淡忘甚至殖民社会的风险。如马克思所言，立法者不是在制造、发明法律，而仅是在表述法律，把精神关系的内在规律表现在有意识的现行法律之中。如果一个立法者用自己的意向来代替事物的本质，那么我们就应该责备他极端任性。[①]受思维定式之禁锢，我们从未曾反思消灭时效这一技术性规范，然而体察当今世界立法趋势，法国、德国等无不将消灭时效期间绝对法定的陈旧理念抛弃在历史的尘埃中，不约而同地软化消灭时效期间法定性，而消灭时效期间绝对法定性的理由根本无法成立，我们不可故步自封、冥顽不化，使民众受消灭时效这一技术性规范的奴役。

（二）法定性软化的路径

1. 允许当事人约定缩短、延长法定消灭时效期间。消灭时效主要关系当事人之间的利益，且消灭时效法定期间的确定具有极大的随意性，法律应允许当事人约定延长或缩短法定消灭时效期间，以符合交易的现实需要。当事人可以基于交易的具体情况，对金额较小的现时交易，约定较短的消灭时效期间；对数额较大的持续性交易，约定较长的消灭时效期间。当事人没有约定的，则依法定的消灭时效期间。

2. 当事人可约定缩短或延长法定消灭时效期间，但受最短、最长期间限制。因为倘若不设定最短期限，允许当事人约定过短的消灭时效期间，则可能会使债务人实质剥夺了债权人的公力救济请求权；倘若不设定最长期限，允许当事人约定过长的消灭时效期间，则可能会使债权人规避了消灭时效的适用。如约定消灭时效期间为一星期，则相当于剥夺了债权人的公力救济请求权。基于我国《民法总则》规定一般消灭时效期间为三年的现实基础，参照法国民法典及欧洲私法统一的相关规定，宜规定约定消灭时效期间最短不得短于一年，最长不得长于五年。

① 马克思、恩格斯：《马克思恩格斯选集（第1卷）》，中共中央马克思恩格斯列宁斯大林著作编译局译，人民出版社1965年版，第183页。

3. 实践公平价值，规定例外情形。(1)当事人不得约定缩短侵权之债的消灭时效期间。与合同之债不同，侵权之债属于法定之债，且侵权人有较强的可谴责性，因而不允许当事人约定缩短法定消灭时效期间。正如《德国民法典》第202条规定，因故意承担责任的，不得通过法律行为事先减轻消灭时效。(2)严格控制格式合同关于时效期间的约定。如前所述，应防范债务人利用优势地位要求缩短法定消灭时效期间，从而损害债权人的利益。一方面，应限制当事人在法律规定的消灭时效期限范围内约定消灭时效期间，不得短于法定最短消灭时效期间；另一方面，应运用规制格式条款的相关规则认定当事人间约定的效力，并借鉴德国、欧洲统一私法规制模式，特别限制有关消费者权利时效期间的约定。

第三章

取得时效制度的功能甄别与法权塑造

取得时效制度旨在鼓励人们利用他人闲置之物，达到物尽其用的效果，弥补形式主义可能造成的所有权取得方式的缺陷，消除物权不确定的状态。取得时效作为一种财产权取得方式，几乎与财产制度一样古老，早在公元前451至公元前450年的古罗马《十二铜表法》就规定了动产取得时效为一年，不动产取得时效为二年，此后历经罗马法学家的完善，最终在《法学阶梯》中形成较为完整的体系。作为罗马法继承者的《德国民法典》《法国民法典》《瑞士民法典》《意大利民法典》都对取得时效制度进行了规定。取得时效作为一项重要的民法制度，因其有悖于我国传统的“拾金不昧”“物归原主”的思想，最初并不为我国民法理论界所接受。但改革开放后，随着市场经济的逐步形成以及民法基础理论研究的不断深入，学者们逐渐认识到取得时效制度的目的及现实功用，取得时效制度逐渐成为民法学术研究的重要领域。2002年全国人大常委会法工委印发的《中华人民共和国民法(草案)》第一次明确地规定了取得时效制度，但遗憾的是后续的相关立法文本删除了取得时效制度的规定。其根本原因在于学界对取得时效的适用前景和制度构造存在较大争议，且难以达成共识。时隔十余年，取得时效制度在我国《民法总则》的制定过程中又被提上议程，但遗憾的是其再次错过了难得的历史契机。由此可见，取得时效制度本身面临的理论争议和实现困境亟须学者的分析与理清，从取得时效的制度目的、适用范围、构成要件、法律效果等方面深入分析研究取得时效制度，构建符合我国社会实际需要的取得时效制度，为新时代中国民法典的科学立法提供可供借鉴的知识资源。

第一节 取得时效制度的正当性证成

取得时效是一种财产权获取制度,并且它还是一种以特定期间经过为必要条件的财产权取得制度。相对于民事交易领域中经常发生的以法律行为为手段的物权取得方式,取得时效属于法律行为以外的"另类"财产权获取路径。由于缺乏财产权转让的有效意思表示,仅仅因为期间的经过就发生财产权的转移,这对于普通民众以及部分法学家来讲都是匪夷所思的,无怪乎连伟大的霍尔姆斯法官都要发问:因为时间流逝而剥夺个人权利的正当性为何,难道权利因此就完全成为恶了吗?[①]与它的孪生姐妹消灭时效一样,取得时效自诞生之初就背负着深深的"原罪",即其时刻要经受人们对其存在正当性的质疑与拷问,而对取得时效制度正当性基础的回答也就包含了取得时效制度体系构建的神秘代码,即只有回答了取得时效制度为什么存在之后,才能够对构建怎样的取得时效制度这一问题予以回答。

一、取得时效制度正当性的传统证成路径

其一,惩罚权利上的"睡觉者",督促权利人及时行使权利。在这一取得时效制度的正当性论证中,学者的价值取向是非常明显的,即财产权人在单边行使诉权就可以使取得时效发生中断的情形下,竟然容许非权利人数年甚至数十年对其财产予以利用,而未采取应有的方式要求非权利人予以返还,这一事实的存在充分说明财产权人是慵懒的,而占有财物的非权利人则是勤勉的,基于以上事实又可推断出该财产对权利人来说是多余的,而对实际占有的非权利人的生计来说则是弥足珍贵的。因此,"天之道,损有余而补不足",应该对"躺在权利上睡大觉"的人予以惩罚,剥夺其财产权,而将其赋予

① Holmes, *The Path of the Law*, 10Harv. L. Rev.(1897), P.476.

生计艰难的非财产权人。这一取得时效的正当性论证中，取得时效制度的道德意味表露无遗，其不仅符合人们基于朴素的正义观念对法律制度的期许，同时也在一定程度上符合现代民法财产权社会化的一般要求，即财产权的行使要符合社会整体效益最大化的要求。

其二，保护财产占有人不受陈腐诉讼请求之干扰。这一取得时效的正当性论证认为，时间的流逝有利于证明财物占有人合法权源的证据逐渐灭失，如果允许非占有人在任意期间对财物提出诉求，则可能使得财产权人难以提出有利于自己的证据，进而不利于财产权人合法权利的维护。取得时效制度的这一功能被称为"和平功能"，即维护经年累月形成的社会秩序的稳定，义务人不应被长期未行使的请求权所打扰。[①]例如，甲乙双方买卖一幅名画，双方钱货两清，但甲未向乙交付所有权证书，乙事后也未向甲要求交付，双方在二十年间相安无事。但甲死后其继承人丙发现该名画的所有权证书，并以此要求乙返还该画。此时因为时间间隔已久，乙难以提出足以证明自己合法权属的证据。取得时效的功能就在于使长久形成的占有事实获得法律上的权利推定效力，乙即使没有获得权利证书也可以基于取得时效获得该幅画的所有权。

其三，减少审判成本。这一取得时效正当性的论证思路是，在满足取得时效的构成要件时赋予占有人一方合法财产权可以避免原权利人长时间不行使权利导致法院在调查取证以及认定事实时花费成本巨大。特别是在我国当前司法资源较为紧缺的情况下，将一定期间的占有事实权利化，拒绝原权利人的返还请求可以降低法院审理案件的数量，从而直接降低审判成本；能够避免法院将现在的标准应用于以前的案件，避免事实上法律判断的溯及，从而提高审判的准确度，降低不准确的审判带来的负面成本。这一取得时效制度的正当性论证跳出了传统的逻辑论证窠臼，而是采取了一定法经济学的论证思维，充分发掘了法律制度背后深层的经济原因。正如波斯纳法官所言：

① 柳经纬：《关于时效制度的若干理论问题》，《比较法研究》2004年第5期。

"对公平正义的追求，不能无视其代价！"同样，取得时效制度的正当性还在于法院在追求明察秋毫和明镜高悬时，也不能无视其代价。[①]

其四，保护信赖利益。这一取得时效正当性论证又可以分为两个方面：一方面是保护非权利人的信赖。即非权利人基于对权利人长期不行使原物返还请求权的事实状态的信赖，认为原权利人默示放弃了其享有的财产权利。同时，非权利人基于这一信赖而积极地对其占有的财产予以改良或添附，对其注入了自己的心血，因此法律应该对非权利人的这一信赖予以保护。另一方面是保护第三人的信赖。此处第三人包括了与非权利人就事实占有的财产形成法律关系或事实关系的任意第三人。正如学者所经常予以引证的那样，第三人基于对非权利人资力的信任而与其进行交易行为，而原权利人长时间不行使权利的事实使第三人对非权利人的资力形成了判断，因此应该对第三人的这一信赖予以保护。取得时效制度保护信赖的功能其实是其和平功能的具体展现，即法律制度必须要对长期以来形成的社会生活秩序予以维持，这正是法律制度预见功能的基本体现。

以上观点对取得时效正当性的论证看起来似乎是充分可靠的，但是相关学者也基于不同的观察视角对其论证予以了深刻的反思与批判，这对于我们深刻洞悉取得时效制度的正当性依据具有重要的研究价值。例如朱虎教授就对以上四点论证予以了尖锐的批判。首先，权利人享有不行使权利的自由，并且权利人不行使权利没有损害他人利益，因此就没有理由惩罚权利人。其次，针对保护义务人举证困难的正当性论证，朱虎教授认为"没有任何证据能够证明，利于义务人的证据比利于权利人的证据更快灭失"。[②]王轶教授对此也发出了自己的疑问，"缘何为了避免义务人的举证困难，就要牺牲权利人的利益？二者同属民事主体私人利益的范畴，缘何厚此薄彼？"[③]再次，针对降低审判成本这一论证依据，朱虎教授也认为该审判成本主要指的是法院

① 熊秉元：《正义的成本——当法律遇上经济学》，东方出版社2014年版，第251—253页。

② 朱虎：《返还原物请求权适用诉讼时效问题研究》，《法商研究》2012年第6期。

③ 王轶：《民法原理与民法学方法》，法律出版社2009年版，第71页。

依职权搜集和调查证据，但在举证责任制度已经被确定的情况下，该功能会被大大限缩。最后，保护信赖的观点也饱受学者们质疑。孙鹏教授认为不管是义务人抑或第三人都不存在信赖保护的基础：其一，在义务人明知占有他人之物的场景中，不管经过了多久的时间都不能赋予其财产权，因为原权利人丧失实施管控的直接原因就是义务人未履行返还义务，如果此时以取得时效为由赋予义务人以所有权无疑是在助长义务人的不当贪欲。其二，取得时效完全异质于善意取得。二者不管是在构成要件或保护对象上都截然不同，在善意取得制度就可以为第三人提供信赖保护的情况下，再利用取得时效制度就是多此一举，而且以取得时效制度对第三人信赖保护的作用来论证对义务人适用取得时效制度的必要性也不由让人心生牵强附会之感。[①]

可以说学者们对证成取得时效制度正当性的传统观点的批判是较为深刻的，其直接触及了取得时效制度的根基，使我们不得不认真思考取得时效制度的基础性问题，因为根据功能主义的一般观点，一项制度的功能指向决定了这一制度的根本性质与内在构成，因此只有真正把握了取得时效制度的功能指向和正当性基础才能设计出科学的取得时效制度。

二、道德祛魅后的取得时效制度正当性之证成

通过对取得时效正当性证成传统观点的考察我们可以得知，传统理论对取得时效制度正当性的证成存在着一种较为明显的道德偏向，即将该制度建立在对原所有权人道德谴责的基础之上。即“惩罚不行使权利者”，同时让义务人陷入一种难以自拔的炙热关怀中，认为“非所有人对闲置废弃的不动产长期占有使用，该不动产往往就成为其赖以生存发展的物质基础。一旦失去该不动产，则将从根本上动摇其生存基础，损及生存利益”。[②]一般来看，一定

① 孙鹏：《去除时效制度的反道德性——时效制度存在理由论》，《现代法学》2010年第5期。

② 喻文莉：《取得时效之客体研究》，《法律科学（西北政法大学学报）》2003年第2期。

期间的经过导致权利消减特别是所有权的灭失是一件令人匪夷所思的事情，因为所有权作为一项绝对、完全物权，其在存续期间上表现为永久性，在权利行使上则表现为任意性。因此所有权者享有利用或不利用所有物的自由，而且这一权利不会因权利人未予行使而消灭，这是近代法治国家宪法中“所有权神圣不可侵犯”的基本价值指向。因此，作为权利消减原因的取得时效制度被过于草率的主观道德偏向严重掩盖了其真正的制度功效，而对取得时效制度真实功效的发掘首先就要摒弃当前大行于世的道德偏向立场。取得时效正当性的道德祛魅之后，取而代之的将是一种更具资源配置效力并符合社会一般事实的实证主义论证路径——基于占有外观的权利推定。

权利推定对取得时效正当性的证成具有坚实的现实基础，1975 年《法国民法典》第 2219 条规定：“时效是指，按照法律确定的条件，经一定的期间，取得财产所有权或者自行免除义务的一种方法。”第 2265 条规定：“依据正当的证书善意取得不动产的人，如真正的所有人居住在该不动产所在地的国王法院（上诉法院）管辖区内，经过十年，得因时效之完成而取得该不动产的所有权；如真正的所有人居住在该法院管辖区以外，经过二十年，善意取得人即可取得该不动产的所有权。”而《德国民法典》第 900 条第 1 款中规定：“作为土地所有人被登记于土地登记簿而未取得所有权的人，如登记已存在三十年，且其在此期间内自主占有土地，则取得所有权。”第 937 条第 1 款规定：“自主占有动产达十年的人，取得所有权（取得时效）。”第 937 条第 2 款规定：“取得人在取得自主占有时非为善意，或后来获悉所有权并不属于自己的，取得时效被排除。”此外，《德国民法典》第 1033 条还规定了动产上的用益权的时效取得，准用于动产所有权的规定。《日本民法典》第 162 条规定：“以所有的意思，二十年间，平稳而公然占有他人之物的，取得该物所有权。以所有的意思，十年间，平稳而公然占有他人不动产的，如果该占有自始为善意且无过失的，则取得该不动产的所有权。”因此，通过观察以上传统大陆法系国家对取得时效的具体规定可以得知，取得时效主要包括了以下构成要件：(1)在占有的形态上必须是自主、公然、持续、和平占有；(2)在占有的期间上必须是持续占有且经过相当长的时间；(3)在占有的主观状态上善意、恶意均可，但其直接影响取得时效期间的长短；(4)占有的客体往往是动产。因此，以最为典型的动产取得时效为观察视角，我们可以较为清晰地发现取得时效制度的正当性基础。

在民事交往领域，占有与登记构成了物权的权利外观，也即占有与登记的权利推定效力。在动产领域，占有的权利推定作用主要是通过一系列的具体制度设计予以实现的，其中最为典型者当属善意取得制度，为了保护善意第三人对无权处分人占有外观的信赖，维护交易安全，从而选择牺牲了真正所有权人的利益。取得时效制度具有同样的权利推定效用，即推定满足一定条件的占有人享有所有权，而权利证书上记载的权利人失去所有权。此时可能存在的疑问是占有事实何以能够直接对抗权利证书的记载？取得时效制度为何作出了占有人是真正权利人的法律论断？笔者认为，取得时效制度历经千年时光的洗礼而成为一项普遍为现代法治国家所接受的法律制度，充分说明了其适用结果是符合大多数场景中的权利归属事实的，至少是并不经常导致权利归属判断的错误。按照取得时效的一般概念，其是指占有他人之物或行使一定的财产权，经过一段期间，以法律规定而取得所有权或其他财产权。按照王泽鉴老师列举的典型案例：甲赠某件古董给意识清醒的受监护宣告之人某乙，并依让与合意交付之，因乙系无行为能力人，当事人间的法律行为系属无效，动产物权不因此而发生转移，但乙以所有之意思，十年间、公然、继续占有该古董者，仍能取得其所有权。[①]其实这一示例并不能真正地反映出取得时效制度的实质功能，在取得时效制度适用的真实场景中，漫长时光的经过使得物权发生转移的基础法律关系变得模糊，时间的流逝使权利证书上记载人与事实占有人之间真实的法律关系难以查清。所以取得时效的定

① 王泽鉴：《民法物权》，北京大学出版社2015年版，第134页。

义中“占有他人之物”的规定是不准确的，因为在权利证书记载人与物的实际占有人不一致的时候，该物的真实状态是所有权不明而非必然是占有人无权占有，而取得时效制度则是赋予了高质量的占有以更强的所有权证明效力，即在占有人自主、公然、和平、持续占有动产达到一定时间时推定占有人是物真正所有权人。正如上文所言，在取得时效制度道德祛魅以后，长期占有导致权利消减的论证其实并不能获得足够的支撑，特别是在占有人为恶意的情形下，仅仅基于期间的经过在保护原权利人与占有人之间作出谁更值得保护的选择，无疑是逼着立法者对“活着或是死去”这一哈姆雷特式的难题作出回答。所以，取得时效制度获得正当性的根本原因是立法者在面临上述两难境地时选择了一种大多数情形下更接近于事实的推定，即长时间的有效占有比权利证书更能证明权利归属。只有认识到取得时效制度的权利推定作用才能够真正把握取得时效制度设计的根本动因，也才能够在法律构成要件上对其予以合理设计。

第二节 取得时效的客体范围

各国或地区对取得时效的客体的规定有所不同，法国延续罗马法的规定，其取得时效的客体主要为所有权，德国与瑞士民法典将客体延伸至以占有物或者权利为要素的限制物权，日本、俄罗斯以及我国台湾地区则将取得时效客体进一步扩展，除所有权外，还包含其他一般财产权。[①]我国取得时效是采用限缩客体的立法模式抑或采取相对宽松的立法模式，关系到整个取得时效制度的构建，因此在此首先讨论取得时效的客体范围。笔者认为取得时效的客体范围应当包含所有权及其他一些财产权，下面将分别进行分析。

① 温世扬、廖焕国:《取得时效立法研究》,《法学研究》2002年第2期。

一、所有权适用的正当性

不论采用何种立法模式，取得时效的客体都包含了所有权。所有权的时效取得是整个法律制度的重要部分，也是取得时效发生最常见的情形。虽然因时效取得所有权最为常见，但并不意味着所有权的时效取得在学界不存在争议，事实上所有权所涉之客体范围在学界一直存在争议，例如其适用范围是否均适用于动产与不动产，是否无差别适用于所有的财产等。

1. 动产。动产本为取得时效最普遍的适用对象，《德国民法典》第937条、我国台湾地区“民法”第768条都规定了动产所有权的时效取得。但在法国，在善意占有动产的情形下，善意占有人通过“即时取得”（acpuis instantanemen）即可取得其所有权。因此，以占有达到一定期间为条件的取得时效，只有可能适用于恶意占有有形动产及经注册登记的动产（船舶、航空器等），而不适用于其他有形财产。然而，由于一些须经注册登记的动产所有权只有通过公开的登记注册方能取得，故取得时效对其不能适用；而动产恶意占有人在三十年后对动产的取得更多的是基于消灭时效而非取得时效，故取得时效仍对之不能适用。因此，法国的取得时效制度主要适用于不动产。[①]就本质而言，立法规定取得时效客体仅限于不动产的主要原因在于动产大多是价值较低的、可替代的消耗物，取得时效是在原权利人利益与实际占有人利益之间不断衡量后不得不的一种取舍，为避免原权利人利益轻易受到损害，取得时效的期间规定不宜过短，即便是取得动产所有权也需经过数年。因此时效经过之后动产很有可能已经毁损灭失，规定动产适用取得时效则失去了意义。笔者不否认上述情形存在的可能性，但仅因动产存续时间相对较短而否定其适用取得时效制度的必要性则无异于因噎废食，更是忽略了古玩字画历经千年不灭的客观事实。动产与不动产相比虽然容易损毁灭失，但这一问题完全可

---

① 尹田：《法国民法上的取得时效制度》，《法学评论》1998年第2期。

以通过动产特殊的取得时效构成要件设计予以克服，这也是域内外民法典取得时效制度对动产和不动产“分而治之”的根本原因所在。因此，应该将动产纳入取得时效制度的适用范围。

同时，也有学者主张在我国已经确立成熟的善意取得制度的情况下，不必再移植其他国家负担善意保护使命的短期取得时效。此一观点认为取得时效制度与善意取得制度存在重合，于动产而言可以择一适用。笔者对此不以为然，虽然取得时效制度与善意取得制度具有一定相似性，如均由原权利人之外的人取得权利，均具有保护第三人信赖利益的作用等等，但二者的区别仍然是明显的，其作用并未完全重合，不能因为我国已经规定了善意取得制度，就否认取得时效构建的必要性。二者的区别表现在以下方面：第一，二者物权获取行为的性质不同。善意取得是基于法律行为而发生，善意第三人通过支付对价并取得占有（或登记）获取物权的法律制度设计。而取得时效制度则是基于一定的事实行为而发生的，不以交易为必经程序且不需要支付对价的物权取得制度。第二，二者的保护对象不同。善意取得制度重在保护善意第三人的信赖利益，但并不因对第三人利益的保护而延及对无权处分人的保护，而取得时效制度直接的保护对象是事实占有人，通过赋予事实占有人以所有权间接地保护第三人的信赖利益。第三，二者成立的主观要件不同。善意取得制度要求第三人必须善意，即有合理的理由相信无权处分人是权利人，从而在原权利人与第三人间作出保护第三人的选择，但从域外立法例看来，取得时效制度并未将占有人善意作为必要成立要件，占有人是否善意仅影响取得时效期间的长短，可见对占有人主观状态的辨识并不是取得时效制度设立的初衷。第四，二者的法律后果不同。善意取得制度的法律后果是第三人取得所有权，原权利人丧失所有权，同时失去了原物返还请求权，但对无权处分人仍享有不当得利返还请求权，而取得时效经过后，占有人获得了所有权，原权利人丧失了全部的物上请求权和其他返还请求权。由此可知，善意取得制度与取得时效制度并不能相互替代，二者应作为独立的制度构成存在于民法制度的框架中。

学者们之所以会将取得时效制度与善意取得制度予以对比，主要是因为短期时效取得制度的存在。所谓短期取得时效主要是与长期取得时效相比较而言的，其在构成要件上更加重视占有人的主观善意，并且要求的占有期间较短，因此让人产生了恍如善意取得制度的幻觉。例如我国台湾地区“民法”第768条规定：“以所有之意思，十年间和平、公然、继续占有他人之动产者，取得其所有权。”但在后来物权编修订中另增加第768-1条规定：“以所有之意思，五年间和平、公然、继续占有他人之动产，而其占有之始为善意并无过失者，取得其所有权。”与长期取得时效相比，短期取得时效更加注重占有人的善意。为何善意在取得时效中具有如此重要的法律价值评价从而使其占有期间大打折扣？对这一问题的回答还需要从取得时效制度的权利推定功能入手，即“善意+自主+公然+和平+继续占有”获得了比所有权证书记载更强的推定力，因此基于保护社会秩序和交易安全的需要可以赋予该善意占有人以所有权。而恶意占有人取得时效期间更长的原因也正是在于其存在主观的可归责性，因此其所有权的获取需要经过更长的时间来弥补，此时取得时效制度的功能更加体现为既有社会秩序的维持以及面向未来交易活动的产权厘清。这也正是取得时效制度所具有的权利推定与秩序维持功能的鲜明体现。

2. 不动产。学者们支持取得时效适用于不动产的主要原因是不动产登记制度的落后以及可能存在的错误，不动产登记制度的建立是一项耗资巨大的工程，中华人民共和国成立初期由于不动产登记制度的缺失，因此大量不动产的产权归属存在争议。因而不动产适用取得时效不失为一种高效可行的权利界定方式。[①]但有的学者则认为不动产登记制度已相对完整，无论是城市不动产登记，抑或是农村的不动产权利确认均已基本形成体系。不动产登

① 喻文莉：《取得时效之客体研究》，《法律科学（西北政法学院学报）》2003年2期。

记具有公示公信的效力，并以国家信誉作为不动产权利归属的担保，在我国当前不动产登记制度逐渐完善的背景下，似乎并没有为取得时效制度留有多少适用的空间。笔者认为该观点尚值得商榷，即使在当前不动产登记制度已经较为完备的社会背景下在事实上仍然存在着不动产买受人长期事实占有而未登记的情形，例如甲乙订立房屋买卖合同，乙交付房款并对房屋进行占有使用，但该房屋自始就未进行过不动产登记，因此难以办理过户，乙对房屋实际占有三十年间甲也并未提出任何异议。此时，取得时效的适用明显是具有重要意义的，即乙可以通过向房屋登记管理部门证明自己三十年间自主、公然、持续占有该不动产而要求在登记簿上将自己登记为不动产所有权人。而房屋登记管理部门也可以基于取得时效制度推定该占有人为房屋的真实权利人，通过不动产登记稳固长期形成的社会秩序，并为以后可能出现的房屋买卖提供产权证明。同时，取得时效制度还可以为集体土地所有权的确权提供制度供给，1995年原国家土地管理局颁布的《确定土地所有权和使用权的若干规定》第21条中规定：农民集体连续使用其他农民集体所有的土地已满二十年的，应视为现使用者所有。这也是取得时效制度存在必要性的例证。

有学者认为在我国不动产登记制度已基本完善的情况下，不动产的占有取得仅适用于尚未登记的不动产。[①]我国台湾地区“民法”第769条也规定：“以所有之意思，二十年间和平、公然、继续占有他人未登记之不动产者，得请求登记为所有人。”之所以立法会对不动产作出“他人未经登记”的范围限制，主要是基于不动产登记所具有的强大的权利推定作用。正如上文所言，取得时效制度存在的正当性在很大程度上来自于其权利推定作用，特别是在占有作为动产所有权权利外观的场景下，占有人与真正权利人在很大程度上是一致的。而在不动产的场域中登记的公示公信效力在很大程度上要强于占有的公示公信效力，但存在疑问的是如果占有具有了加强要件，即持续三十年

①柳经纬：《关于时效制度的若干理论问题》，《比较法研究》2004年第5期。

善意、自主、和平、公然占有登记为他人的不动产是否可以因时效而取得不动产所有权？这里涉及的根本问题是在不动产领域中占有在何种情形下具有比登记更为强大的权利推定效力。《瑞士民法典》第662条第2款规定："在前款的相同条件下，在不动产登记簿中记载的土地原所有人不明，或在三十年占有时效开始时，原所有人已死亡或被宣告为失踪，现占有人，同样取得所有权。"从这一规定来看，登记的不动产也可以适用取得时效制度，只不过此时的场景局限于时效起算时原所有权人已经死亡或被宣告失踪。与此同时，根据《瑞士民法典》的规定，此时占有人取得不动产所有权还需要经过公示催告程序，只有经过公示催告期间无人提出异议或者异议提出被驳回，才能根据法官的命令办理所有权登记。

但就取得时效的制度目的来看，其实际上是赋予了长期有效占有以更强的权利推定效力，虽然登记作为一种以国家信用为支撑的权属证明方式，其直接决定了不动产物权的得丧变更。就前述案例而言，甲享有房屋的产权证书，而乙持有房屋买卖合同并有效占有该房达三十年，乙的占有构成有权占有，甲不能要求乙返还房屋。因此，如果不承认该情形适用取得时效会导致所有权名义与利用事实的两分现象，尤其不利于保护乙的权利。此时房屋买卖基础关系与有效占有的结合应该具有比登记更强的权利推定力，使乙获得房屋的所有权。因此，占有和登记同作为权利证明，不应一味地褒登记而贬占有，基于正当权源的有效占有具有比登记更强的权利推定力。同时就那些以占有为成立要件的他物权来说，如用益物权，不动产是否登记也不影响用益物权的时效取得，其原因还是有效的长期占有具有权利推定作用。

二、其他财产权的适用

纵观各国立法体例，取得时效的客体范围有扩大趋势，罗马法上取得时效仅仅适用于动产与不动产所有权,而德国承继取得时效制度后将其范围扩张到所有权之外的以占有为要素的限制物权。《日本民法典》则进一步使其范围延伸至一般财产权,其第163条规定:“以为自己而为的意思,平稳而公然行使所有权以外的财产权的,按照前条的区分,于二十年或十年后取得该权利。”我国台湾地区“民法”第772条规定:“前五条之规定,于所有权以外财产权之取得,准用之。于已登记之不动产,亦同。”取得时效范围的扩大一方面反映了现代商品经济社会从重视物的归属到注重物的利用的历史流变,另一方面则是出于保护社会上涌现出的各种类型的无形财产权(如知识财产权)的特殊需要。根据社会经济发展的实际需要将取得时效的客体范围予以扩展,能够促进物的利用和效率,但取得时效的适用范围不是无限扩张的,哪些财产权可以适用于取得时效还要结合该财产权的行使方式予以具体判断。

1. 用益物权。我国《物权法》规定了承包经营权、建设用地使用权、地役权、宅基地使用权四种类型的用益物权,取得时效制度适用的主要条件就是长时间对他人财产进行占有,而以上四种类型的用益物权都满足了取得时效制度所必需的占有外观,即用益物权的行使必须以对不动产的事实占有为必要,因此也就潜藏了取得时效适用于用益物权的可能性。

根据我国学者的研究,取得时效制度在国有土地使用权确权上发挥着重要的作用。1999年《海南省确定土地权属若干规定》第8条第1款和第2款规定:“《征用土地条例》实施以前,国家机关、国有企业事业单位、社会团体、集体经济组织、部队使用至今的国有土地,其土地使用权属于现使用者。《村镇条例》实施前,个人使用至今的国有土地,其土地使用权属于现使用者。”2005年《海南省国土环境资源厅、海南省农垦总局关于场社土地权属纠纷调处若干问题的处理意见》第1条规定:“对于农民集体使用农场批准规划范围的土地,农民集体主张是在1982年5月14日以前开始使用,而农场主张是在1982年5月14日后开始使用的纠纷案件,可依据1982年5月14日以后最接近该时点的航片进行判读确认。如能判读确认土地已于航片拍摄时被农民集体使用，则确权发证给农民集体；如能判读确认土地未被使用，则确权发证给农场。”与此相类似的条款还有2004年《中华人民共和国土地管理法》（以下简称《土地管理法》）第40条：“开发未确定使用权的国有荒山、荒地、荒滩从事种植业、林业、畜牧业、渔业生产的，经县级以上人民政府依法批准，可以确定给开发单位或者个人长期使用。”2001年广东省《关于国有农场土地确权与登记发证工作的意见》第1条第4款也规定：“1987年《土地管理法》实施前国有农场开发未确定使用权的国有荒山、荒地、荒滩从事种植业、畜牧业、渔业生产且使用至今的，土地使用权可以确定给国有农场。”有学者认为上述规定就是运用取得时效制度确定土地使用权归属的实例，因为以上规定满足了取得时效的构成要件——占有且连续经过了一定期间。我们认为这一观点值得赞同。[①]我国《物权法》第48条规定森林、山岭、草原、荒地、滩涂等自然资源，属于国家所有，但法律规定属于集体所有的除外。因此，国家对自然资源享有所有权，任何组织和个人不得以任何形式侵吞国有资源。但即使如此国家还是对国有资源的长期占有使用者予以了赋权性保护，其目的在于使土地“可耕作使用而不为耕作时，社会须使更有益于土地之利用者来代替之”[②]。这也是取得时效制度维护社会财产秩序，加强资源利用效率功能的主要体现。

地役权是否具有取得时效的适用空间，需要结合地役权的具体类型予以判断，但其前提是将地役权与单纯容许行为（les actes simple tolerance）予以区分。单纯容许行为是指当事人根据一项无偿的许可（许可人即土地所有人随时可予撤销）而对他人的地产进行支配。尹田教授认为：邻人允许当事人经过其土地的行为属于“睦邻责任”的行为，该行为不适用于取得时效，当事人不能基于此项许可而主张因取得时效获得该地产的所有权。[③]根据我国学界

① 高海：《农场国有农用地使用权确权规则探究——以取得时效为视角》，《北方法学》2016年第2期。

② 刘得宽：《民法诸问题与新展望》，中国政法大学出版社2002年版，第69页。

③ 尹田：《法国民法上的取得时效制度》，《法学评论》1998年第2期。

对地役权制度的基本理解，地役权可以区分为持续地役权与非持续地役权；表见地役权与非表见地役权。所谓持续地役权是指权利的行使无须地役权人的积极行为及重复实施的行为，如眺望地役权、引水地役权；非持续地役权的行使则需要权利人行为的介入，如通过地役权等。表见地役权是指地役权的行使依一定事实而表现于外部；反之，则为非表现地役权。通行地役权为表见地役权，而埋设管道于地下的导水地役权则为非表见地役权。当前学说认为只有持续的表见地役权才能适用于时效取得。其原因在于：一方面，取得时效的目的在于维护长期形成的事实法律关系，以此维护稳定财产占有秩序，而当地役权人对不动产的利用持续达到一定期间时，地役权人与义务人之间已经形成了互相之间的利益信赖，对于这一信赖关系法律应该对其予以保护；另一方面，表见地役权人具有持续表现在外的权利行使外观，因此在很大程度上能被土地权利人所知悉，但在很长的时间里土地权利人竟然默许了地役权人的行为，因此可以推定表见地役权人获得了地役权。当然地役权作为对他人不动产利用的用益物权，该不动产是否登记不影响地役权的成立与获取。

《民法总则》第196条规定，请求停止侵害请求权、排除妨碍请求权、消除危险请求权不适用诉讼时效的规定。取得时效制度以权利推定和社会秩序稳固为法理基础，在持续且表见地利用他人土地的情境中，其不是以拥有该土地的意思，而是以享有土地利用权的意思对他人土地予以利用，其实际上是对土地所有权人利益的损害，所有权人本可随时提起停止侵害、排除妨碍之诉。但就持续且表见地利用他人土地的具体情形来看，其主要发生在一方基于通电、通气、引水的需要而在地上或地下利用他人的土地的场域，如甲方在乙方的土地上基于通电的需要而挖设通道，乙明知该情形而未反对，甲以此获得该土地使用权达到十年，后来甲乙交恶，乙以土地权利人身份要求甲拆除其地下供电设施。此时甲是否可以取得时效主张获得地役权？我们认为，排除相邻关系的场景，乙在甲施工之初未予反对，甲基于乙的默示而进一步采取行动，并持续享有利益达十年之久，甲的该种利益期待值得保护。且不说该睦邻友好的社群关系值得保护，基于乙的默认导致甲投入的精力和财力也值得保障。此时取得时效的适用可以作为甲的权利得以固化的法源基础，因此应该获得法律的承认与保护。

取得时效还可以运用于宅基地使用权的取得。例如，在农村地区毗邻宅基地的分界并非那么明晰，如果甲在建设房屋时超过了界限(明知或不知)进入了乙家的宅基地范围，而乙明知甲越界的事实但并未提出反对，十年之后甲乙交恶，乙以甲的宅基地越界为由要求拆除越界部分。在这一情形中，甲自主、公然、和平占有乙的部分宅基地长达十年，其是否可依取得时效获得越界部分的宅基地使用权？我们认为甲可以获得，这除了因为甲的行为符合取得时效制度的构成要件，更为重要的是取得时效制度的运用也符合法律的经济效益。该房屋越界已成既定事实，如果不承认甲取得宅基地使用权，则乙就可以提起排除妨碍之诉，要求甲拆除房屋，此种法律解决路径成本畸高，非常不利于睦邻友好关系的形成。而如果根据取得时效制度对这一事实状态予以法律确认，则可以实现社会效益的最大化。而如果甲在越界之时乙就强烈反对，甲的强制建房行为就具有强烈的主观恶意，属于强制占有他人财产的行为，不能适用取得时效。

2. 担保物权。我国《物权法》和《担保法》规定的担保物权类型有抵押权、质权和留置权，担保物权是否适用于时效取得需要根据取得时效的制度目的与担保物权的成立要件综合分析。具体而言，留置权的成立虽以占有为基本前提，但留置权作为法定担保物权不需要借助于取得时效的制度路径。抵押权的成立不以动产或不动产的转移占有为要素，缺乏占有外观，也不符合取得时效制度的必要构成要件。因此唯一可能适用时效取得的就是质权。我国学者对质权是否适用时效取得早有研究，王泽鉴老师认为:“在有主权利存在的情形，应可依时效取得从权利，例如，甲对乙有债权，以质权人的意思占有乙的动产时，得以时效取得质权。”[①]根据我国《物权法》对质权设立的规定，质权的设立需要当事人订立质权合同，并同时交付质物，且质权自出质人交付质押财产时设立。同时根据我国《合同法》第36条的规定，应采用书面形式订立合同但未采取，一方已经履行主要义务且对方接受的，该合同成立。因此在当事人之间存在债权债务关系的情形下，即使质权人与出质人之间不存在质权合同，但债权人以设立质权为目的占有债务人的动产，并且债务人对此未表示异议，则质权可以自转移占有时取得，此时根本不需要借道于取得时效制度。综上，笔者认为取得时效制度于担保物权并无可适用的空间。

3.知识产权。我们认为知识产权同样不能适用取得时效，其原因主要体现在以下几点：首先，根据知识产权的概念，当事人难以通过取得时效获得知识产权。知识产权是知识产权人对其创造的具有独创性的智力成果享有的支配权，智力成果包括作品、商标与专利等。以著作权为例，其权利客体为作品而非有形之物质载体（故事书）。知识产权客体的这一无形性决定了其不可能被非权利人予以占有，进而不能时效取得。其次，知识产权包括了人身权和财产权两个部分，其中人身权中的署名权、修改权、保护作品完整权的保护期是不受限制的，因此即使知识产权的财产权部分适用于时效取得也不能因此获取包括人身权在内的知识产权。再者，若认定知识产权可以适用取得时效，则意味着原权利人之外的人可以在未付出努力的情况下获得知识产权，并以此牟利，如此势必打击原权利人的创作热情，不利于我国科学技术发展。最后，知识产权的保护并非仅关注权利人的相关利益，同时也涉及社会公共利益。举例而言，商标权一方面是为保护生产、经营者的利益，维护商标信誉，另一方面也重视保护消费者的合法权利，确保商品与服务的质量。如果商标权能通过时效取得，那么不仅仅商标权人的相关利益会遭受损失，消

---

① 王泽鉴：《民法物权》，北京大学出版社2015年版，第142页。

费者也可能因为相信商标专用权而购买到劣质产品，进而合法权益遭到损害。

也有学者提出知识财产使用权适用于时效取得，其理由是“以为自己的意思行使他人的知识财产权，产生权利变动的法律效果。行为人取得了以原有方式利用知识财产的使用权”。[①]我们认为，如果允许知识财产使用权时效取得，将导致极为荒谬的后果，例如，在作品财产权保护期内甲出版社在未获得授权的情况下擅自复制并发行乙作家的作品，但乙在一定的期间内并未对该侵权行为予以起诉，后来乙对此侵权行为难以忍受并提出侵权之诉，然而却被告知甲已经因取得时效获得了对于该作品合法的知识财产使用权。因此，单凭朴素的法律情感我们就可以感知此时取得时效的适用是极为失当的，因为知识财产使用权的时效取得难以符合取得时效的制度目的，并且将严重地损及知识产权人的合法利益，因此我们认为取得时效对知识产权也没有可适用的空间。

三、取得时效制度适用的排除

1. 公共物。根据尤士丁尼《法学阶梯》对取得时效的规定，国家的物，国库的物，君主的物，教会和慈善团体的不动产被排除在取得时效的范围外。罗马法把物分为人法物与神法物、可有物与不可有物。所谓不可有物是指不能为个人所拥有的物，主要包括了神法物和人法物中的非交易物。神法物主要包括祭祀用的物品、墓地、陪葬物品等，而非交易物主要包括共用物、公有物和团体物。[②]传统大陆法系国家在很大程度上继承了罗马法对非交易物的分类，虽然其名称有所不同但在指涉范围上基本上与罗马法保持了一致，例如法国将国有财产分为国有公产与国有私产，德国也有公物与公用物的区分。在我国基于公共使用而不能作为交易对象的公共物通常表现为国有财产，而

① 李雨峰：《论知识财产使用权的时效取得》，《法学评论》2011年第5期。

② [意]彼德罗·彭梵得：《罗马法教科书》，黄风译，中国政法大学出版社2005年版，第142页。

根据使用目的的不同可以进一步将其划分为公用物、经营性国有财产、资源性国有财产。

日本学者美浓部达吉教授认为，基于公务财产的不融通性和公共目的性，公务财产除非已经明示公用废止，否则不得依取得时效取得。[①]但日本著名学者原盐野宏则认为国家机关财产可以成为取得时效制度适用的对象，时效期间经过导致的效果是国家机关财产负担的公共任务的废除，占有者此时可以取得完整的权利。日本最高法院在昭和四十四（1969）年五月二十二日的判决中，承认了私人长时间占有预定公物可以依取得时效取得所有权，并在昭和五十一（1976）年承认了公物的时效取得但须以默示的公用废止为前提。[②]在我国，取得时效制度尚未得到民事立法的认可，因此私人不得以一定期间的经过而主张对占有物的所有权，更何况国家机关财产担负着法律规定的特殊的公共使用目的。特别是在我国当前国有财产法律保护严重不足的情况下，如果允许国家机关财产适用取得时效制度不仅会造成国有财产的损失，而且会导致社会公共秩序的混乱，因此在我国依取得时效对国家机关财产的权利主张是没有法律依据和法理依据的，不仅不能得到司法的保护，也不可能为未来的立法所接受。

2. 法律禁止交易之物。取得时效对禁止交易物适用的排除自古有之，尤士丁尼法中明确规定被窃物（rus furtivae）和以暴力从所有主那里夺取的物（res vi possessae）不适用时效取得。[③]《德国民法典》第937条第2款对取得人在取得自主占有时非为善意的取得时效的排除，实际上否定了盗窃物与强占物的时效取得。我们认为法律禁止交易之物不应适用取得时效，就毒品、淫秽物品、枪支弹药等禁止交易物而言，我国法律本就禁止一般主体对其占有使用，其类似于罗马法上的“不可有物”，如果该类物品适用取得时效会导致

① 林素凤:《论行政法学上之公物制度》，硕士学位论文，台北大学前中兴法商学院法律研究所，1987年，第23页。

② 林素凤:《论行政法学上之公物制度》，硕士学位论文，台北大学前中兴法商学院法律研究所，1987年，第24页。

③ [意]彼德罗·彭梵得:《罗马法教科书》，黄风译，中国政法大学出版社2005年版，第166页。

立法目的难以实现。法律禁止交易之物不适用取得时效乃国际通例，在符合我国法律框架的前提下，亦应遵从之。但被窃物和强占物是否适用时效取得并非没有疑问，我国台湾地区“民法”和《日本民法典》都没有将占有人善意作为时效取得的必备要件，因此就存在被窃物和强占物适用时效取得的可能性，即只要满足自主、公然、和平占有（此时的占有期间从窃取、暴力行为终止之时开始计算）就可以在期间经过后获取所有权。我们认为，取得时效作为一种财产权取得方式，对其适用范围的确定要以其制度目的为最终指向，即占有外观的权利推定效力，除此之外的价值参照标准都注定是片面且狭隘的，从而难以证成取得时效的正当性。将盗窃物和强占物适用于取得时效的价值取向是法律的和平功能，即通过立法稳固既有的社会财产秩序，但是这一价值目标是以牺牲原权利人的合法所有权为代价的。在现代法治国家宪法中，无不以保护公民合法财产为根本目标设计，公民的合法财产不受国家与他人的非法剥夺与侵占，因此在取得时效的场景中为何能以稳定社会关系之名行侵夺公民合法财产权之实？因此，我们认为盗窃物与强占物不能适用取得时效。

第三节 取得时效的构成要件

明晰取得时效的客体范围之后，应当讨论取得时效的构成要件。从概念看来，取得时效的构成要件应当包括权利行使及法定期间两项，下文将分别予以分析。

一、占有

所有权取得时效要求的权利行使方式为占有，占有是占有人对物具有管领力的事实状态，单纯的占有并不构成取得时效的构成要件。作为取得时效的构成要件，占有尚须满足主观与客观两个方面，包括以下几个方面的内容。

1. 自主占有。自主占有是取得时效构成要件中最为关键的，因而此处首先讨论自主占有。所谓自主占有，即当事人以自己所有的意思占有标的物，与之相对的概念是他主占有，即当事人非以所有的意思而为的占有，例如承租人对租赁房屋的占有，无论经过多长时间承租人都不能依据取得时效对出租人主张时效取得。自主占有也不同于直接占有，不能认为取得时效的构成要件包括自主占有就意味着当事人需直接占有该标的物。所谓直接占有是指当事人直接管领控制标的物，直接占有的相对概念系间接占有，间接占有是当事人虽不直接占有标的物，但仍对直接占有人享有返还请求权，从而仍间接享有对该物管领及支配的权利。不同于自主占有，直接占有并非取得时效的必备要素，无论当事人是直接占有抑或间接占有标的物，都不影响取得时效的成立。因为无论当事人是否直接管领该标的物，都不影响当事人为自己意思占有标的物，其区别仅在于对该物管领程度的大小。所以当事人因其他基础法律关系间接、自主占有标的物，经过法定期间之后也可取得其所有权，不因间接占有受影响。

自主占有是占有这一构成要件的主观方面，主观心理状态难以把握也难以通过证据证明，这是否意味着自主占有这一构成要件就没有存在的必要了呢？我们认为不然，自主占有将取得时效客体同他主占有区分开，当事人必须有自主占有的意思才能取得所有权，否则不能取得所有权。若当事人不以为自己的意思占有该物，意味着当事人对其所有权也并无期待，在此情况下，法律牺牲所有权人的利益而保全占有人的权利就越过了中立的界限。自主占有虽然是取得时效的核心构成要件，但其作为一种主观心理状态面临着难以证明的难题，所以如何解决该要件形同虚设的问题便成为关键。依各国惯例，自主占有一般通过推定制度证成[①]，即占有人对标的物的占有，推定为自

① 刘保玉、王仕印：《论取得时效的制度构建》，《法学杂志》2007年第2期。

主占有，无须占有人证明。若要推翻该推定，则需要相对人举证，并承担举证不能的责任。我国取得时效制度的设计也应该采取自主占有推定制度。

应略加说明的是，自主占有乃时效取得所有权之要件，若时效取得用益物权等其他财产权，当无须要求自主占有之要件。

2. 和平占有。和平占有要求当事人占有标的物的方式必须是和平的，不能通过暴力的方式取得占有，例如抢劫、强取等形式。如果法律承认通过暴力的方式适用取得时效，无疑将助长社会争抢他人合法财产的邪恶风气，不利于社会主义市场经济秩序的维持与国家产权制度的完善。和平占有意味着占有人不能通过胁迫或暴力方式取得占有，虽然通过胁迫方式取得占有的危险程度低于暴力方式，但同样是对所有权人权利的侵犯，法律对这种占有方式持否定评价。例如，甲非法抢夺乙的传家翡翠并据为己有，乙迫于甲的威胁不敢也不能要求返还所有，则即使乙没有提起诉讼，甲也不能以取得时效获得翡翠的所有权。但假如甲夺取该翡翠以后经过合法途径将其卖给丙，乙知道这一事实但并未向丙主张任何权利，则丙构成和平占有，在满足取得时效的其他构成要件时其可以取得翡翠的所有权。和平占有虽然是占有要件的客观方面，相较于主观状态似乎更好证明，但依据国际惯例，和平占有仍然是采用推定制度证成。法律直接推定占有人为和平占有，相对人若想推翻这一推定，则应当由其承担举证责任。

3. 公然占有。取得时效要求占有人公然占有标的物，即将对标的物的占有状态向社会公众公开，不加隐秘掩饰。如前所述，取得时效制度的一大目的在于稳固现有权利状态，避免权利人秘密行使占有导致标的物所有权人利益受损。对是否公然占有的判断要以社会一般观念为准，例如对于字画的占有只需将其张贴于房间，示之于众人即可视为公然占有，就房屋而言居住其中即可视为公然占有。

二、善意要素为非必要条件

取得时效的构成要件是否应当包含善意要素，一直以来在学界存在两种观点：一种观点认为取得时效制度应当包含善意要素，若肯定恶意当事人适用取得时效是对民法诚实信用原则的违背，则易助长社会不良风气；另一种观点则认为当事人善意与否不影响取得时效适用，但会决定取得时效期间的长短。我们认为第二种观点更可取，原因体现在以下几个方面：第一，取得时效制度的目的决定了不宜将善意作为必要条件。取得时效作为一项财产权取得制度，其通过推定长期的事实占有人为真正权利人，从而维护社会公共秩序，因此取得时效的制度目的决定了善意并非是时效取得的必要构成，在占有人非善意的情形下，通过延长时效取得的占有期间便可以实现原权利人与占有人利益的协调。第二，善意作为构成要件存在证明的困难。若善意作为取得时效的构成要件，其就要求占有人在主观上属于善意且无过失，取得时效对占有人的善意采取推定形式，但是否存在过失则需要占有人自己予以证明。无过失使得占有人具有善良管理人的义务，即占有人对于权利不应怀疑，并且也不应当有所怀疑，否则就不能引起取得时效的后果。[①]这一善意要件无疑极大地增加了占有人的举证难度，不利于取得时效制度功能的发挥。因此建议我国立法将无过失解释为以重大过失为限，并且善意的时间只需要在占有之时，其后是否善意在所不问。第三，善意要件可以被占有要件所吸收。作为取得时效构成要件的占有必须是自主、公然、和平占有，因此有效的占有在很大程度上已经证明了占有人的善意。取得时效制度的一个重要前置问题就是真实的权利归属难以判断——物的权利证书记载人与实际占有人长期不一致，因此立法赋予了长期占有外观以更强的权属证明力。所以，取得时效的适用更强调的是占有的权利外观，而非占有人的主观状态。

① 温世扬、廖焕国：《取得时效立法研究》，《法学研究》2002年第2期。

三、一定期间之经过

取得时效以一定期间的经过为必要构成要件，纵观各国由于立法传统和法律文化不同，对取得时效期间的规定差别较大。但各国的规定也并非全无相似之处，例如依据物的价值和属性不同，各国均规定了不动产的取得时效期间长于动产的取得时效期间。同时基于对善意当事人的特殊保护，也均承认取得时效善意占有的期间应短于恶意占有的期间。上述两点符合取得时效制度的基本价值理念，取得时效制度旨在稳固社会秩序并确定权利归属，虽然占有人欠缺必要的权利证书，但其强有力的占有外观弥补了权利证书上的缺陷。笔者认为我国取得时效制度期间的构建既要区分动产和不动产，同时还要考虑占有人是否为善意。同时，与农业社会相比，现代社会在交通和信息上都更为便捷迅速，因此我国动产的时效取得期间以规定十年为宜，但占有人善意无过失的可以缩短为五年；不动产的占有取得时效和登记取得时效期间以规定二十年为宜，但占有人或登记人占有或登记时为善意的可以缩短为十年。所有权以外的其他财产权的取得时效期间可以参照动产或不动产的取得时效期间。

第四节　取得时效的起算、中断、中止事由及法律效果

一、取得时效的起算

取得时效的起算点应当是当事人行使权利无瑕疵之时，即从当事人无瑕疵行使权利之时开始起算取得时效期间。具体而言取得所有权应当从当事人自主、和平、公然占有标的物时开始起算。取得除地役权之外的用益物权

应当自当事人他主、和平、公然占有标的物时开始起算。取得地役权应当从当事人和平、公然行使相应权利之时起算。值得思考的是,在占有发生转让的情形下,取得时效是否要重新起算,以及该如何起算。《法国民法典》第2264条规定:"现时的占有人,能证明其原来一直占有者,推定其在中间的时间内亦为占有,有相反证据时,不在此限。"第2265条规定:"占有人得将其本人占有的时间和向其让与占有的人实行占有的时间合并在一起,以取得时效,不论占有人系以何方式接替让与人而占有,也不论其是以概括的或特定的权利为依据,还是以有偿的或无偿的名义过行占有。"我国台湾地区"民法"第947条规定:"占有之继承人或受让人,得就自己之占有或将自己之占有与其前占有人之占有合并,而为主张。合并前占有人之占有而为主张者,并应承继其瑕疵。"因此,在占有发生转让的情形下并不发生取得时效重新计算的问题,而仅发生时效取得期间的合并。[①]

取得时效期间根据占有人主观状态的不同而有长短之别,恶意占有的时效取得期间长于善意占有的时效取得期间,因此就产生了善意占有转变为恶意占有或恶意占有转变为善意占有的取得时效期间起算问题。我们认为原占有人和现占有人都为恶意或善意的情形下,取得时效自原占有人占有时计算,转移占有视为占有继续。在占有由善意转为恶意的情形下,取得时效期间以善意占有人占有时开始计算,已经经过的善意占有期间并入取得时效的恶意取得期间。当恶意占有转变为善意占有时,则善意占有人需要继承原占有人的瑕疵,取得时效期间按照恶意期间予以计算,以实现对原权利人的利益保护。

二、取得时效的中断

取得时效的中断是指取得时效进行期间内,发生与取得时效存在基础相

① 李翰阳:《从法律经济学角度看我国时效制度的完善》,《政法论坛》2009年第1期。

悖的情形，导致已经过的时效期间统归于消灭，待该事实消除之后，取得时效期间重新起算。所谓与取得时效存在基础相悖的情形，主要是指权利人主张权利，占有人承认权利人的权利以及不符合取得时效要件的其他情形。它具体包括以下情形：自主占有变为他主占有；和平占有变为暴力占有；非基于自己意思丧失占有；权利人主张权利；占有人承认权利人权利。取得时效制度的正当性在于其赋予高质量的占有人以真正权利人的法律地位，以此实现财产纠纷的定纷止争。但是，取得时效对占有人权利的赋予采取的是一种出于无奈的“权利推定”路径，所以当占有人的占有状态发生转变并以此表明其并非真正权利人的时候，占有人就失去了其“权利推定”的假设前提。当自主占有转变为非自主占有或和平占有变为非和平占有，以及占有人承认权利人权利时占有人的真实权利人身份大打折扣时，原权利人的保护地位得到凸显，取得时效期间发生中断。

还存在的一种情形是非基于自己意思的丧失占有，例如占有物被第三人侵夺，此时占有人失去了占有外观因此难以符合取得时效的构成要件。但是此时合理的做法是规定占有人自侵占发生之日起一年内行使占有回复请求权，取得时效视为不中断。因为我国《物权法》第245条规定占有回复请求权除斥期间为一年，因此如果占有人在一年内行使权利，则其权利当会受到司法的保护，占有人对占有物实际上仍然具有支配力，所以不发生取得时效中断的效力。同时，一般观点认为只要权利人通过诉讼对占有物主张权利即发生取得时效中断的后果，这一观点尚值得商榷。因为此时对占有物主张权利的人仅是可能的真正权利人，如果任由可能的权利人发起诉讼引发取得时效期间的中断，或将导致占有人永远难以通过取得时效获取权利，这将与取得时效稳固社会财产秩序的功能相违背。[①]例如2008年版以前《法国民法典》第2247条就列举了时效不中断的四种情形：(1)传唤因欠缺形式而无效时；

① 金印：《论所有权与时效制度的关系》，《法学家》2017年第3期。

(2)原告撤回其诉时;(3)原告因不遵守诉讼期间而丧失诉权时;(4)原告之诉被驳回时。因此,一个可能的折中方案是主张权利者以起诉的方式主张权利的,在其撤回起诉或起诉被驳回的情形,应认为取得时效不中断。同时,主张权利人撤回起诉或起诉被驳回充分说明了其并非真正的权利人,此时占有人继续被推定为真正权利人,适用于时效取得。

三、取得时效的中止

取得时效期间中止是指时效进行期间因一定事由暂告中止,待该阻碍事由消灭后继续计算时效。时效中止有两种,一是期间停止,二是时效期间的不完成。在无民事行为能力或限制民事行为能力人欠缺法定代理人等情况下,两种体例针对这种情况的方式存在极大区别,期间停止是取得时效不开始或者期间停止计算,而时效期间的不完成则要求该事由发生在时效完成的前六个月或一年内,否则期间不会停止。日本、我国台湾地区仅规定了时效期间的不完成,而德国、瑞士、意大利等国的民法对二者均有规定。因此有学者认为我国时效制度应当增加期间停止的规定,以保护现权利行使人的权利。我们以为不然。首先,取得时效本就是在个人利益与其他各种利益之间的艰难抉择,因而取得时效应当在各利益之间寻求平衡。虽然取得时效中止采用期间停止有利于保护原权利人,但时效中断已然优先考虑原权利人利益,时效中止再采用期间停止将导致取得时效漫漫无期,导致取得时效名存实亡。故基于利益平衡的考量,取得时效不宜增加期间停止的规定。[①]其次,取得时效的目的在于维护现有权利外观,促进物尽其用,规定期间停止将使得时效进行备受阻碍。如此一来,权利将长期处于不稳定状态,原权利人、现权利行使者、不特定第三人的利益都可能遭受损害,与取得时效制度的意旨

① 张玉东:《论取得时效的立法选择》,《北京航空航天大学学报(社会科学版)》2017年第1期。

大相径庭,因而我国取得时效制度不宜规定期间停止。最后,不规定期间停止并不会损害原权利人利益。原权利人因为不可抗力的事由或者其他阻碍事由不能主张权利的,在时效完成的前六个月仍会中止,一来保留了原权利人维护自身利益的途径,二来也能督促原权利人行使权利,终结权利义务关系不明确的状态。从功能目的上来看,取得时效与消灭时效在期间中止上具有同样的意义,因此我国《民法总则》第194条对消灭时效期间中止的规定可以同样适用于取得时效期间。

四、取得时效的法律效果

取得时效作为财产权获取方式,其法律效果直接体现为占有人基于原始取得而获得了财产权,原权利人之权利归于消灭(用益物权时效取得时,表现为原权利蒙受用益物权之负担,本部分以下论述以时效取得所有权为模型展开)。其中涉及两个主要的法律问题:其一,占有人从何时取得财产权;其二,对不动产所有权的获取是否以登记为前提。就第一个问题而言,主要的分歧在于基于取得时效获取的财产权是否具有溯及力。就域外立法例来看,大多数国家规定取得时效的效力溯及起算日。立法的规定具有很大程度的正当性,因为取得时效制度的目的在于确定权利归属,以此稳定长期形成的社会关系,只有将占有人的财产权溯及占有之初才能使占有人在时效取得期间所为的法律行为视为有效,进而实现取得时效制度的设计目的。第二个问题的关键是持续有效占有不动产的法律效果为何?是直接获得不动产上的财产权抑或仅取得登记为不动产权利人的请求权?王泽鉴老师认为:“不动产占有人具备时效取得要件者,仅得请求登记为所有人,非当然取得其所有权,而是应于登记期限内,经土地四邻证明,申请为所有权之登记……占有人自登记完成之日，始取得不动产所有权。”[①]笔者认为，动产以占有为权利外观，时效期间经过自然取得所有权。不动产物权的取得虽然以登记为发生要件，但取得时效作为一种法律事实，时效期间的完成导致物权的原始取得，物权是否登记仅是对抗要件，而非生效要件。如果不动产所有权的取得尚需要登记的完成，其无疑与取得时效的制度意旨直接背离。不过，对登记为他人的不动产的时效取得，占有人对不动产所有权的取得还需要经过公示催告程序，即必须经过一定期间的公示期，如果没有人提出异议，占有人才能请求不动产登记部门将原登记人涂销，并将自己登记为不动产权利人。之所以作如此规定，旨在维护不动产登记的权利推定作用，以此实现以占有为要件的取得时效制度与不动产登记公示公信制度之间的平衡。

第五节　取得时效与消灭时效之契合

我国《民法总则》对诉讼时效制度予以了规定，取得时效在立法上仍然缺位。但主张在民法典中确立取得时效制度的呼声一直未曾平息。2015 年 4 月，中国法学会民法典编纂项目领导小组提交的《中华人民共和国民法典·民法总则专家建议稿（征求意见稿）》第八章第三节即对取得时效制度进行了规定（第 201 条：“以所有的意思，和平、公然、继续占有他人动产满五年的，取得该动产所有权，动产所有权已在登记簿上记载的或者法律另有规定的除外”；第 202 条：“以所有的意思，和平、公然、继续占有他人未登记的不动产满十年的，取得该不动产所有权，法律另有规定的除外”；第 203 条：“对其他物权的取得，准用所有权取得时效的规定”），但最后未被《民法总则》所采纳。但在很多大陆法系国家和地区，都同时规定了消灭时效和取得时效。这就不可避免地提出一个问题：取得时效和消灭时效乃何种关系？彼此间如何契合？特别

① 王泽鉴：《民法物权》，北京大学出版社 2015 年版，第 141 页。

是，取得时效之重心为所有权的时效取得，而一旦时效取得他人之物的所有权，则原所有权人的权利归于消灭，不再遗留其要求时效取得者返还原物的问题。于是，取得时效与消灭时效契合之关键，即返还原物请求权在该两种时效是否皆可适用呢？如果返还原物请求权同时适用于两种时效，二者又应如何衔接呢？

一、消灭时效与取得时效契合的几种立法模式

（一）返还原物请求权不适用任何时效

这一观点的核心是消灭时效制度的适用对象仅为债权性权利（典型者为债权给付请求权），返还原物请求权不仅不适用消灭时效，而且也不适用取得时效，立法上也仅需规定单一的消灭时效，取得时效并无可以调整的对象。这一观点背后的法理基础是，返还原物请求权是物权效力的根本体现，根据所有权的一般原理，所有权人对其动产和不动产享有占有、使用、收益与处分的权利，而且该权利具有永久性和回复力，主要体现为当该动产或不动产基于法律行为或事实行为被他人占有时，在该法律关系结束后或所有权人发现不法占有人时，可以基于其所有权人身份要求无权占有人返还占有。因此，就所有权人而言，对其拥有的财产享有的返还原物请求权根本不应受到期间的限制。

（二）返还原物请求权不适用消灭时效，仅适用取得时效

区分不同权利适用不同的时效，债权给付请求权适用消灭时效，其因消灭时效的完成而沦为“自然债权”；返还原物请求权适用取得时效，其因取得时效的完成而反射性地消灭。

奥地利民法学界认为返还原物请求权适用消灭时效是“一种古怪的、不自然的解决方式”。《意大利民法典》第948条第2款明确规定返还原物之诉不因时效而灭失。《法国民法典》在2009年修订之前，根据第2262条之文义，返还原物请求权似乎也适用消灭时效。但修订后的《法国民法典》第2227条明确规定所有权不受消灭时效限制，法国主流判例和学说也不承认返还原物请求权适用消灭时效。《日本民法典》第167条规定“债权，因十年内不行使而消灭；债权或所有权以外的财产权，因二十年内不行使而消灭”，事实上也否认了返还原物请求权适用消灭时效。《欧洲合同法通则》第14:101条和《欧洲民法典共同参考框架草案》第3-7:101条也同样排除消灭时效对返还原物请求权的适用。[①]

法国和日本虽将返还原物请求权排除于消灭时效适用范围之外，但两国民法典均规定了取得时效，在满足取得时效全部要件的情况下，不法占有人可因时效完成而取得所有权，原所有权在实体上亦因此而消灭，而既然原所有权归于消灭，返还原物请求权也自然不复存在。

（三）返还原物请求权“搭桥式”适用于消灭时效和取得时效

除停止侵害、排除妨碍、消除危险等性质上不适合适用消灭时效的请求权外，包括返还原物请求权在内的其他请求权均罹于消灭时效。在通过消灭时效消灭返还原物请求权的同时，使不法占有人基于先占而取得所有权。《荷兰民法典》第3:306条规定，返还原物请求权一般适用二十年的消灭时效。第3:105条第1款规定返还原物请求权消灭时效届满后，自主占有人可以取得该财产所有权（无论其占有是否为善意）。如此一来，消灭时效期间届满，占有人直接取得财产所有权。消灭时效与取得时效无缝对接，消灭时效期间届满则取得时效条件成就。因时效期间届满为沟通两种时效之桥梁，此种时效立法模式被称为“搭桥模式”。

① 朱虎：《返还原物请求权适用诉讼时效问题研究》，《法商研究》2012年第6期。

(四)返还原物请求权"重叠式"适用于消灭时效和取得时效

即返还原物请求权同时适用消灭时效与取得时效,德国和我国台湾地区采纳的即该模式。《德国民法典》第197条规定:"以不另有规定为限,下列请求权经过三十年而完成消灭时效:……2.因所有权……而发生的返还请求权以及……"在规定返还原物请求权适用消灭时效之同时,《德国民法典》第937条第1款规定:"自主占有动产达十年的人,取得所有权(取得时效)。"我国台湾地区"民法"第125条确立了"请求权应该受消灭时效限制"的法律原则,但并未妥善处理好原则和例外的关系,尤其是未将来源于登记不动产物权的请求权排除于消灭时效的调整范围。为了弥补立法过于简化的不足,法官和学者在检讨消灭时效的制度目的和物权请求权的特殊性之后,构建了大量的将物权请求权排除于消灭时效的例外,例如1965年"大法官会议"通过"释字第107号"认定,已登记不动产的返还原物请求权,不适用第125条规定的消灭时效;台湾地区"民法"第768条规定:"以所有之意思,十年间和平、公然、继续占有他人之动产者,取得其所有权。"后物权编修订时另增第768-1条规定:"以所有之意思,五年间和平、公然、继续占有他人之动产,而其占有之始为善意并无过失者,取得其所有权。"

返还原物请求权重叠适用消灭时效和取得时效有几种可能:一是被排除取得时效之适用(如不满足自主占有、和平占有、公然占有)之要件,事实上只受消灭时效限制。二是取得时效完成,消灭时效期间尚未完成,返还原物请求权因时效取得所有权而反射性的消灭,继续消灭时效已无意义。三是消灭时效已经完成,占有人取得了拒绝返还的抗辩权,而取得时效期间尚未完成。在消灭时效完成后取得时效完成前,标的物上出现暂时的"权利真空"。四是消灭时效与取得时效同时完成,消灭时效之法律后果事实上完全被吸收到取得时效中。

二、消灭时效与取得时效契合模式之立法选择

(一)返还原物请求权应当适用时效

时效制度本为"反道德"的制度[①],依通常之见解,时效制度具有以下功能:1. 秩序维持与信赖保护;2. 克服举证之困难;3. 增进财产之效用;4. 敦促权利之行使;5. 防止证据偷袭。除形成权因其性质不适用时效(其受除斥期间规制),停止侵害请求权、排除妨碍请求权、消除危险请求权、相邻关系中的请求权、共有物分割请求权等因与时效功能不相吻合不需适用时效外,返还原物请求权应受时效制度规制。甚至可以说,衡诸时效制度之功能,返还原物请求权非但不能被排除于时效适用范围之外,其比普通债权请求权更有必要受时效制度之拘束。

(二)"重叠式"适用消灭时效和取得时效易滋生混乱

若返还原物请求权重叠适用消灭时效和取得时效,因消灭时效和取得时效在时效期间长度、时效起算时点、中断事由等方面存在区别,返还原物请求权将会出现各种复杂的情形:其一,假定两种时效同时起算,且其间未发生中止、中断等时效障碍事由,因时效期间长度不同,两种时效完成时间有先后之别。其二,消灭时效和取得时效期间之起算点未必相同。权利人知道或应当知道不法占有事实时即起算消灭时效,但即便权利人知道或应当知道不法占有事实,若该不法占有不满足自主占有、和平占有、公然占有等条件,取得时效期间不能起算。其三,在时效期间起算后,权利人主张权利和不法占有人承认权利可同时导致消灭时效和取得时效之中断,但占有性质从自主占有变为他主占有,从和平占有变为暴力占有,从公然占有变为隐秘占有,则只能导致取得时效中断,消灭时效不因此而中断。其四,在时效期间起算后,若发生

① 孙鹏:《去除时效制度的反道德性——时效制度存在理由论》,《现代法学》2010年第5期。

权利人不能行使权利的客观障碍，因为该障碍发生的时间未必均属于可得中止的期间（如时效期间最后六个月），有可能消灭时效中止取得时效不中止，也可能取得时效中止消灭时效不中止。鉴于前述原因，将会出现取得时效期间完成，消灭时效期间尚未完成，以及消灭时效期间已经完成，而取得时效尚未完成或者取得时效永不完成之情况。在前一种情形，返还原物请求权因时效取得所有权而反射性的消灭，继续消灭时效已无意义；在后一种情形，占有人因消灭时效完成取得了拒绝返还的抗辩权，在取得时效期间完成前必将出现标的物上的"权利真空"。尤其是消灭时效期间完成而取得时效永不完成（因暴力占有、隐秘占有、他主占有而排除取得时效之适用）时，该"权利真空"还将永续存在。何况，在暴力占有等情形排除取得时效之适用，本系为了维持时效制度最起码的道德性，但因消灭时效完成而使暴力占有者取得拒绝返还的抗辩权，并永远享受暴力占有之利益，在法律伦理上也殊非妥当。虽然，因为消灭时效和取得时效各种复杂之演绎，时效期间也的确可能同时完成，但这毕竟太过偶然，可谓"可遇而不可求"。若要确保消灭时效和取得时效期间同时完成，则其时效期间、起算点、中止和中断等规则必须保持一致，如此本质上仅适用了一种时效，完全失去区分两种时效之价值。

2002年提请第九届全国人大常委会审议的民法典草案采纳消灭时效前置主义，规定在消灭时效完成后，再开始起算取得时效，则在立法史上更为罕见。一方面，这种立法安排注定了两种时效"青黄不接"和"权利真空"的出现；另一方面，若消灭时效不起算，或因中止、中断等原因而不断延长，则取得时效期间一直不能起算，也全然违背了取得时效之基本法理，甚不可取。

（三）"搭桥式"适用消灭时效和取得时效逻辑不周

消灭时效完成之后果为义务人取得拒绝履行之抗辩权，在返还原物请求权适用消灭时效之情形，表现为不法占有人取得拒绝返还的抗辩权，而返还原物请求权人的实体权利并不消灭。为了避免返还原物请求权人有实体权利而不能回复占有，不法占有人可持续占有却无实体权利之“权利真空”和诡谲状态。“搭桥模式”规定返还原物请求权的消灭时效届满后，将直接发生自主占有人取得系争标的所有权的法律效果。[①] 然而，该模式在逻辑上也存在明显问题。其一，返还原物请求权消灭时效完成，不法占有人何以取得所有权，理由不明。若系对无主物之先占取得，显然与事实不符，因为消灭时效完成后，返还原物请求权人仍是实体物权人，不法占有人占有之物并非无主物。其二，“搭桥模式”下不法占有人能取得系争标的所有权，本质上乃基于取得时效，只不过该取得时效借用了消灭时效的构成要件。然而，将取得时效与消灭时效之要件相混同大有问题，相对而言，消灭时效的要件更轻缓，取得时效的要件更严苛。在不法占有人暴力占有、隐秘占有等情形下，纵使返还原物请求权人未在消灭时效期间内行使权利，使不法占有人取得系争标的所有权也缺乏正当性。法律强调和平占有、公然占有有充分正当的理由，不能以所谓“搭桥”而抽空这些使不法占有人取得所有权的不可或缺的正当条件。

（四）返还原物请求权应适用取得时效而非消灭时效

返还原物请求权应当适用时效，自不待论。在消灭时效与取得时效的二元体系中，最合乎法理的安排是返还原物请求权适用取得时效，债权给付请求权适用消灭时效。消灭时效与取得时效为两条平行线，彼此之间不存在交叉、重叠乃至衔接之问题。如此构造时效制度的主要理由在于返还原物请求权与债权给付请求权权利本身之差异。

其一，返还原物请求权依托于物权，物权具有绝对性、排他性、追及性等属性，相对于债权其效力更为强大。消灭时效作为一种促使权利人及时行使权利的制度，其针对的仅是权利人的履行请求权，消灭时效期间经过导致履行一方享有履行抗辩权，并不导致实体权利的丧失。但物权的绝对性和追及

---

① 金印:《论所有权与时效制度的关系》,《法学家》2017年第3期。

性在这方面明显地与消灭时效制度“水土不服”，物权的永久性和追及性直接决定了不法占有人不能仅因占有事实而取得针对真正权利人的抗辩权，特别是在暴力占有等情形下，赋予不法占有人拒绝返还的抗辩权，并可永续不法占有状态，显然挑战了道德极限，而为任何善良之法律所不容。

其二，不法占有他人之物与拖欠对他人负担之债务，在外在形式和内在伦理上不完全相同。不法占有的形态多样，有善意占有与恶意占有、和平占有与暴力占有、公然占有与隐秘占有、自主占有与他主占有等，不同的占有态样，法律评价不同，对占有人的保护力度有异，返还原物请求权人的权利是否随时光的流逝而消退，应斟酌各种占有形态而定。与此相反，在债权给付请求权，债务人之任性无非拒不履行债务这一单纯之要件事实，而无需对债务不履行做进一步细分和伦理上的不同评价。

其三，外观秩序之形成原因不同。对返还原物请求权人之物拥有的物权外观之形成，不仅借助于返还原物请求权人不行使权利，也不仅借助于不法占有人拒绝返还该物或拒绝承认物权人之权利，尚需借助于不法占有人自主、和平、公然占有之行为；与此相反，在债权给付请求权，债务人财产“量”的外观之形成，只需借助于债权人不行使权利的事实及债务人不履行义务的事实，权利人与义务人方面的事实状态完全对应。

其四，权利内容不同。返还原物请求权为物权的保护方法，表现为权利人请求不法占有人向自己返还本属于自己之物；债权给付请求权为实现利益（给付）和填补利益（赔偿）的请求权，通常表现为债权人请求债务人向自己给付本属于债务人之物。

其五，权利消灭的后果不同。返还原物请求权消灭将遗留标的物由他人取得之问题，因为不法占有人本非所有权人；而债权给付请求权消灭不涉及他人取得问题，因为债权所涉及的标的物本就属于债务人。

第一点区别意味着返还原物请求权适用时效时，应在各方面为其设置更为严格的条件。第二、三点区别意味着，适用于返还原物请求权之时效应立足于不法占有人的占有状态，当不法占有人为他主占有、暴力占有、隐秘占有时，无论岁月怎样流逝，不法占有人都不能取得所有权，甚至也不能取得永续的占有利益；而适用于债权给付请求权之时效仅立足于权利人不行使权利之事实，无须考虑债务人方面的其他要素。由于立足点的差别，两种情形下时效的起算点、时效中断的原因等也应呈现出相应的差别。就时效起算点而言，适用于债权给付请求权之时效从权利人知道或者应当知道其权利被侵害和义务人时起算，适用于返还原物请求权之时效，起算时效还需不法占有人满足自主占有、和平占有、公然占有等要件。就时效中断而言，适用于债权给付请求权之时效因权利人主张权利和义务人承认权利而中断，适用于返还原物请求权之时效除此等中断事由外，还将因自主占有变更为他主占有、和平占有变更为暴力占有、公然占有变更为隐秘占有等原因而中断。第四、五点区别意味着时效在返还原物请求权和债权给付请求权领域的作用机制和作用后果有所不同，在返还原物请求权之时效，表现为不法占有人时效取得所有权反射性地消灭原所有权人的权利（包括原物返还请求权）；在债权给付请求权之时效，表现为债务人因时效完成而取得抗辩权，因债务人抗辩而消灭债权人在法律上的请求权。而前述权利属性所引致的时效构造和效果之区别，正好反映为消灭时效和取得时效之二元时效法体系。

返还原物请求权适用取得时效，债权给付请求权适用消灭时效，也能从“权利推定”这一时效正当化之根据中得到说明。消灭时效是在法定期间经过后推定债务人已经履行债务，而取得时效则是推定占有人已经取得了占有标的物之所有权。这是两种不同内容之推定，不存在交叉可能性。在推定债务人已经履行债务时，仅需债权人在法定期间内不行使权利之事实；而推定占有人已经取得所有权，则除返还原物请求权人在法定期间内不行使权利之事实外，还需具备占有人自主占有、和平占有、公然占有等事实。因为占有人不认为自己是所有权人，法律上没有必要推定其已经取得所有权。而占有人以偷盗、抢劫等方式暴力取得占有，或者隐秘地维持其占有，法律上不应当也不可能推定其已经取得所有权。

三、对我国民法典时效立法模式之展望和应对

我国《民法总则》第196条规定："下列请求权不适用诉讼时效的规定：（一）请求停止侵害、排除妨碍、消除危险；（二）不动产物权和登记的动产物权的权利人请求返还财产；（三）请求支付抚养费、赡养费或者扶养费；（四）依法不适用诉讼时效的其他请求权。"根据该法条的反对解释，未登记动产的返还原物请求权（前文认为亦应包括未登记的不动产返还原物请求权）应该适用消灭时效，但由于我国民法典编纂尚未完成，未来民法典物权编是否会规定取得时效尚未可知。而回顾我国本次民法典编纂，取得时效之命运也反反复复。2002年民法典草案在"民法总则"部分统一提出了消灭时效和取得时效，而2007年颁布的《物权法》无取得时效之踪影。2015年4月中国法学会民法典编纂项目领导小组提交的《中华人民共和国民法典·民法总则专家建议稿（征求意见稿）》第八章第三节对取得时效制度进行了规定，但又未被《民法总则》所采纳。目前，全国人大常委会法工委民法室关于民法典各分编的"室内稿"和"征求意见稿"均已发布，其中均无取得时效之规定，在民法典各分编立法草案的讨论中，主张规定取得时效的声音也渐趋微弱。在这种背景下，笔者预测我国未来民法典将不再规定取得时效。尽管在笔者看来，债权给付请求权适用消灭时效，返还原物请求权适用取得时效，这一二元平行时效之设计最具有科学性，但若未来民法典真的不规定取得时效，即在立法仅认可消灭时效之背景下，也必须设法使对返还原物请求权之时效规制实现最优。

为此，笔者提出以下应对方案：第一，除已登记之标的物外，返还原物请求权一律适用于消灭时效；第二，考虑到返还原物请求权的特殊性，不能适用

《民法总则》的三年普通时效期间，建议规定其时效期间为二十年（基于该两点，本部分的研究结论与第二章第二节“貌离神合”，相互呼应）；第三，借鉴《荷兰民法典》的“搭桥模式”，规定返还原物请求权消灭时效期间届满，占有人直接取得所有权；第四，为彰显法律伦理，回应社会道德诉求，为返还原物请求权适用时效设置若干例外，规定占有人暴力占有、隐秘占有时消灭时效不完成，占有人不仅不能取得所有权，甚至也不能保有不法占有之利益。

第四章
我国执行时效的历史流变与制度完善

《民法总则》第九章共计12个条文(第188条至199条)对诉讼时效制度予以了全面规定,明确规定普通诉讼时效期间为三年,诉讼时效期间起算点为自权利人知道或者应当知道权利受到损害以及义务人之日。尽管学者建议在《民法总则》中规定取得时效制度的倡议最终未能实现[①],但无论如何,实体法层面的诉讼时效制度最终形成了较为完备的规范体系。相较于实体法层面的时效规范而言,程序法中的执行时效制度仍然有待完善,尤其需要专家学者对这一制度予以讨论研究。2007年修改后的《中华人民共和国民事诉讼法》第215条(2012年《民事诉讼法》第二次修改后该条已调整为第239条)规定:"申请执行的期间为二年。申请执行时效的中止、中断,适用法律有关诉讼时效中止、中断的规定。前款规定的期间,从法律文书规定履行期间的最后一日起计算;法律文书规定分期履行的,从规定的每次履行期间的最后一日起计算;法律文书未规定履行期间的,从法律文书生效之日起计算。"较之修改前的1991年《民事诉讼法》第219条之规定,其重要修改在于:一是延长了申请执行的期间并统一规定为二年;二是增加了执行时效的规定。但从该条的表述来看,其并没有清晰地对"申请执行期间"与"执行时效期间"的区别与联系予以说明,导致在理论阐释和实务操作中,对执行时效的性质、效力等问题存在较大争议。尽管该条款较之1991年《民事诉讼法》中的规定在立法的科学性上有了很大的进步,但在申请执行期间制度的理论基础和实务操作层面,仍然存在着一系列的争议问题。执行时效作为当事人实体权利实现的重要环节,其重要程度丝毫不亚于诉讼时效,但由于长期以来的立法错位和基

① 郭明瑞:《关于民法总则中时效制度立法的思考》,《法学论坛》2017年第1期。

础理论研究的缺失导致两项制度若即若离且关系暧昧，因此亟须学界的研究厘清。

第一节　我国执行时效制度的立法流变与启示

一、我国执行时效制度的立法流变

中华人民共和国成立以来，我国立法多向苏联学习，苏联的各项法律制度对我国的立法影响深远①，在程序法中尤其如此。1964年的《苏俄民事诉讼法典》就对当事人向执行法院提交执行文书作了明确的期间规定，如果案件当事人中有一方是公民的，则当事人向法院提交执行文书申请强制执行的期间为从判决发生法律效力之时起三年，其他案件若立法无明确规定的则提交执行文书的期间为一年。②由此可见，该法典对当事人向法院提交执行文书请求法院强制执行的期间分为两类，一类是三年的情形，一类是一年的情形，无论是何种期间，只要"执行时效届满后，法院和其他机关即不再发给执行文书，而司法执行员也不再处理先前收到的执行文书"。③这一立法例明确将当事人提请法院强制执行的期间当作法定期间对待，是针对当事人对法院的公力救济的请求权设置的法定期间，一旦期间经过，产生的法律后果是法院不再受理执行申请，当事人申请法院强制执行的救济权利"过期作废"的效果实际上暗含了国家对怠于申请强制执行人的道德谴责。这里根本不涉及当事

①周旺生：《中国立法五十年(上)：1949—1999年中国立法检视》，《法制与社会发展》2000年第5期。

②法院对案件的判决，只要案件当事人中有一方是公民，可在从该判决发生法律效力之时起三年内提交强制执行，而对其他所有案件的判决，如果立法未规定其他期间，则在一年之内可提交强制执行。本法典第338条列举的其他决定，其提交执行的期间由相应的立法规定。中国人民大学苏联东欧研究所：《苏俄民事诉讼法典》，梁启明、邓曙光译，法律出版社1982年版，第119页。

③［苏］A·A·多勃洛沃里斯基：《苏维埃民事诉讼》，李衍译，法律出版社1985年版，第453页。

人实体法上请求权的时效问题，纯粹是当事人与法院之间的申请执行权（诉权）的法定期间问题，这一立法例直接影响了我国民事诉讼法的立法范式。

1982年的《民事诉讼法（试行）》是我国在立法层面最早对当事人申请法院强制执行的期限进行规定的法律，该法第169条规定："申请执行的期限，双方或者一方当事人是个人的为一年；双方是企事业单位、机关、团体的为六个月。前款规定的期限，从法律文书规定履行期限的最后一日起计算；法律文书规定分期履行的，从规定的每次履行期限的最后一日起计算。"该条立法规范显然是对苏联立法的参照，对当事人的申请执行期限以法定期间的方式设置了明确的规定，不同民事主体的申请执行期限也有所不同。就该条所确立的执行期限的法律性质，有学者认为是当事人向法院申请强制执行权利的法定有效期，换言之，法院对当事人申请强制执行设置了法定的期限，超过该期限当事人未提出申请则法院将不再配合当事人的申请，当事人随即丧失了向法院申请强制执行的权利，并且该期限是否届满也应由法院依照职权主动审查，审查一旦发现申请期限已经超过将驳回当事人的强制执行申请。[①] 1991年《民事诉讼法》第219条再次对申请执行期限作了规定："申请执行的期限，双方或者一方当事人是公民的为一年，双方是法人或者其他组织的为六个月。前款规定的期限，从法律文书规定履行期间的最后一日起计算；法律文书规定分期履行的，从规定的每次履行期间的最后一日起计算。"可见《民事诉讼法》的规定几乎是《民事诉讼法（试行）》的完全翻版，只对个别术语作了修改，没有实质意义上的变动。因此，当时学界对于申请执行期限依然是作为法定期间对待，理论认知并无任何提升[②]，其认为申请执行期限是立法在执行程序中对申请人申请执行权利的时间限制，是当事人请求法院强制执行的有效期间，当事人若无正当理由逾期申请的，法院可依职权主动审查之后驳回申请。立法的意图

①程延陵等：《民事诉讼法试行问题探讨》，法律出版社1985年版，第232—233页。

②杨荣新主编：《新民事诉讼法释义》，北京出版社1991年版，第251页；柴发邦主编：《民事诉讼法学新编》，法律出版社1992年版，第447页。

指向是明显的，即期间经过意味着当事人申请强制执行请求权的丧失，根据程序法理论的处分原则，法院便不再给予其公力救济。

以上学者之观点在很大程度上被1998年《最高人民法院关于人民法院执行工作若干问题的规定（试行）》所印证，该司法解释第18条是对人民法院受理执行案件条件的规定，第3项明确规定将“申请执行人在法定期限内提出申请”作为受理执行的必要条件，不符合上述条件之一的，法院应当在七日内裁定不予受理。通过以上立法规定可以看出，在这一阶段立法对当事人申请执行期限的基本理解是，申请执行期间属于法定期间、不变期间，一旦超过该期间将导致强制执行请求权的灭失，不能再向法院申请执行。法院也可以对当事人的强制执行请求权是否过期予以主动审查，一旦过期则不予受理。由此可知，这一强制执行期间立法对申请人的利益影响甚巨，申请执行期间的经过直接导致公力救济丧失，在我国不鼓励私力救济的背景下几乎相当于申请人实体权利的绝对灭失。而且就申请执行期间的具体规定来看，其期间的规定也往往比较短暂，非常不利于申请人权利的保护与实现。

2007年发布，2008年实施的《民事诉讼法》第215条明确规定：“申请执行的期间为二年。申请执行时效的中止、中断，适用法律有关诉讼时效中止、中断的规定。前款规定的期间，从法律文书规定履行期间的最后一日起计算；法律文书规定分期履行的，从规定的每次履行期间的最后一日起计算；法律文书未规定履行期间的，从法律文书生效之日起计算。”将申请执行期间统一规定为二年，不再区分不同的民事主体，同时增加了“申请执行时效”的规定，并且执行时效的中止、中断适用诉讼时效中止、中断的规定。可以说2007年发布的《民事诉讼法》对申请执行时效的规定是社会各界二十多年来对申请强制执行权法律性质逐渐厘清的直接成果，与以往相比，本次执行时效立法的意义主要体现在以下几个方面：第一，延长了当事人申请法院强制执行的期限。2007年修改后的《民事诉讼法》将申请执行期间统一规定为二年，延长了当事人的申请期间，而且这一期间与诉讼时效期间的等同也容易使人相信其或许并非巧合。第二，以“申请执行时效”替代了“申请执行期限”，而“申请执行时效”这一术语很容易让我们将其与诉讼时效制度进行对比。第三，规定申请执行时效的中断、中止，适用诉讼时效中止、中断的规定，这一规定直接决定了立法者对强制执行期间法律实质的认知转变，即该期间可以变更，从而在根本上否定了该期间为法定期间、不变期间。但问题仍然存在，依照立法中“适用诉讼时效中止、中断规定”的字面表达，申请执行时效并不等同于诉讼时效，因此2007年强制执行期间立法的这一变化为司法实践和法学研究带来了更多的困惑，即“申请执行期间”“申请执行时效”“诉讼时效”三者间究竟是什么关系？

2015年《最高人民法院关于适用〈中华人民共和国民事诉讼法〉的解释》（以下简称2015年民事诉讼法司法解释）对执行时效问题再次予以规定，该解释第483条规定：“申请执行人超过申请执行时效期间向人民法院申请强制执行的，人民法院应予受理。被执行人对申请执行时效期间提出异议，人民法院经审查异议成立的，裁定不予执行。被执行人履行全部或者部分义务后，又以不知道申请执行时效期间届满为由请求执行回转的，人民法院不予支持。”可以说2015年民事诉讼法司法解释对执行时效的制度内涵予以了最大限度的明晰，而这一制度内涵又在很大程度上同质于2008年《最高人民法院关于审理民事案件适用诉讼时效制度若干问题的规定》第22条的规定（诉讼时效期间届满，当事人一方向对方当事人作出同意履行义务的意思表示或者自愿履行义务后，又以诉讼时效期间届满为由进行抗辩的，人民法院不予支持）。因此，在执行时效与诉讼时效在制度内容上愈发趋同的背景下，我们不禁要思考一个极为现实且迫切的问题——两个制度是否存在融合的可能性？而对这一问题的回答必然建立在对我国执行时效制度本质深刻洞悉的基础之上，而这一目的的实现又离不开对执行时效制度流变历程的深刻反思。

二、我国执行时效制度立法流变的启示

根据1998年《最高人民法院关于人民法院执行工作若干问题的规定(试行)》第18条第3项的规定,人民法院受理执行案件的立案条件包括“申请执行人在法定期限内提出申请”,该“法定期限”指的就是1991年《民事诉讼法》第219条的“申请执行期限”。实际上法律概念的背后不仅是逻辑思维的展现,法律作为一种公平正义之学,它是一门入世的学问,法律概念之中蕴含的更是一定历史时期立法者对互相冲突的利益面向反复考量后形成的一种内心确信,而其内心确信形成的重要根源就是对公平正义这些形而上的法律原则的主观感受。我国申请执行期间指的是当事人行使强制执行申请权的期间,而强制执行申请权行使的对象是国家,基于国家管制的视角,期间经过导致的直接后果就是强制执行申请权的丧失,当事人不得再向执行机关提出申请。

但就我国执行时效制度的流变过程来看,其中一个较为明显的演变进路是国家对强制执行申请权管制的放松,不仅对申请期限予以延长,而且在期间的中止、中断上也适用诉讼时效中止、中断的规定。执行时效制度的变化是我国立法者对其制度法律本质深刻认识的结果,当事人的强制执行申请权带有浓厚的公法性质,其行使的法律意义在于私法权利可以直接得到国家公权力部门的认可,并利用国家强制力保证其实现。可以说,在现代法治国家,当事人享有的诉权和强制执行权是国家对公民作出的一项政治承诺,即以政府的公信力和强制力为人民的财产和人身安全提供保障。所以,仅就法理而言当事人享有的诉权和强制执行申请权不应因期间的经过而灭失,特别是在现代社会对私力救济呈否定态度的背景下,一旦当事人失去了强制执行请求权也就间接地丧失了权利得以实现的可能。不得不说,我国法律对执行时效过于严格的管制严重损害了当事人的合法利益。

通过学界和实务界三十多年来的共同努力，立法者已经逐渐认识到了执行时效的制度功能，并在规制的具体设计上予以了很大程度的变化。但在理论上仍然存在着一些亟待解决的问题，需要学界予以梳理，如既然强制执行请求权作为一种具有公法性质的权利，其不应受到执行时效期间的限制，那么执行时效的规制对象是什么？同时，执行时效制度既然是属于时效制度的一个具体面向，那它与诉讼时效制度的关系是什么？在我国执行时效制度向诉讼时效制度全面模仿的背景下，执行时效制度是否还有独立存在的必要性？二者是否具有合二为一的可能性？经过以上法律修改的执行时效制度已经面目全非，但如果其仅是完成了具体内容的变化而未找到其在时效制度中的位置及自己的特殊性，则执行时效制度仍然难以实现自己的真正蜕变。特别是随着社会经济的发展，执行时效制度如果不从自身找到改良进步的方法，而只是跟随着诉讼时效制度的变化而亦步亦趋，则其制度的更新与完善将遥遥无期。

第二节　执行时效制度立法的域外考察

一、大陆法系国家与地区的执行时效立法

传统大陆法系国家与地区对执行时效的理解有别于我国的立法和理论对此的认知，主要体现为执行时效并非当事人申请执行机构采取强制执行措施的申请期间，而是指执行依据所载的权利人实体请求权的消灭时效期间，是一个业经生效裁判所确认之实体请求权的消灭时效，而当事人对执行机构采取强制措施执行业已生效裁判载明权利的请求是一项针对法院的公法层面的权利，没有时效限制可言。①

① 杨与龄：《强制执行法论》，中国政法大学出版社2002年版，第102页。

（一）《德国民法典》对执行时效的规定

德国民事执行程序中的执行时效规范问题并没有在民事诉讼法典中体现，而是在民法典时效制度中加以规范。《德国民法典》第194条第1款规定了消灭时效的对象："向他人请求作为或不作为的权利（请求权），受消灭时效的限制。"第197条第1款第4项、第5项、第6项和第7项分别规定"被有既判力地确定的请求权""因可执行的和解或可执行的证书而发生的请求权""已因支付不能程序中所进行的确认而变得可执行的请求权""以及强制执行费用的偿还请求权"的消灭时效为三十年。第201条对"已经确认的请求权的消灭时效期间的起算"作出了规定："在裁判的既判力发生时、可执行的债务名义做成时或者请求权在支付不能程序中被确认时开始进行，但不在请求权产生之前开始进行。"由此可见，即便是执行程序中确定的请求权，在性质上依旧是消灭时效所规制的对象，受民法典消灭时效的调整，只是时间上并不完全按照现有的三年消灭时效加以规范，而是以三十年消灭时效加以规范。当事人向执行法院请求执行业经生效裁判文书确认之请求权的期限无从规定，换言之，当事人向法院申请强制执行的程序上的公法性权利压根没有时间限制可言，真正受到时效限制的是执行依据所确认的实体请求权这一私法属性的权利，故而执行时效便是针对业经生效裁判确认之执行依据所载的实体请求权的消灭时效。

（二）《日本民法典》对执行时效的规定

《日本民法典》执行时效规定在总则第七章第三节的消灭时效中，第174条之二"判决确定的权利消灭时效"规定："按照确定判决确定的权利，即使有短于十年的时效期间的规定，其时效期间亦为十年。按照诉讼上的和解、调解及其他与确定判决有同一效力的程序确定的权利，亦同。前款规定，不适用于确定之时没有到期的债权。"由此可知，《日本民法典》在消灭时效中专门针对确定判决载明的权利规定了时效限制，而这些经过确定判决确认的权利本质上是当事人享有的一种实体请求权，这在日本《民事执行法》第22条中有明确的规定，该条明确指出债权人申请强制执行必须提出一种叫作“债务名义”的公文书，包括确定判决、附有假执行宣告的判决、具备一定要件的公证证书、日本法院承认并执行的外国法院判决或者仲裁裁决、法院作出的和解笔录和调停笔录等。[①]而当事人申请民事强制执行本身没有期间的限制，无论是在民法典时效规范中或是《民事执行法》中都未有规定，可见执行时效期间本身并不是当事人申请法院强制执行的期间，其适用的对象是债权人提出的“债务名义”公文书中所确认的权利，该权利受民法消灭时效规制。

（三）我国台湾地区“民法”对执行时效的规定

我国台湾地区“民法”第137条规定“经确定判决或其他与确定判决有同一效力之执行名义所确定之请求权，其原有消灭时效期间不满五年者，因中断而重新起算之时效期间为五年”。这里的“执行名义确定之请求权”当然是实体法上的请求权而非当事人向法院申请强制执行的公法救济权，受消灭时效之调整一如大陆法系之规定。第132条是对执行时效中断的规定：“时效因申请发支付命令而中断者，若撤回申请，或受驳回之裁判，或支付命令失其效力时，视为不中断。”第136条是对执行行为引发中断的规定：“时效因开始执行行为而中断者，若因权利人之申请，或法律上要件之欠缺而撤销其执行处分时，视为不中断。”同时，如果申请人撤回强制执行申请，或其申请被法院驳回，则时效也不发生中断。

①竹下守夫、白绿铉：《日本民事执行制度概况》，《人民司法》2001年第6期。

二、大陆法系国家与地区执行时效立法的基本特点

自清末变法图强以来，我国在法律制度上主要借鉴了大陆法系国家和地区的立法体例和具体制度，但就执行时效制度来看，传统大陆法系国家和地区呈现出以下共同特点：

其一，没有执行时效这一概念。就我国法律语境中执行时效的实质意义而言，其指的是当事人向法院提起强制执行请求权的法定期间。但大陆法系国家和地区中并不存在这样的法律概念，从法律规范的实际指向来看，执行时效可能最为接近的就是消灭时效制度，虽然我国的学术研究往往将诉讼时效与消灭时效视为同义词，但传统大陆法系国家和地区中的消灭时效制度在适用范围上更为广阔，不仅包括了审判程序开展之前的请求权，也包括了审判程序之后的进入执行程序的请求权。例如《德国民法典》第五章第一节规定了“消灭时效的对象和持续时间”，将消灭时效的对象规定为“向他人请求作为或不作为的权利（请求权）”。可见该“他人”完全可以将执行机关纳入进来。我国台湾地区“民法”第125条也规定“请求权，因十五年间不行使而消灭”。因此，“请求权”这一广义的概念显然包括执行名义记载的请求权。

其二，执行文书记载的请求权的消灭时效期间长于一般债权请求权的消灭时效期间。从以上国家和地区的立法例可以看出，裁判文书中记载债权请求权的消灭时效期间明显要长于一般债权的，其原因尚需要从消灭时效的制度目的上找寻。消灭时效的目的在于使债务人获取针对债权人债务履行请求的实体抗辩权，从而使得债权人的债权成为自然债权，失去了司法机关对此强制执行的效力。但是该目的背后更为深层次的利益考量是债权人长期不行使请求权的法律事实将导致债权消灭的权利推定，因此，立法者基于对社会生活经验的一般总结赋予了债务人永久抗辩的权利。而在该债权被生效的法律文书确认的情形中，债权人享有债权的确定性被极大地提高了，在

债权人诉诸法院要求强制执行时,法院无须对该债权的发生事实予以判断,因此该债权理应获得更为长久的消灭时效期间。正是基于此,《德国民法典》对“被有既判力地确定的请求权”和“因可执行的和解或可执行的证书而发生的请求权”规定了三十年的消灭时效期间。我国台湾地区“民法”中虽然没有直接规定执行时效期间,但“中断重新起算的时效期间为五年”的规定实际上是不再区分请求权的发生原因,将所有的经过执行名义记载的请求权的执行时效期间一律认定为五年。

其三,执行文书记载的请求权的消灭时效期间一致。这一点上构成了执行名义记载的实体请求权消灭时效期间的特殊性。实体请求权的消灭时效期间长短不一,《德国民法典》规定普通消灭时效期间为三年,但土地所有权的转让请求权以及要求设立、转让或废止土地上权利的请求权,或要求变更此种权利的内容的请求权以及对待给付请求权,经过十年而完成消灭时效。而且,基于故意侵害生命、身体、健康、自由或性的自主决定的损害赔偿请求权的消灭时效为三十年。我国台湾地区“民法”第125条规定:“请求权,因十五年间不行使而消灭。但法律所定期间较短者,依其规定。”对旅店、饮食店及娱乐场之住宿费、饮食费、座费、消费物之代价及其垫款的请求权规定了两年的消灭时效期间。我国《民法总则》也采取同样的思路,规定普通诉讼时效期间为三年,同时规定了特殊的诉讼时效期间。之所以针对不同的请求权规定不同的诉讼时效期间,其原因主要是对现实生活事实的尊重,例如我国《民法总则》之所以规定未成年人性侵害请求权诉讼时效自受害人年满十八周岁之日起算,不管其实际损害发生的具体时间,其主要就是考虑到未成年人对性知识的理解以及对性侵害的认知都需要一定的时间过程。而对旅店、饮食店住宿费、餐饮费请求权规定较短的消灭时效期间,其主要是考虑相关证据不便保存,过长的期间可能导致义务人举证困难。但纵观以上立法,其都对执行名义记载的请求权统一规定了较长的时效期间,并不因发生原因的不同而在期间上有异。其原因就在于执行名义的公信力使得该请求权获得了国家公权力机关的认可，而该执行名义记载的请求权作为强制执行的对象，其在获得强制执行的法律质量上是一样的，不应因请求权发生的基础原因不同而有所不同。

第三节 执行时效制度的法律实质

现有立法对于申请执行期间、申请执行时效、诉讼时效等概念运用混乱，其症结在于对执行时效制度的法律实质未予以深刻理解。因此，我国执行时效制度的科学构建必须建立在对其制度目的清晰认知的基础之上，而首先要解决的问题就是刺破执行时效制度的神秘面纱，认清掩盖在其制度背后的法律实质问题。

一、强制执行请求权的法律实质

（一）强制执行请求权是一种司法请求权

对强制执行请求权法律实质的理解离不开与执行名义所载的请求权进行对比分析，在民事法律关系中，一旦债权人与债务人发生债权债务法律关系，债权人能够依据债权债务关系向债务人请求给付的权利便是债权。[①]而债权人的债权通常表现为享有请求债务人为一定行为（作为或者不作为）的权利，该项权利称为债权请求权。完整的债权应当具备可诉请履行性、可执行性、可自力实现性以及可处分性。[②]尽管法律规定权利的自力救济路径，但其仅在特定条件下方为可行，大部分权利都需要借助公力救济的途径，借助国家

① [德]迪特尔·梅迪库斯：《德国债法总论》，杜景林、卢湛译，法律出版社2004年版，第16页。
② [德]迪特尔·梅迪库斯：《德国债法总论》，杜景林、卢湛译，法律出版社2004年版，第16—19页。

的公权力实现私权的救济。强制执行请求权，乃是债权人基于执行名义，得请求执行机关行使强制执行权，以实现其执行名义所载请求权之权利。强制执行权，因执行名义之成立而发生，其性质为债权人对执行机关之公法上请求权，执行机关基于此请求，始得对义务人发动强制执行权。而民事诉讼的目的就是实现当事人的主观私权，当事人借助诉讼代替自力救济实现私权的法律保障。[①]当事人将自己主观私权纠纷诉诸法院之时，法院在受理后要通过具体的裁判程序确定诉争权利的真实性并裁决是否予以保障，在经生效裁判确认之后还需要通过执行程序加以实现，执行程序旨在使被确认的请求权通过强制执行在事实上得以实现。[②]当事人的这种请求法院实施司法行为的权利称为司法请求权，该权利是针对作为司法管辖主体的国家的一种权利，国家通过自己设立的行使司法权的机关，主要是法院，来行使这一权利，对当事人负有满足其权利实现的义务，国家不仅保障公民向法院申请救济的可能性，而且赋予每个参与人要求得到实际有效的法律保障的请求权。[③]而由《民事诉讼法》的公法属性亦可推出当事人请求法院给予公力救济的权利是宪法赋予所有公民的一项公法意义上的权利，非经法定程序任何人或组织不得剥夺。

（二）强制执行请求权不受期间限制

就民事诉讼程序本身而言，程序中设定的诸多法定期间制度，例如提交答辩状期间、举证责任期限、上诉期间等，这些法定期间都是针对当事人的诉讼行为而言的，其法律效果是当事人一旦未在法定期间内实施诉讼行为将产生失权效果，这样的法定期间制度安排都是为了追求诉讼程序的高效与安定以避免诉讼拖延带来司法资源的浪费。这些法定期间制度的安排都有一个特点，即整个诉讼尚且在实体审理或者争议未最终裁判确定，要确保程序的有

①[德]奥特马·尧厄尼希：《民事诉讼法（第27版）》，周翠译，法律出版社2003年版，第4页。

②[德]罗森贝克、施瓦布、戈特瓦尔德：《德国民事诉讼法（上）》，李大雪译，中国法制出版社2007年版，第5页。

③[德]罗森贝克、施瓦布、戈特瓦尔德：《德国民事诉讼法（上）》，李大雪译，中国法制出版社2007年版，第15—16页。

序进行和高效进展就必须规定一定的法定期间。而当事人向法院申请强制执行是为了就业经生效裁判确认之私权得以实现，实体审判已然结束，诉讼系属亦已消灭，法定期间制度的存在根本已经无依据可言。[①]故而对当事人申请强制执行权设置法定期间与程序法中法定期间制度的目的相扞格。

强制执行请求权是当事人向国家行使的司法请求权，本质上是一种公力救济性质的权利，与平等主体之间行使的私权迥然有别。就诉讼法而言，基于当事人的处分原则，强制执行程序的启动只能由当事人依法主动提起申请，法院不能依职权主动提起强制执行程序，这是基本的程序法理使然。[②]当事人申请法院强制执行是借助法院的强制执行权力实现自己业经受生效法律文书确认的私权，而强制执行请求权乃是以执行依据的有效存在为前提并且依附于执行依据，性质上是申请人对执行机构的公法上的请求权，而非对被执行人所享有的私法上的权利。[③]就此而言，当事人的申请执行权是诉权的一种体现，即要求法院对生效法律文书载明的权利予以执行，这一诉权本身不应受任何期间的限制，当事人得在任何时候向法院提起诉讼寻求公力救济。[④]由此而言，将当事人在法定期间内提起强制执行申请作为强制执行程序立案的基本条件本质上是对当事人诉权的一种非法剥夺，无论是以往规定的一年或六个月法定期限还是现在规定的二年法定期间，其根本的错误都在于侵蚀诉权固有的价值和意义。由是之故，就设立申请执行期间的任何立法修改与完善都是水中月镜中花，制

① 占善刚：《对我国民事申请执行期间制度的初步检讨——以《民事诉讼法》第219条的修改为对象的分析》，《南京师大学报(社会科学版)》2011年第1期。

② 在我国，绝大部分民事执行程序由当事人主动申请提起，只有具有给付赡养费、扶养费、抚养费、内容的生效判决、民事制裁决定以及刑事附带民事判决、裁定、调解书可由审判庭直接移送执行机构执行，这是部分例外情形。

③ 杨与龄：《强制执行法论》，中国政法大学出版社2002年版，第5页。

④ 当事人向法院起诉的诉权并不受任何期间或者时效的限制，而是当事人提起诉求法院要实现的私权本身受到诉讼时效的限制。学界普遍承认的时效效力之"权利抗辩说"已经取代以往的"权利削减说"而成为通说(参见孙鹏：《去除时效制度的反道德性——时效制度存在理由论》，《现代法学》2010年第5期)，最高人民法院诉讼时效司法解释和民法总则时效规定亦如此，故依据"权利抗辩说"，法院不能主动提起时效届满之抗辩，在受理当事人起诉之时，即便发现当事人诉请之实体请求权已经罹患时效之届满而使得债务人享有时效抗辩，法院也不能对此释明，否则有失公允。故而无论在理论上还是实践中，当事人在任何时候都有权向法院起诉，即使时效已过，至于起诉之后其权利是否得到法院裁判支持则是另一回事情，至少当事人的诉权无时间之限制。

度本身存在的错误认知与定位偏差非立法所能完善，一言以蔽之，当事人向法院申请强制执行之权利本无受法定期间规制的必要。

二、执行时效的本质是消灭时效

（一）执行时效的法律本质——消灭时效

执行时效的规制对象是执行名义上记载的实体请求权，只不过此时的实体请求权是经过法律文书确认的请求权，请求权作用的对象为义务人一方的给付行为，因此立法为了确保权利人及时行使权利，使义务人尽快摆脱被动给付的身份，所以设立了执行时效制度。虽然申请执行人享有的实体权利已经得到了国家公权力部门的认可，但是如果放任申请执行人长期怠于行使其权利，则可能导致义务人长期处于不安状态，同时也不利于执行机关高效准确地执行相关事项。既然执行程序中的实体请求权也受消灭时效规制，则针对该请求权而言的执行时效在此逻辑项下实则等同消灭时效。但遗憾的是，我国民事程序立法对于申请执行期间与诉讼时效的概念混淆并没有因为执行时效概念的引进得到解决，反而三者之间的关系更加混乱了。

（二）执行时效的规制对象——实体请求权

如前所述，当事人在执行程序中向法院申请强制执行的权利本质上是一种司法请求权，是民事主体与国家之间产生的公权法律关系，其自不应受到法定期间的束缚，对申请执行权设置法定期间根本是多余的。传统大陆法系国家和地区立法例都将执行时效定性为执行依据中的实体请求权的消灭时效，并且规定在民法时效制度中。[①]立法的用意不言自明——执行时效乃消灭

① 传统大陆法系国家和地区甚至根本没有“执行时效”这一称谓，如前所述，在执行程序中规定“申请执行期间”和“执行时效”是我国民事诉讼法中的“立法创举”。

时效，是实体私权利在执行程序中所受到的时间规制，自然由实体法规制。当事人向法院申请强制执行的根本目的是实现业经生效文书所确认之实体请求权，该权利在执行程序中体现为执行申请人对被申请人的一种给付请求权，且不论其具体请求给付之内容是债权请求权抑或物权请求权，最终都是实体法上的请求权。我国《民法通则》中没有像德国、日本那样在消灭时效制度中对执行时效予以规定，早期的《民事诉讼法》也一直将申请执行期间和执行时效加以混淆，导致民法学界也没有注意到执行程序中的消灭时效问题，而《民法总则》也对执行时效制度予以忽视，故而导致了对执行时效制度规制对象长期以来的误读。

我国《民法通则》第135条规定，向人民法院请求保护民事权利的诉讼时效期间为二年（《民法总则》第188条规定为三年），法律另有规定的除外。根据该条文义，诉讼时效的适用对象是向人民法院请求保护民事权利的“请求权”。结合传统消灭时效适用对象而言，该请求权应当解释为实体法上的请求权，但根据文义确实有让人误解为是向法院请求保护的一种救济性的公权力，即司法请求权。[①]这也是早期时效制度中的弊端所在，因为对该请求权没有明确定义，对诉讼时效届满的法律效果有“诉权丧失说”“胜诉权丧失说”，这里的法律适用逻辑依然是法院主导诉讼时效的法律效果，在审查当事人起诉条件时自然顺带审查时效问题。实体法上的私法属性的请求权与程序法上的公法属性的请求权绝对不可同日而语，两者性质完全不同，对后者规定时效限制是对当事人诉权的侵蚀。

（三）执行时效的法律效果——实体抗辩权

我国法律中并未采用消灭时效这一法律概念，但就其实质来看，我国的诉讼时效制度在一定程度上履行着消灭时效制度的职能，只是将其局限于审判

① 以《德国民法典》为例，其第194条明确规定：向他人请求作为或不作为的权利（请求权），受消灭时效的限制。该文义明确消灭时效适用对象为实体法请求权，不会令人产生文义歧义。

程序中。在现代立法普遍采取消灭时效“权利抗辩效果说”的潮流下，我国2008年的《诉讼时效司法解释》和2017年的《民法总则》均采取“权利抗辩”主义，即时效期间经过导致义务人获得时效抗辩权，以此对抗权利人的实体请求权，时效抗辩只有经债务人援引方可适用，法院不得主动援引。当事人未提出诉讼时效抗辩，人民法院不应对诉讼时效问题进行释明及主动适用诉讼时效的规定进行裁判。故而，在执行程序中，若被申请执行人提出了执行时效抗辩，法院查明无执行时效中止、中断或者延长事由，应当裁定终结执行程序。揆诸各国和地区立法例，债权人有向法院申请强制执行生效文书确认之请求权，债权人均可随时提出申请，不受任何法定期间限制，与此同时，即便生效文书确认之实体请求权罹于消灭时效也不能由执行法院主动审查，只能由被执行债务人本人提出抗辩来排除生效文书的执行效力，执行法院不能因执行债权人之实体请求权已过诉讼时效而直接在程序上驳回执行债权人的强制执行申请。[①]但我国长期以来在执行程序中并没有确立被执行人的执行抗辩制度，而是以申请执行期间强制代替了执行时效的作用，一旦法定期间经过便无法获得执行立案，“申请执行期间内”是执行立案的必要条件。就此而言，执行申请人一旦超过执行时效期间提出强制执行申请就意味着难以获得执行立案。

从实体法和程序法两个维度来看，当事人向法院申请强制执行时，实际上涉及两个层面上的权利行使：一方面是申请人作为权利人行使业经生效文书确认的实体法上的请求权，这一请求权的实现是权利人申请强制执行的最终目的，是生效文书所确认的，权利人最终权利之实现与否就是看这项请求权是否圆满实现；另一方面是权利人向法院申请强制执行，借助国家公权力实现公力救济的请求权，该项请求权是一种公法性质的司法请求权，正是当事

①如《德国民事诉讼法》第767条第1款规定：对于判决所确定的请求权本身有异议时，债务人可以以诉的方式向第一审受诉法院提起。《日本民事执行法》第35条第1款规定：债务人对债务名义的请求权存在或其内容有异议时，可以提起请求不允许以该债务名义强制执行的请求异议之诉。我国台湾地区“强制执行法”第14条规定：执行名义成立后，如有消灭或妨碍债权人请求之事由发生，债务人得于强制执行程序终结前，向执行法院对债权人提起异议之诉。

人享有这样的执行申请权才能启动国家强制执行的公力救济。执行申请权是当事人对国家而言的公权力,无时效和期间限制可言,但在执行程序中,业经生效文书确认之执行依据所载明的实体权利难谓不受时效之限制。究其根本,尽管受生效文书确认而具备强制执行效力,但该项权利始终是一项私权,既是私法上的请求权则必然要遵循私法层面的权利保护和时间规制的基本法理。[①]换言之,只要是一项私法权利,都要受到基本的时效限制,不因生效文书确认与否而发生不同变化。就此而言,一项私法上的实体性权利,是否受到法律的强制性保护仍然有待时效期间的检讨,如同实体程序的裁判一样,执行程序依然要审视该项实体性权利的时效问题。

第四节　执行时效法律制度之完善

一、取消申请执行期间的规定

当事人的强制执行请求权是一项针对国家行使的司法请求权,并非平等民事主体之间的一项实体法上的请求权,其一无适用诉讼时效的可能,其二无法定期间限制的必要。无论是1982年《民事诉讼法(试行)》和1991年《民事诉讼法》将申请执行期间规定为不变的法定期限,或是2007年修改的《民事诉讼法》将申请执行期间规定为可适用于诉讼时效的可变更法定期间,其在实质上都是对强制执行请求权法律性质认识不清的结果,其必将导致对当事人诉权的侵害,违背国家赋予公民公力救济的宪法承诺。实际上,在2007年《民事诉讼法》对申请执行期间作出修改之后,学者们对于申请执行时效届期是否作为执行法院立案条件有所争议。第一种观点认为,对申请执行期间是

①杨与龄:《强制执行法论》,中国政法大学出版社2002年版,第102页。

否过期的审查依然是执行立案的必要条件，执行机关在立案时应该主动审查该期间是否已经超过两年，若审查发现超过申请执行期间则裁定不予受理。[①]第二种观点认为，在现行立法明确规定执行时效适用诉讼时效规定的背景下，执行时效的规制对象并不是当事人对执行机关的强制执行请求权，而是执行名义中记载的实体请求权。而且，正如上文所言，强制执行请求权作为一项具有公法意义的诉权，其本不应当有期间的限制，而执行时效期间作为对当事人行使实体权利的限制，其应该属于当事人自我处分的范围，执行机关不能主动依职权对当事人的"私事"予以介入，因此申请执行期间已经没有存在的必要。第三种观点认为，申请执行时效既然类同于诉讼时效之规定，申请执行期间也应当如同诉讼时效制度一样，既不作为申请执行立案的必要条件，执行部门也不主动审查，而是由被执行人就申请执行期间提出异议，执行部门根据被执行人提出的执行时效异议启动审查程序，审查发现期间已过则裁定终结执行，若异议不成立则驳回异议继续执行。[②]

通过上文分析，我们已经知道申请执行期间设置的本质是国家至上主义的具体体现，不管是基于提高司法效率或是促使当事人尽快行使权利的目的，执行机关作为中立的公力救济部门，其都远远地偏离了其在司法体系中应有的位置。[③]2015年《最高人民法院关于适用〈中华人民共和国民事诉讼法〉的解释》第483条规定："申请执行人超过申请执行时效期间向人民法院申请强制执行的，人民法院应予受理。被执行人对申请执行时效期间提出异议，人民法院经审查异议成立的，裁定不予执行。被执行人履行全部或者部分义务后，又以不知道申请执行时效期间届满为由请求执行回转的，人民法院不予支持。"可见最新的执行时效立法更加明确了执行时效期间的意义，即其仅是作为被执行人抗辩申请执行人实体请求权的一种法定事由，该实体抗

①王飞鸿：《〈最高人民法院关于适用《中华人民共和国民事诉讼法》执行程序若干问题的解释〉的理解与适用（二）》，载最高人民法院执行局编《法院执行理论与实务讲座》，国家行政学院出版社2010年版，第267页。

②江必新主编：《新民事诉讼法执行程序讲座》，法律出版社2012年版，第116页。

③乔宇：《论申请执行时效的适用程序——兼谈权力分工语境下的审执分立》，《法律适用》2013年第4期。

辩权的行使掌握在被执行人一方，人民法院仅是消极地对执行名义真实性予以审查，并不对其执行时效期间是否经过予以主动审查。可以说，2015年民事诉讼法司法解释对执行时效期间的规定实现了对多年来错误的申请执行期间的“拨乱反正”，自此申请执行期间已经再无存在之理。

二、执行时效制度之完善

（一）执行时效的适用对象

根据2000年《最高人民法院关于执行〈中华人民共和国行政诉讼法〉若干问题的解释》第84条等相关规定，申请执行生效的行政判决书、行政裁定书、行政赔偿判决书和行政赔偿调解书等行政执行案件的申请执行期限不适用民事诉讼法执行时效的规定。因为执行时效规制的对象为民事实体法上的请求权，而以上执行名义载明的请求权不具有私法性质。同时就实体请求权的表现形式来看，根据《德国民法典》的规定，其包括了被有既判力的裁判确定的请求权，因可执行的和解或可执行的证书而发生的请求权，已因在支付程序中不能进行的确认而变得可执行的请求权。我国台湾地区“民法”第137条第3款也规定：“经确定判决或其他与确定判决有同一效力之执行名义所确定之请求权，其原有消灭时效期间不满五年者，因中断而重新起算之时效期间为五年。”因此，执行时效的适用对象首先是民事实体请求权，然后还应当是具有强制执行力的执行名义上记载的请求权。[①]在我国主要包括民事判决书、裁定书、经过公证的具有强制执行力的法律文书、具有强制执行力的和解协议等。

① 刘贵祥：《诉讼时效若干理论与实务问题研究》，《法律适用》2004年第2期。

（二）执行时效的起算、中止、中断事由

执行时效的起算是指执行时效期间从何时开始起算。《德国民法典》第201条规定，已确认的请求权的消灭时效期间的起算，在裁判的既判力发生时、可执行的债务名义做成时或请求权在支付不能程序中被确认时开始进行。而我国台湾地区“民法”第128条则统一规定，消灭时效，自请求权可行使时起算。以不行为为目的之请求权，自为行为时起算。2012年的《民事诉讼法》第239条第2款规定执行时效期间从法律文书规定履行期间的最后一日起计算；法律文书规定分期履行的，从规定的每次履行期间的最后一日起计算；法律文书未规定履行期间的，从法律文书生效之日起计算。因此，域内外对执行时效期间起算的法律规定是相当一致的，即实体请求权执行时效的起算可以自行使时开始计算。但对执行时效的期间的确定，各国则表现出了较大的差异性。德国自2002年实施《债法现代化法》以后，将普通诉讼时效由三十年缩短到了三年，但仍然对执行名义记载的请求权规定了三十年的消灭时效期间。我国台湾地区“民法”规定普通的消灭时效期间为十五年，同时对特别消灭时效期间作出了规定。但台湾地区“民法”没有直接对执行名义确定的请求权的消灭时效期间作出规定，但是就其法条的文义来看，其采取的期间确定路径是，执行名义记载请求权的消灭期间并不因其具有强制执行力就发生变化，只是在执行时效期间中断时，其重新计算的时效期间一律为五年。因此，不管是德国法上直接规定较长的执行消灭时效期间，或是我国台湾地区执行时效中断后五年期的重新计算期间，其都明确地释放出了一个信号——执行名义上记载的实体请求权应该得到法律的特殊保护。

由此看来，我国《民事诉讼法》中对执行时效期间的规定就明显过短，没有体现出执行证书所具有的法律公信力，以及由此获得的法律保护的优越性。特别是纵观我国执行时效制度的修改历史，其中一个较为清晰的演变轨迹就是执行时效逐渐向诉讼时效制度靠拢，主要表现为执行时效期间向诉讼时效期间看齐，中止、中断事由与诉讼时效保持一致。但遗憾的是，执行时效制度在向诉讼时效制度看齐的同时忽略了自身的特殊性，即其作为具有强制执行力的请求权在一定程度上异质于未经法院审定的请求权，其区别主要就体现在期间的长短上。[①]而且，执行时效制度一味模仿诉讼时效制度直接导致的一个颇为讽刺的结果是，其一厢情愿的主动示好似乎并未赢得诉讼时效制度的好感，例如2012年的《民事诉讼法》终于鼓足勇气作出了执行时效期间为二年的规定，但2017年《民法总则》却又规定了三年的普通诉讼时效期间。因此，面对如此尴尬的局面，执行时效制度完全可以基于其制度特殊性对其执行时效期间作出自己的特殊规定，将其期间规定为五年，以此凸显执行名义本身所具有的公信力与强制力。

《民事诉讼法》明确规定执行时效期间的中止、中断适用法律有关诉讼时效中止、中断的规定，本研究对中止、中断的具体事由不再予以展开，但需要注意的是一些特殊情形下执行时效的中断问题。例如，2008年的《最高人民法院关于适用〈中华人民共和国民事诉讼法〉执行程序若干问题的解释》第28条规定："申请执行时效因申请执行、当事人双方达成和解协议、当事人一方提出履行要求或者同意履行义务而中断。从中断时起，申请执行时效期间重新计算。"其中存在的问题是，当事人向法院提出强制执行的申请或许会导致不同的法律后果，那么是否都必然发生执行时效中断呢？本研究认为应该根据申请强制执行的不同后果分别予以判断。通常情况下，权利人向法院提出执行申请，法院经过形式审查认为符合执行立案的条件，即作出立案决定，并开始执行直至执行完毕。此时权利人的权利得到实现，当事人双方的权利义务关系消灭，也就不存在执行时效重新起算的问题。但如果权利人向人民法院提出强制执行的申请后，经审查，法院认为不符合执行立案的条件，予以驳回，其执行时效是否发生中断？《德国民法典》第212条中规定：实施执行行为

① 占善刚：《对我国民事申请执行期间制度的初步检讨——以〈民事诉讼法〉第219条的修改为对象的分析》，《南京师大学报（社会科学版）》2011年第1期。

的申请未获准许，或申请在执行行为之前被撤回，或业已实行的执行行为被废止的，由实施执行行为的申请导致的消灭时效重新开始进行，视为未发生。我国台湾地区“民法”第132条也规定：时效因申请发支付命令而中断者，若撤回申请，或受驳回之裁判，其裁判确定（原条文：或支付命令失其效力时），视为不中断。因此，笔者认为执行时效制度的目的在于督促权利人及时行使权利，但对足以引起时效中断的权利行使行为的判断必须要以法律效力发生为基本的判断标准，否则就可能导致对义务人一方的不公，同时也会增加法院的诉累。因此强制执行的申请不管是被法院驳回，抑或是申请人主动撤回其法律效果都是权利行使无效，因此并不产生执行时效中断的法律效果。

（三）执行时效期间经过的法律效果

2015年民事诉讼法司法解释第483条规定：“申请执行人超过申请执行时效期间向人民法院申请强制执行的，人民法院应予受理。被执行人对申请执行时效期间提出异议，人民法院经审查异议成立的，裁定不予执行。被执行人履行全部或者部分义务后，又以不知道申请执行时效期间届满为由请求执行回转的，人民法院不予支持。”以上规定主要包含了以下信息：首先，法院对权利人的强制执行申请并不主动审查执行时效期间是否过期，并且即使执行时效期间已经经过，法院也不能以此为由不予受理。其次，执行时效期间经过使被执行人获得了实体抗辩权，一旦被执行人在执行程序中以执行时效期间届满为由提出异议，法院审理后认为异议成立，则对权利人的执行申请裁定不予执行。因此导致的直接法律后果是实体权利失去了强制执行力，其权利的实现只能寄希望于义务人的“良心发现”。[①]最后，执行时效期间经过的法律后果仅是执行名义上记载的实体权利失去了强制执行力，而非该实体权利的灭失，因此义务人在执行时效期间经过后对权利人履行义务后，不得以不知期间届满为由要求返还。通过对执行时效期间经过后法律后果的考察，

① 刘学在：《论执行时效制度之理解误区及其矫正》，《北方法学》2014年第4期。

使我们更为清晰地发现执行时效制度与消灭时效制度的同质性，以及时效制度本身的功能价值。时效完成的法律后果并非权利人实体权利的绝对灭失，而是使义务人获得了一项实体抗辩权，这一法律效果即使是在申请强制执行的场景中仍然适用，不因该权利被记载到具有强制执行力的执行名义上而有所不同。[①]可见时效制度的权利推定作用，即在一项权利因时间的经过而变得实际履行情况难以查明的情况下，法律就推定该权利已经履行。但同时，一旦有强有力的证据（义务人主动履行义务）表明该权利仍然存在时，法律仍然认可该权利的效力，这也正是法律公平、公正价值的集中体现。

同时，2015年民事诉讼法司法解释第519条还规定："经过财产调查未发现可供执行的财产，在申请执行人签字确认或者执行法院组成合议庭审查核实并经院长批准后，可以裁定终结本次执行程序。依照前款规定终结执行后，申请执行人发现被执行人有可供执行财产的，可以再次申请执行。再次申请不受申请执行时效期间的限制。"该条规定的实质内涵意味深远，因为"再次申请不受执行时效期间的限制"的规定似乎令人匪夷所思。因为，根据该条文的规定义务人似乎是背负了漫漫无绝期的履行义务，这对义务人来说公平吗？笔者认为法律的规定是公平的，因为正如前文所述，法律对时效制度的规定并未带有主观偏向的道德色彩，时效制度的实质是在法律事实不明的情形中根据一般的常情常理作出的一种法律判断。所以，在因没有可供执行的财产而被裁定终结执行程序的场景中，权利人的实体请求权是经过法律确认的有效权利，并且该权利在有效的时效期间内予以了行使，因此就没有理由仅因未发现可供执行的财产而消灭权利人的实体请求权，在发现有可供执行的财产时，权利人再次申请执行不受时效期间的限制。

但是，还存在的一个问题是根据现行立法我国执行程序中没有债务人执行异议之诉，只有第三人申请执行异议之诉。因此，赋予被执行人时效抗辩

① 金印：《执行时效的体系地位及其规制方式——民法典编纂背景下执行时效制度的未来》，《法律科学（西北政法大学学报）》2017年第5期。

权就需要借助债务人执行异议之诉以消弭因执行时效届满引发的争议，一旦执行异议得以确立，原先申请执行人据以提起强制执行申请的执行依据效力自将被排除，“从纠纷解决的彻底性和程序保障的完备性等方面看，应为申请执行执行时效规范适用的最佳程序选择”①。

（四）执行时效与诉讼时效的体系融合问题

《民法总则》对诉讼时效作了最新立法规范，将普通诉讼时效的期间从二年延长到三年，同时增加了“未成年人遭受性侵害的损害赔偿请求权的诉讼时效期间，自受害人年满十八周岁之日起计算”；“无民事行为能力人或者限制民事行为能力人对其法定代理人的请求权的诉讼时效期间，自该法定代理终止之日起计算”，但未对业经生效文书确认之请求权的时效问题作出规定。揆诸大陆法系国家和地区立法例，均在民法典总则的消灭时效中规定执行程序中实体请求权的时效问题。例如《德国民法典》是将执行名义确定的请求权一同规定在第五章的消灭时效中，而我国台湾地区“民法”则将其规定在第六章的消灭时效中，《意大利民法典》也是将其与一般的消灭时效一同规定在第五章的“消灭时效和失权”中。通过上文对执行时效制度的梳理我们可以看出，执行时效与消灭时效在制度目的上具有一致性，其规制的对象都是实体私法权利，而且在法律效果上也都表现出极大的同质性，只不过是基于实体权利的不同存在样态二者在时效期间和权利行使上呈现出了少许不同。因此，此时可能存在于大家内心的一个大胆假设是“其是否存在合二为一的可能性？”根据胡适先生“大胆假设，小心求证”的教言，笔者接下来就探讨一下二者合二为一的可能性与必要性。

对于二者的融合问题我国学界并非未予探讨，只是各方学者针锋相对，高下未分。反对者认为，我国《民法总则》采取的是诉讼时效的称谓，因此就将其适用范围局限为民事诉讼程序中，而执行时效显然不是诉讼程序中的问

①乔宇:《论申请执行时效的适用程序——兼谈权力分工语境下的审执分立》,《法律适用》2013年第4期。

题，因此不能被诉讼时效所包含。同时，诉讼时效与执行时效在时效期间上也有不同，即使将其包含在内实际上还是要对其予以另外处理。而支持者认为，执行时效与诉讼时效规制的对象都是实体请求权，仅是期间不同，制度契合度极高，因此应当求同存异，将其包含在诉讼时效制度中。[①]同时，在被执行人发起执行异议之诉的时候，需要对是否存在抗辩事由予以审查，而这明显属于对案件实体问题的认定，只能经审判程序完成，因此将其规定于诉讼时效部分具有制度合理性。当然，还有学者认为，虽然诉讼时效与执行时效存在很大程度的同质性，但执行时效制度并不能被诉讼时效所包含，二者应当在更为抽象的制度层面实现融合——消灭时效。[②]笔者认为，以上各种观点对执行时效制度实质的认识是一致的，只是在具体的立法路径上存在不同。就当前《民事诉讼法》对执行时效制度的规定来看，其已经在很大程度上实现了执行时效制度的“拨乱反正”，在司法实效上已经走上了良性发展道路。而我国《民法总则》颁布的既定事实，使得执行时效与诉讼时效融合的立法论路径实际上已经没有太多的讨论空间，因此我们不如就按照当前的既定事实，立足于执行时效与诉讼时效二元并立的基本格局，根据司法实践在不同社会发展阶段的具体需要使得二者逐渐臻于完善，以尊重漫长时间沉淀下来的既定事实。

“所有的制度都是不完美的，而我们只能在对各个制度之间的相对价值进行衡量之后才能做出明智的选择。”[③]时效制度的价值在于其“权利推定”的时效定性能够克服真正权利人或已免责义务人的举证困难，以此去除时效制度的反道德性，成为“人类权利的保护神”。[④]无论是未经生效文书确认之实体请求权还是业经生效文书确认之请求权，其受诉讼时效之限制是统一的，

① 黄松有：《当前强制执行法律制度中亟待修改完善的几个问题》，《现代法学》2007年第2期。

② 金印：《执行时效的体系地位及其规制方式——民法典编纂背景下执行时效制度的未来》，《法律科学（西北政法大学学报）》2017年第5期。

③［美］尼尔·K.考默萨：《法律的限度——法治、权利的供给与需求》，申卫星、王琦译，商务印书馆2007年版，第22页。

④ 孙鹏：《去除时效制度的反道德性——时效制度存在理由论》，《现代法学》2010年第5期。

并不因是否受生效文书确认而影响。对于申请执行期间、执行时效的法律规制，我国传统的民事诉讼立法和理论认知均存在误解，将其与诉讼时效相混淆，该错误背后的逻辑症结是未认识到执行时效制度的法律实质。申请执行期间针对的是当事人申请强制执行的司法请求权，该权利原本是公法属性的程序性救济权利，根本无期间限制之必要，更无时效限制之可能，真正受限制的是当事人申请强制执行的执行名义所载的实体法上的请求权。我国最新的民事诉讼立法已经对执行时效制度作出了科学的规定，是我国学界和司法界多年来不懈努力的结果，执行时效制度的功能价值已经基本厘清。因此，基于这一认识，立法论上将其融入诉讼时效制度或与诉讼时效制度一起融合为消灭时效制度的意义就显得没有那么重大，应该将主要的精力投入执行时效适用的具体问题上。